히스토페라

히스토페라

마에스트로가 들려주는 오페라 속 세계사

양진모 지음

책과함께

차례

들어가며
7

Chapter 1
르네상스의 황혼기와
몬테베르디의 〈오르페오〉
13

Chapter 2
바다의 공화국 베네치아와
베르디의 〈두 사람의 포스카리〉
49

Chapter 3
보르자 가문의 검은 야욕과
도니제티의 〈루크레치아 보르자〉
83

Chapter 4
피로 물든 영국 튜더 왕조와
도니제티의 〈안나 볼레나〉
117

Chapter 5
대서양을 뒤흔든 스페인의 무적함대와
베르디의 〈돈 카를로〉
155

Chapter 6
러시아의 차르 시대와
무소륵스키의 〈보리스 고두노프〉
191

Chapter 7
국민 주권의 태동 프랑스 대혁명과
조르다노의 〈안드레아 셰니에〉
225

Chapter 8
권력의 정점에 선 나폴레옹과
푸치니의 〈토스카〉
257

Chapter 9
서양 열강의 식민지 침탈과
푸치니의 〈나비부인〉
287

Chapter 10
치열했던 냉전 시대와
아담스의 〈닉슨 인 차이나〉
325

참고문헌
356

일러두기

- 음악 용어 설명 중 짧은 것은 괄호 안에, 긴 것은 각주로 넣었다.
- 책, 신문, 잡지는 《 》, 오페라, 연극, 그림은 〈 〉, 아리아는 ' '로 표기했다.
- 인명과 고유명사 표기는 국립국어원의 외래어 표기법을 따랐다. 단, 관용적으로 굳어진 일부 표현은 예외로 두었다.

들어가며

오페라는 인간이 창조한 예술 형식 중에서도 가장 독특하고 복합적인 예술 장르다. 음악, 문학, 연극, 미술, 무용이 하나로 어우러진 종합예술인 오페라는 각 예술 장르의 정수를 결합해 인간 경험의 깊이를 드러낸다. 음악은 감정을 고조시키고, 문학은 이야기를 전달하며, 연극과 무대미술은 극적인 상상을 눈앞에 펼친다. 이를 통해 오페라는 감각적 아름다움뿐만 아니라 시대적 맥락과 인간 본성에 대한 철학적 통찰을 동시에 선사한다.

오페라는 특히 역사적 사건과 인간의 내면을 결합하는 데 탁월하다. 베르디의 〈돈 카를로〉는 스페인의 종교 갈등과 권력 구조를 탐구하며, 푸치니의 〈나비부인〉은 제국주의 시대의 문화 충돌과 비극을 그려낸다. 이러한 작품들은 단순히 특정 시대를 기록하는 데 그치지 않고 역사적 사건이 인간의 삶과 정서에 미치는 영향을 심도 깊게 탐구한다. 오페라 무대 위에서 과거는 단순한 기억이 아니라 오늘날 우리에게도 여전히 울림을 주는 생생한 이야기로 부활한다.

《히스토페라》는 이러한 오페라의 본질적 가치를 찾기 위한 여정의 결과물로, 오페라를 통해 역사를 새롭게 조명하는 독특한 시도를 담고 있다. 총 열 작품으로 구성된 이 책은 각각의 오페라가 담고 있는 역사적 배경과 메시지에 주목한다. 이를 통해 작품은 단순히 과거를 반영하는 것이 아니라 그 시대의 정신과 인간의 보편적 이야기를 전하고 있으며, 예술이 어떻게 역사를 이해하는 도구가 될 수 있는지 보여준다.

덧붙여 이 책은 역사와 오페라를 연결하는 새로운 학문적 시도에서 그치는 것이 아닌, 나의 개인적 여정이자 내가 살아온 환경과 가족의 영향이 담긴 기록이기도 하다. 나는 역사와 예술이 공존하는 특별한 환경에서 성장했다. 사학자이자 미학자였던 조부께서는 학문과 예술에 대한 깊은 통찰을 남기셨으며, 《사회 과학》과 《예술철학》 같은 저서를 통해 예술과 인간 경험의 본질을 탐구하셨다. 그의 서재는 수많은 역사 서적과 예술 관련 책들로 가득 차 있었는데, 나는 자연스레 그 공간에서 어린 시절을 보냈다. 할아버지와의 대화는 항상 역사와 예술이 어떻게 연결되어 있는지에 대한 이야기로 가득했다. 그는 "예술은 시대의 산물이자, 역사의 거울"이라는 말씀을 자주 하셨다. 이 말은 내가 오페라와 역사를 바라보는 시각을 형성하는 데 중요한 기반이 되었다.

또한 나의 부친은 열정적인 언론인이자 클래식 음악 애호가였다. 역시 애호가답게 방대한 LP와 CD 컬렉션을 소장하셨기에 집안은 항상 음악으로 가득했다. 베토벤의 교향곡, 모차르트의 오페라, 바흐의 건반 음악이 아버지의 서재에서 흘러나왔다. 아버지는 단순히 음악을 듣는 것을 넘어 곡이 탄생한 배경과 작곡가의 삶, 시대적 맥락을 이야기해 주셨다. 그의 이러한 습관은 나에게 음악을 단순한 예술적 경험 이상으로 받아들이게 만들었다. 음악은 곧 그 시대의 이야기와 인간의 삶을 담은 그릇이라는 깨달음을 얻었다.

이렇듯 역사와 예술이 한데 어우러진 환경에서 자란 나는 자연스럽게 이 두 가지에 대한 열정을 품게 되었다. 내가 지휘자로서 오페라 무대에 서게 된 것은 어찌 보면 당연한 일인지도 모른다. 오페라는 단순히 감상하는 예술이 아니라 내게 있어 과거와 현재를 연결하는 다리와 같은 존재였다.

《히스토페라》에 실린 열 작품 중 다섯 작품은 내가 직접 무대에서 지휘했던 작품이다. 몬테베르디의 〈오르페오〉(서울시 오페라단, 2015)를 지휘하며 르네상스 시대의 인간미와 예술적 혁신을 느꼈고, 조르다노의 〈안드레아 셰니에〉(라벨라 오페라단, 2016)에서는 프랑스 대혁명의 열기와 그 속에서의 인간 갈등을 무대 위에서 목격했다. 푸치니의 〈토스카〉(국립 오페라단, 2016·서울 오페라 앙상블, 2018 & 2020·노블 아트 오페라단, 2023)는 나폴레옹 시대의 정치적 격변 속에서 피어난 사랑과 희생을 그려냈으며, 〈나비부인〉(뉴서울 오페라단, 2008·누오바 오페라단, 2024)은 제국주의 시대의 비극을, 도니제티의 〈안나 볼레나〉(라벨라 오페라단, 2015 & 2021)는 튜더 왕조의 복잡한 권력 다툼이 한 여인의 삶을 어떻게 비극으로 이끄는지 확인할 수 있었다.

 이 책은 오페라와 역사, 그리고 나의 삶과 예술적 여정이 만나는 교차점을 담고자 했다. 각각의 작품은 시대의 초상이며, 동시에 현재를 살아가는 우리에게 중요한 메시지를 던진다. 《히스토페라》가 독자들에게 오페라의 새로운 매력을 발견할 기회를 제공하고, 과거의 이야기를 통해 현재를 반추할 수 있는 계기가 되길 바란다.

 마지막으로 오랜 기간에 걸친 집필 기간 동안 인내를 가지고 기다려준 도서출판 책과함께의 류종필 대표와 편집부 여러분, 그리고 필자의 예술적 여정에 함께 해준 모든 아티스트와 기획자들에게 진심으로 감사의 마음을 전한다.

Chapter 1

르네상스의 황혼기와 몬테베르디의 〈오르페오〉

이탈리아의 르네상스와 메디치 가문

르네상스 시대의 대표적인 휴머니스트였던 레오나르도 브루니 Leonardo Bruni의 《피렌체 찬가》는 공화정치의 이론적인 뒷받침이 된 서구 정치사의 중요한 문헌 중 하나지만, 그 이면에는 르네상스 운동의 시발점이 된 피렌체의 다양한 매력을 열거한 도시 발전사이기도 하다. 브루니는 토스카나 지역의 구릉에서 발달한 도시의 지리적인 장점뿐만 아니라 도시 건축물의 위대함과 청결한 거리의 모습, 이러한 위대한 도시를 만들어 내기 위한 선조들의 노력 등을 구체적으로 묘사했다. 브루니가 살던 피렌체와 지금의 피렌체의 모습이 그다지 다르지 않기에 지금도 수많은 여행자들이 피렌체를 순례하면서 도시의 매력에 흠뻑 빠져들고 있다.

또한 브루니는 피렌체인들이 대대로 도시의 자유와 평화를 수호하기 위해 얼마나 많은 노력을 했는지에 대해서도 묘사하고 있는데, 이러한 공화정치를 신봉하던 피렌체 권력의 이면에는 메디치

화가 미상, 〈레오나르도 브루니〉, 16세기 후반 또는 17세기 초반

가문을 비롯한 유력 가문들의 권력 다툼이 있기도 했다. 그 중심에는 물론 메디치 가문이 있었지만 바르디, 스트로치 가문들도 피렌체 발전에 공헌한 것은 사실이다. 또 하나, 르네상스 발전에서 잊지 말아야 될 것은 이들 유력 가문 모두가 정통 귀족이 아니라 대부분 상인 계급, 즉 르네상스 운동의 자금줄이 된 고리대금업에서 시작한 신흥 상인이라는 점이다. 물론 이들이 화가, 조각가 등 예술인들을 대가 없이 후원한 것은 아니다. 고리대금업으로 자신들의 부를 쌓아온 이들은 교회의 고위 성직자들과 결탁해 교회를 세우고 장식하는 데 막대한 자금을 동원하며 고리대금업에 대한 자신들의 죄책감을 면죄 받았다. 르네상스 운동의 시발점에는 이러한 어두운 면이 있긴 하지만, 피렌체가 지금과 같은 아름다운 도시로 발전하는 데 큰 몫을 한 것은 사실이다. 그래서 피렌체를 처음 방문하는 여행객들은 작은 골목마다 산재해 있는 수많은 르네상스 문화유산에 놀라고, 상당수의 문화유산들이 메디치 가문과 연관성이 있다는 데 두 번 놀라게 된다.

조르조 바사리, 〈피렌체에서 추방되는 코시모〉, 1556~1558

　메디치 가문은 《피렌체 찬가》의 저자인 레오나르도 브루니의 인문학 친구였던 코시모 데 메디치Cosimo de' Medici에 의해 부흥기를 맞이한다. 선대로부터 내려온 금융업으로 이탈리아뿐만 아니라 전 유럽에서 제일가는 자산가로 유명했던 그는 한때 피렌체의 권력을 차지하기 위한 알비치 가문의 음모로 체포되어 처형될 위기에 처하다가 추방당하기도 했지만, 그를 지지했던 피렌체 시민들과 베네치아, 로마의 막대한 후원을 등에 업고 피렌체로 당당하게 입성했다. 이 사건은 피렌체에서 메디치 가문의 입지를 다져준 결정적 사건이 되었으며, 이후 메디치 가문은 피렌체 권력의 중심부에 자리 잡고 정치·경제·문화 발전의 원동력이 되었다.

산 로렌초 성당 근처에 자리 잡고 있는 리카르디 궁전은 15세기 중반 코시모 시대부터 메디치 가문의 주거지로 사용되었다. 투박한 장식의 돌 벽을 따라가다 육중한 문으로 들어서면 심플하고 수수한 짧은 회랑 끝에 중정이 나오는데, 역시 화려하지는 않지만 기품을 갖추고 있어 메디치 가문 사람들의 취향을 짐작케 한다. 2층으로 올라가면 베노초 고촐리Benozzo Gozzoli의 유명한 〈동방박사의 행렬〉이 있는 메디치 예배실이 있다. 이 그림을 보기 위해 리카르디 궁전에 오는 사람도 많을 정도로 매우 인기가 많다. 그리고 코시모가 플라톤 아카데미를 세우기 위한 야심의 본거지가 된 메디치 가문의 도서관도 궁전 안에 자리 잡고 있다. 열렬한 장서가였던 코시모는 유럽 각지로 사람들을 보내 장서를 수집했으며, 연구를 희망하는 인문주의자들에게 자유롭게 이용하도록 하여 피렌체 르네상스에도 큰 기여를 했다.

또한 코시모는 피렌체 시내와 근교의 교회, 수도원의 건축과 복원에도 큰 힘을 기울였는데, 리카르디 궁전을 설계한 미켈로초Michelozzo에게 산 마르코 수도원을 건축하도록 후원했다. 피렌체 시내에서 북쪽에 위치한 이 수도원은 2층 기도실 각 방마다 그려진 프라 안젤리코Fra Angelico의 프레스코화로 유명하지만, 1491년에는 지롤라모 사보나롤라Girolamo Savonarola가 수도원장이 되어 로렌초

베노초 고촐리, 〈동방박사의 행렬〉, 1459~1462

데 메디치Lorenzo de' Medici 사후 메디치 정권을 강력하게 비판하면서 피렌체의 개혁 운동을 일으킨 중심지가 되기도 했다.

  코시모가 후원했던 예술가들로는 도나텔로, 필리포 리피Filippo Lippi, 프라 안젤리코 등이 있으며, 이들의 왕성한 창작 활동을 적극적으로 후원했다. 코시모의 뒤를 이어 피렌체의 리더가 된 피에로 디 코시모 데 메디치Piero di Cosimo de' Medici는 젊었을 때부터 통풍에 걸려 건강이 좋지 않아 비교적 일찍 세상을 떠났지만, 〈산 로마노의 전투〉를 그린 파올로 우첼로Paolo Uccello, 산드로 보티첼리Sandro Botticelli, 고촐리 등이 그가 후원을 아끼지 않은 예술가들이다.

아버지 피에로의 이른 죽음으로 일찍이 권력의 중심에 선 로렌초는 메디치 가문의 독주를 막으려는 교황과 파치 가문의 음모에 의한 암살 시도로 위기에 처했다. 결국 피렌체 대성당에서 평화로운 일요일 미사 도중에 일어난 파치 일당의 습격으로 로렌초 대신 동생 줄리아노가 목숨을 잃고 말았다. 이 사건으로 로렌초는 깊은 슬픔에 빠졌지만, 동생 줄리아노를 잃는 대신 자신의 입지를 피렌체뿐만 아니라 이탈리아 전역에서 확고히 하는 데 성공을 거두었다. 피렌체인들에게 '일 마니피코Il Magnifico(위대한 사람)'라고 불리며 절대적인 지지를 받은 로렌초는 외교에도 뛰어난 수완을 보여 메디치 가문의 전성기를 구가했다.

로렌초는 어려서부터 어학, 인문학 분야에 뛰어난 지식을 겸비했으며, 예술 분야에도 큰 관심을 가지고 있어 보티첼리, 필리피노 리피Filippino Lippi 등의 화가들을 후원하면서 진정한 인문주의자로서의 모습을 보여주었다. 그동안 여러 대에 걸쳐 쌓아온 업적과 부를 통해 로렌초는 피렌체에 르네상스 시대의 절정기를 안겨주었지만, 메디치가의 주요 수입원이었던 은행업의 방만한 운영으로 로렌초 이후 메디치가의 급격한 몰락의 원인을 제공하기도 했다. 더구나 마흔세 살이라는 한창 나이에 통풍으로 세상을 떠나고 그의 무능한 장남 피에로 디 로렌초 데 메디치Piero di Lorenzo de' Medici가 대를 잇게 되자, 메디치 가문에도 어두운 그림자가 드리우기 시작해 피렌체에서 추방과 귀환을 되풀이하는 불행한 쇠락의 길을 걷게 되었다.

그러나 사보나롤라 신정정치와 마키아벨리의 공화정을 거쳐 군주국가로 바뀌는 혼란의 시대에도 피렌체는 르네상스 정신을 잃지 않고 계승했으며, 미켈란젤로로 대표되는 르네상스 시대의 황혼기를 화려하게 꽃피웠다.

르네상스의 절정과 오페라의 기원

그리스 시대 비극에서 기원을 찾을 수 있는 오페라는 중세시대에는 신비극, 막간극 같은 종교적 특징이 강한 음악극으로, 르네상스 초기에는 마드리갈 코미디Madrigal comedy(대사나 대화를 넣은 무반주 합창곡을 극적인 스토리로 구성한 것) 같은 보다 세속적이고 해학적인 작품에서 그 원형을 찾아볼 수 있다.

호메로스의 《일리아드》를 라틴어로 번역해 메디치 가문에 등용된 시인 안젤로 폴리치아노Angelo Poliziano는 당시 인문주의 운동의 중심인물이었다. 그가 스물여섯 살에 완성한 〈오르페오의 이야기〉는 그의 문학적 재능이 잘 드러난 것으로, 당시 극음악 형태를 엿볼 수 있는 작품이기도 하다. 몬테베르디의 〈오르페오〉가 나오기까지는 아직 127년이나 남았지만, 폴리치아노 극음악의 드라마틱한 아이디어는 분명 초기 오페라에 큰 영감을 주었음이 분명하다.

도메니코 기를란다요, 〈스가랴에게 나타난 천사〉 일부 확대, 1486~1490
왼쪽에서 세 번째가 안젤로 폴리치아노다.

    한편 향락적인 문화가 발달한 르네상스 황혼기에는 유럽 유력 가문들의 정략 결혼식을 더욱 빛내주기 위한 인테르메디오 Intermedio(왕족 및 상류층의 결혼식, 피로연에서 공연되었던 짧은 연극이나 극음악)가 자주 연주되었다. 1589년 5월에 있었던 토스카나 대공 페르디난도 1세 데 메디치Ferdinando I de' Medici와 카트린 드 메디치 Catherine de' Medici의 외손녀이자 앙리 3세의 조카인 크리스틴 드 로렌Christine de Lorraine의 결혼식에서 연주된 인테르메디오는 여섯 개

(왼쪽) 스키피오네 풀초네, 〈페르디난도 1세 데 메디치의 초상〉, 1590
(오른쪽) 화가 미상, 〈크리스틴 드 로렌의 초상〉, 1588

의 작품으로 구성되었다. 당시 인테르메디오는 짧은 그리스 신화 에피소드를 바탕으로 노래와 춤, 마임이 가미된 형식이었는데, 요즘으로 말하면 집단 창작의 형식을 가졌다. 가장 인기가 있었던 세 번째 인테르메디오는 구렁이 파이톤을 델포이에서 물리치는 아폴로의 이야기를 소재로 했다.

인테르메디오 제작에는 당시 피렌체의 유명한 시인, 음악가들이 총망라되었으며, 야코포 페리Jacopo Peri와 줄리오 카치니Giulio Caccini, 마드리갈 작곡가 루카 마렌치오Luca Marenzio, 시인 오타비오 리누치니Ottavio Rinuccini 등이 참여했다. 이들을 적극적으로 후원한 사람이 바로 오페라 탄생에 직접적인 영향을 미친 귀족 조반니 바르디 Giovanni Bardi였다.

바르디의 저택은 지금도 피렌체의 비아 데이 벤치에 남아있는데, 그는 이곳에 카메라타라는 이름의 그룹을 만들어 그리스 비극의 재현이라는 거창한 주제로 당시 인문학자들의 관심을 끌었다. 갈릴레이 갈릴레오의 아버지 빈첸조 갈릴레이 Vincenzo Galilei 역시 이 그룹에 열심이었는데, 그는 단테의 《신곡》에 나오는 우골리노의 탄식을 류트 반주에 단순한 노래로 만들어서 카메라타 그룹의 연구 결과물을 만들어 내기도 했다.

당시 카메라타 그룹의 가장 큰 고민은 자신들이 복원하고자 하는 음악극의 형식을 어떻게 만들어야 될지에 관한 문제였다. 그룹의 핵심 멤버였던 줄리오 카치니는 원래 로마 출신의 성악가였는데, 당시 음악의 주류였던 다성 음악에 대한 강한 회의를 느끼고 〈신음악〉이라는 논문을 통해 언어와 음악의 일치라는 오페라의 이상을 최초로 이론화시키기도 했다. 카치니는 '인간은 노래를 하다가 말을 한 것이 아니다'라는 주장을 하면서 극음악에서 사용되는 노래가 말을 모방해야 된다고 주장했다. 스틸레 래프레젠타티보 Stile rappresentativo 또는 모노디 Monody로 통칭되는 이 형식은 단순한 화음 반주를 하는 악기 반주에 언어적인 뉘앙스를 그대로 모방하는 단순한 멜로디를 가진 노래로, 지금의 레치타티보 Recitativo(오페라에서 대사를 말하듯이 노래하는 것)와 비슷하다고 하겠다.

리누치니가 대본을 쓰고 페리가 곡을 붙인 1597년 완성작 〈다프네〉는 여러 문헌에서 주장하는 최초의 오페라지만, 단편만 남아 있어 온전한 모습을 감상할 수는 없다. 다만 남겨진 단편을 통해 모노디가 전체 오페라에 중요한 형식으로 사용되었음을 알 수 있다.

세기의 결혼식과 최초의 오페라

16세기 말 종교 개혁 이후 신·구교도 사이에 깊어진 골은 30년 전쟁이나 성 바르톨로메오 축일의 대학살 같은 정치적 세력이 개입된 사건들로 유럽 사회를 피로 물들게 했다. 프랑스와 에스파냐 사이에 위치한 작은 나바르 왕국의 통치자였던 앙리 드 나바르Henri de Navarre는 신교의 지도자로 군림했지만, 신교와 구교의 개종을 오가며 정치적 세력을 등에 업고 프랑스 왕 앙리 4세로 즉위했다. 그는 종교적인 신념보다도 국가를 재건하는 데 힘을 기울였고, 신·구교도의 갈등을 종식한 낭트 칙령을 반포함으로써 깊은 갈등을 해소하기도 했다. 그는 종교전쟁으로 피폐허진 나라를 추스르고, "하나님께 맹세하노니 내 왕국의 모든 국민들이 일요일이면 닭고기를 먹을 수 있도록 하겠다"고 말하면서 국민들이 풍족한 생활을 하도록 경제 재건에 힘을 쏟았다.

앙리 4세는 프랑스 왕이 되기 전에 신교와 구교를 아우르기 위한 정치적인 정략결혼으로 카트린 드 메디치의 딸 마르그리트 드 발루아Marguerite de Valois와 결혼했지만 애정이 없는 결혼은 결국 이혼으로 마무리되었고, 1600년 메디치 가문의 마리아 드 메디치Maria de' Medici와 재혼했다. 이 결혼 역시 유력 가문 간의 또 다른 정략결혼이었지만, 당시 유럽에서 앙리 4세의 위치로 볼 때 상당한 화제가 되었다. 피렌체의 아르노 강 남쪽에 위치한 피티 궁전에서 거행된 결혼식은 규모나 참석 인원으로 봤을 때 최대 규모였다. 특히 유럽 각국의 왕족들과 유력 가문의 귀족들이 대거 참석해 당시 유럽 정치 판도를 엿볼 수 있는 자리이기도 했다.

1597년 〈다프네〉를 성공적으로 완성한 리누치니, 페리 콤비는 토스카나 대공의 의뢰로 호화로운 결혼식을 위한 극음악 작품 〈에우리디체〉를 야심차게 준비했다. 5막 구성으로 된 이 작품은 현재 관점에서 볼 때 단조롭고 무미건조한 작품이지만 당시 결혼식에 참석했던 많은 사람에게 큰 감명을 주었고, 결혼식에 참석한 주군을 보필하고자 따라온 많은 음악가에게도 새로운 영감을 불러 일으켰다. 1600년 10월 6일 피티 궁전에서 공연된 〈에우리디체〉는 음악의 역사에서 오페라의 탄생을 화려하게 알리는 팡파르 역할을 했다.

한편 이 결혼식에는 만토바의 영주이자 극음악에 관심이 많았던 빈첸조 곤차가Vincenzo Gonzaga도 많은 수행원들을 데리고 참석했다. 16세기 말 북부 이탈리아는 수많은 공국으로 나뉘어 있었는데, 해

프레더릭 레이턴, 〈오르페오와 에우리디체〉, 1864

양 국가라는 특성을 바탕으로 일찍이 공화정이 발달한 베네치아와 제노바를 제외한 나라들은 공작들이 주로 정권을 잡고 있었다. 그중 만토바는 14세기 이후 곤차가 가문의 통치하에 있었는데, 모직물을 만드는 일을 주산업으로 삼아 일찌감치 상업과 무역의 중심지로 올라섰다. 특히 만토바 후작 프란체스코 2세의 아내이자 르네상스 시대의 유명한 예술 후원자였던 이사벨라 데스테Isabella d'Este 같은 인물이 곤차가 가문의 명성을 더욱 빛나게 했다. 곤차가 가문은 이사벨라 데스테 이후 이탈리아 최고의 화가와 조각가들을 후원했는데 레온 바티스타 알베르티Leon Battista Alberti, 안드레아 만테냐Andrea Mantegna, 줄리오 로마노Giulio Romano 등이 만토바에서 활발하게 활동했다.

빈첸조 곤차가는 건축, 연극, 음악 등 예술 전반에 걸쳐 관심이 많았다. 특히 연극을 좋아해 자주 연극 공연을 관람했으며, 목가극을 많이 쓴 조반니 바티스타 과리니Giovanni Battista Guarini가 궁정에 초대되기도 했다. 당시 연극은 대부분 대사와 노래가 같이 어우러진 경우가 많아서 연극배우는 물론 가수, 음악가들이 만토바 궁전에 수시로 드나들었다. 또한 빈첸조 곤차가는 대공 궁전인 팔라초 두칼레의 증축에도 많은 힘을 기울였다. 마치 베르사유 궁전을 본 딴 듯한 이곳은 500여 개의 방이 있는 대규모 궁전으로, 지금은 이탈리아 북부의 소박한 도시인 만토바에 이렇게 화려한 궁전이 남아 있는 것에 많은 관광객들이 의아해 하곤 하는데 당시 만토바 공국의 강력한 경제력과 국력을 대변해 준다고 할 수 있겠다.

1600년 오페라 〈에우리디체〉를 관람했던 빈첸조 곤차가의 수행원 중에는 당시 만토바 궁정 음악가였던 서른세 살의 클라우디오 몬테베르디Claudio Monteverdi도 있었다. 그는 이 작품 관람을 통해 오페라에 대한 관심에 새롭게 눈을 뜨게 되었고, 7년 후에는 근대적 의미의 최초의 오페라로 평가되는 〈오르페오〉를 작곡하게 된다.

새로운 장르를 선사한 몬테베르디

이탈리아의 북부 롬바르디아 평야를 풍요롭게 만들어준 포 강의 북쪽 기슭에 다소곳이 자리한 도시 크레모나는 스트라디바리우스의 고향이라는 화려한 명성에 걸맞지 않게 장엄하다기보다 친근한 모습이지만, 중앙 광장에는 1190년에 완공된 로마네스크 양식의 화려한 대성당과 이탈리아에서 가장 높은 종탑으로 알려진 토라초가 도시의 무게감을 더해준다. 인류에게 오페라라는 새로운 장르의 엔터테인먼트를 선사한 클라우디오 몬테베르디는 바로 이곳, 크레모나에서 1567년 태어났다.

의사 집안에서 태어난 몬테베르디는 어려서부터 음악에 재능을 보여 오르간과 비올을 배웠으며, 작곡에도 관심을 보이기 시작했다. 어린 몬테베르디의 재능을 높이 평가한 마르칸토니오 인제네리Marc'Antonio Ingegneri는 폴리포니Polyphony 양식(다성 음악)에 큰 공감을 했던 작곡가로, 크레모나 대성당의 지휘자로 재직하면서 당시 유행하던 음악적인 양식을 몬테베르디에게 가르쳤다. 이 수업의 결과로 몬테베르디는 열여섯 살에 첫 마드리갈을 작곡했고, 스무

베르나르도 스트로치, 〈클라우디오 몬테베르디의 초상〉, 1640

살에 자신의 마드리갈 곡집을 출판했다.

1590년에 몬테베르디는 고향을 떠나 만토바 곤차가 궁정의 비올 주자 겸 성악가로 취직했다. 이후 빈첸조 곤차가의 눈에 띈 몬테베르디는 곤차가 가문을 위해 쉼 없는 열정으로 많은 작품을 작곡해 1601년 궁정 작곡가로 발탁되었다. 자신의 대표작 〈오르페오〉를 비롯한 많은 작품들을 만토바에서 작곡한 몬테베르디는 이곳을 제2의 고향으로 여길 만큼 도시에 대한 애정이 컸지만, 빈첸조 곤차가가 세상을 떠나자 궁정 작곡가직에서도 물러나게 되었다. 선왕의 측근들을 멀리하고 음악에도 큰 관심이 없던 새로운 군주 때문에 만토바에 더 이상 머물 이유가 없어진 그는 1613년 베네치아의 산 마르코 대성당 악장직을 수락한 후, 남은 30년의 일생을 이곳에서 보내며 제2의 전성기를 맞이하게 된다. 특히 1637년 베네치아에서 개관한 세계 최초의 대중을 위한 오페라 극장 산 카시아노 극장은 그의 오페라에 대한 열정에 다시금 불을 붙여 여러 걸작을 작곡하게 되었다. 이때의 작품은 〈오르페오〉의 화려함에 비해 다소 단조로운 느낌을 주지만, 말년의 몬테베르디가 일생을 두고 연구한 극적인 모노디 형식의 절정을 보여주는 작품들이다.

말년의 몬테베르디는 성공적인 오페라 공연뿐 아니라 산 마르코 대성당을 위해 작곡한 수많은 종교음악들로 베네치아 사람들에게 큰 존경을 받았다. 비교적 행복한 노년을 영위하던 그는 1643년 11월 병고로 세상을 떠나 베네치아의 산 마리아 데이 프라리 성당에 묻혔다.

음악의 신 오르페오

그리스 신화에 등장하는 가장 유명한 음악가인 오르페오(오르페우스) 이야기는 1600년 리누치니, 페리에 의해 오페라로 만들어진 후 단골 소재가 되었다. 몬테베르디의 걸작 외에도 게오르크 필리프 텔레만Georg Philipp Telemann을 비롯한 많은 바로크 시대 작곡가들이 이 매혹적인 음악가의 사랑 이야기에 곡을 붙였고, 18세기 중반 오페라 개혁의 불씨를 일으킨 크리스토프 빌리발트 글룩

오르페오와 에우리디체의 결혼 장면 재구성 ⓒ DALL·E

Christoph Willibald Gluck이 개혁 운동의 실험작으로 선택한 오페라 소재도 오르페오 이야기다.

 오르페오는 제우스가 기억의 여신 므네모시네와의 사이에서 낳은 9명의 뮤즈 중 하나인 칼리오페와 아폴로 사이에서 태어났다. 아폴로에게 리라를 연주하는 법을, 칼리오페에게 노래를 배운 오르페오는 이아손의 아르고 호 원정대에 참여해 자신의 연주와 노래로 사이렌을 물리치며 유명해졌다. 원정에서 돌아온 오르페오의 연주는 점점 무르익어 인간이나 신은 물론이고 동물이나 식물, 사물마저 그의 노래에 귀를 기울였다고 한다. 그의 아름다운 노래를 들으면 누구나 행복한 감정을 가질 정도로 황홀한 경험을 했다.

오르페오는 트라키아 숲의 아름다운 님프 에우리디체를 보고 첫눈에 반해 그녀와 행복한 결혼을 하게 된다. 그러던 어느 날, 들판에 산책 나갔던 에우리디체가 독사에 물려 숨을 거두었다. 사랑하는 이를 잃은 오르페오는 어디서나 슬픈 노래만 부르게 되었고, 그로 인해 온 세상이 우울한 슬픔에 잠기게 되었다. 한없는 슬픔으로 세월을 보내던 그는 직접 지옥으로 내려가 에우리디체를 찾아오리라 결심하게 된다. 그리스 신화에 나오는 이승과 저승 사이를 흐르는 강인 스틱스로 내려간 오르페오는 죽은 사람만 건너게 해주는 뱃사공 카론(카론테)을 자신의 노래로 설득해 산 사람으로서는 처음으로 스틱스 강을 건너고, 지옥의 신 하데스(플루토네)와 페르세포네(프로세르피나)마저도 연주와 노래로 감동시켜 에우리디체를 이승으로 데리고 나가도록 허락을 받는다. 단, 하데스는 오르페오에게 두 사람이 이승으로 나갈 때까지 절대 에우리디체를 돌아보지 말 것을 명령한다. 하지만 먼저 땅 위로 올라온 오르페오는 조바심을 견디지 못하고 결국 뒤를 돌아보게 되고, 완전히 올라오지 못했던 에우리디체는 다시 저승으로 떨어지고 만다.

자신의 조급함 때문에 사랑하는 아내를 재차 잃은 오르페오는 이승으로 올라와 자신의 불운한 신세를 한탄하면서 슬픈 노래만 부르며 여자들을 멀리했다. 트라키아의 여인들은 오르페오를 유혹하기 위해 온갖 수단을 다 썼지만, 오르페오가 상대하지 않자 자신들이 무시당했다고 생각해 복수할 기회를 엿보다가 디오니소스의 축제일에 오르페오에게 달려들어 사지를 갈가리 찢고 머리와 리라를 강에 던져버렸다. 오르페오의 머리와 리라는 강을 떠내려가면서도 슬픈 노래를 불렀는데, 그 메아리가 강둑에도 울려 퍼졌다. 이에 오르페오의 어머니 칼리오페와 뮤즈들은 오르페오의 시신을 거두어 레스보스 섬에 묻어주었고, 제우스는 오르페오의 리라를 하늘로 올려 보내 거문고 별자리로 만들었다.

오르페오 이야기는 이렇게 슬픈 이야기라 결혼식 피로연에 공연될 소재로는 적합하지 않았다. 그래서 대본 작가들이 에우리디체가 다시 살아나서 오르페오와 이승에 올라와 행복한 여생을 보냈다거나, 오르페오의 아버지인 아폴로가 하늘에서 내려와 오르페오를 위로하며 신들의 세계로 데리고 간다는 내용의 해피엔딩으로 변용하는 경우가 많았다.

근대적 의미의 최초의 오페라

몬테베르디가 고향 크레모나를 떠나 만토바에 정착한 것은 그의 나이 스물세 살 때였다. 곤차가 궁전의 비올 연주자 겸 성악가로 일을 시작한 몬테베르디는 불과 11년 뒤인 1601년 궁정 작곡가로 승진하면서 곤차가 궁전의 음악 관련 업무를 모두 관장하게 되었다. 하지만 그는 당시 거의 모든 작곡가들이 그랬듯이 과도한 업무에 큰 부담을 느끼고 있었다. 궁전에서 연주되는 상당수의 작품을 직접 작곡해야 하는 것은 물론 연주자들의 섭외와 연습까지 도맡아 진행했고, 자신도 직접 연주해야 했기에 지금의 관점에서 보자면 작곡가, 연주자, 편곡자와 매니지먼트 일까지 혼자서 한 셈이다. 이렇게 17년 가까운 세월을 보내게 된다.

 한편 그가 작곡한 마드리갈 곡집은 이탈리아 전역에서 극찬을 받아 계속해서 증쇄를 거듭했다. 이런 와중에 1600년 빈첸조 곤차가를 수행하며 피렌체에서 관람했던 야코포 페리의 〈에우리디체〉는 그에게 큰 자극이 되었다. 극음악 분야에 관심이 많았던 그는 페리의 작품을 보고 모노디 양식이 새로운 극음악의 주된 형식이 될 수는 있겠지만, 지금의 오페라와 같이 엔터테인먼트적인 요소가 더 강화되어야 된다는 생각을 했다. 만토바로 돌아온 그는 밀려드는 일거리에 당장 자신의 생각을 작품화할 순 없었지만, 1606년 우연치 않게 그 기회가 찾아왔다. 곤차가 궁정에서 이듬해 사육제 기간에 공연할 음악 우화의 작곡이 몬테베르디에게 맡겨진 것이다. 대본은 당시 곤차가의 궁정 비서로 일하던 시인 알레산드로 스트리지오 Alessandro Striggio가 맡았다. 알레산드로와 같은 이름이었던 그의 아버지 역시 당대 유명한 작곡가로, 당시 유행하던 짧은 음악극인 인테르메디오 형식의 〈프시케 와 아모레〉를 작곡해 명성을 얻었다. 그의 아들 알레산드로도 아버지의 영향으로 리라를 연주할 수 있었으며, 시인이었지만 음악적인 감성이나 상상력이 풍부했다.

두 사람은 금방 의기투합해 작업에 들어갔는데, 우선 오르페오 이야기를 당시 관례대로 비극적 결말 대신 아내를 두 번 잃고 슬퍼하는 오르페오를 아버지 아폴로가 신들이 살고 있는 하늘로 데리고 간다는 내용으로 수정했다. 그리고 〈오르페오〉의 구성을 총 5막으로 설정했다. 전체 스토리는 오르페오의 신화 이야기를 충실히 따랐지만, 3막에서 오르페오가 저승의 뱃사공 카론을 설득하기 위해 노래하는 '힘센 정령들이여'를 중심으로 대칭 구조로 구성했다. 즉, 오르페오가 음악가로서 가장 큰 능력을 발휘하는 장면이 클라이맥스로 구성되어 있는 셈이다.

당시 음악극의 시작이 그랬듯이 의인화된 '무지카(음악)'가 음악의 힘을 찬미하는 짧은 장면의 프롤로그로 막이 오르면, 님프와 양치기들이 오르페오의 사랑을 칭송하면서 에우리디체와의 결혼을 축하하는 장면으로 1막이 시작된다. 몬테베르디는 1막에서 자신의 장기인 마드리갈과 모노디를 적절히 사용하면서 극적인 전개를 솜씨 좋게 보여준다. 특히 에우리디체에 대한 사랑을 애절하게 노래하는 '하늘의 장미여'는 피렌체의 카메라타 그룹이 보여준 모노디 양식보다 진일보한 느낌을 주는데, 선율선의 상승이나 하강을 유려하게 그려내면서 등장인물의 캐릭터를 잘 묘사하고 있다. 양치기들과 님프들이 노래하는 마드리갈은 몬테베르디의 장기이기도 하지만, 보다 활기찬 멜로디와 리듬으로 빈첸조 곤차가가 좋

프란츠 카우치그, 〈오르페오의 슬픔〉, 19세기

아했던 목가극의 전형을 보여준다.

  2막은 1막의 밝은 분위기와 대조적으로 에우리디체의 죽음을 알리는 메신저의 비통한 모노디와 사랑하는 아내를 잃은 슬픔을 절절하게 노래하는 오르페오의 모노디 '네가 죽다니'가 중심을 이룬다. 오르페오의 애가哀歌는 비교적 심플한 멜로디와 화성으로 진행되지만, 오페라 작곡가들의 영원한 숙제인 가사와 음악의 일치라는 관점에서 매우 모범적인 예시를 보여준다. 여기에 극적인 효과를 더해주는 양치기들과 님프의 비통한 마드리갈은 몬테베르디의 오페라적인 발상이 잘 드러난 장면이기도 하다.

  3막은 오르페오를 저승의 문턱까지 마중하는 '희망'과 오르페오의 대화로 시작되며, 이어서 이승과 저승을 가로지르는 스틱스 강의 뱃사공 카론의 노래가 뒤따른다. 몬테베르디는 피렌체 카메라타 그룹의 작곡자들이 콘티누오 악기(지속적인 저음과 그 화음을 즉흥적으로 연주하는 악기)를 중심으로 오케스트라를 구성한 데 비해 목관, 금관, 타악기 등 콘티누오 악기 외에도 다양한 악기들을 사용해 당시로서는 대규모 관현악을 선보였다. 콘티누오 그룹만 나오는 부분도 카론이 노래할 때에는 저승 세계의 신비스러운 음향을 표현하기 위해 리갈이라는 작은 오르간을 사용하기도 했다. 3막의 핵심은 앞서 말했듯이 저승으로 가기 위해 카론과 저승의 신들을 설득하는 오르페오의 모노디 '힘센 정령들이여' 부분으로, 몬테베르디는 모노디 멜로디를 기교적인 버전과 심플한 버전의 두 가지로 남겨 연주자들이 임의로 선택해 노래할 수 있도록 했다. 그리고 바이올린, 쳄발로, 코르넷 등 다양한 악기들의 리토르넬로(합주와 독주가 번갈아가며 되풀이되는 형식)를 통해 음악적인 내용도 충실히 담았다.

 4막은 트럼펫과 트럼본 등의 금관악기가 주를 이루는 신포니아 Sinfonia(기악 합주곡)로 시작하는데, 영계의 장엄한 분위기를 잘 묘사한다. 지옥의 신 하데스의 아내 페르세포네는 하데스에게 오르페오의 처지를 불쌍히 여겨 그의 소원을 들어주자고 부탁한다. 하데스는 에우리디체가 다시 살아날 수 있는 기회를 주지만, 오르페오에게 지상에 나갈 때까지 아내를 돌아보지 않는 조건을 지키도록 명령한다. 오르페오가 에우리디체를 데리고 지상으로 나갈 때 부르는 솔로 곡은 바이올린 오블리가토 Obbligato (독창이나 독주의 선율을 보조하는 연주)가 붙는 솔로 마드리갈 형식으로, 희망에 찬 오르페오의 심정이 잘 드러나 있다. 그리고 에우리디체가 제대로 따라오는지 의심이 되어 뒤돌아보는 장면에서 급박하게 변하는 모노디는 몬테베르디가 3막에 이어 다시 한 번 극적인 표현력이 뛰어난 작곡가임을 보여주고 있다.

 마지막 5막은 홀로 이승으로 올라온 오르페오가 에우리디체를 다시 잃은 슬픔을 처절하게 노래하는 모노디로 시작하며, 아들을 위로하기 위해 하늘에서 내려온 아폴로가 오르페오를 데리고 하늘로 오르는 장면으로 대단원의 막을 내린다. 마지막에 노래하는 오르페오와 아폴로의 짧은 이중창은 상승하는 멜로디가 교차하며 하늘로 올라가는 두 사람의 모습을 입체적으로 잘 묘사하고 있다. 오르페오를 배웅하는 님프와 목동들의 마드리갈 합창 후에는 2박자 계통의 모레스카Moresca(무어풍의 이탈리아 춤곡)로 마무리하고 있는데, 이는 인테르메디오나 마드리갈 코미디 등 극음악 형식의 마지막은 전 출연자뿐만 아니라 청중들까지 한데 어울려 다함께 흥겹게 춤추는 것으로 공연을 끝내는 당시 관습을 따른 것으로 볼 수 있다.

일생일대의 역작이 탄생하다

빈첸조 곤차가의 명을 받든 몬테베르디와 스트리지오는 빠른 시간 안에 작품을 완성했고, 예정대로 1607년 사육제 기간에 만토바의 팔라초 두칼레의 한 홀에서 공연되었다. 여기엔 기악 연주자들이 연주할 공간과 가설무대가 설치되었는데, 홀 자체가 크지 않아 곤차가 가문의 주요 인물 몇몇 이외의 귀족들은 서서 관람했으리라는 추측을 할 수 있다. 배역은 피렌체 카메라타 그룹의 일원이었던 줄리오 카치니의 제자이자 만토바에서 가장 유명한 성악가로 활동하던 프란체스코 라시Francesco Rasi가 오르페오 역을, 몬테베르디의 히로인 에우리디체는 카스트라토 가수였던 지롤라모 바키니Girolamo Bacchini가 맡아 노래했는데, 이는 다른 여성 배역 역시 마찬가지였다. 아직 오페라가 공공연하게 성행하기 이전이었고 공연의 주최였던 아카데미 델리 인바기티의 회원이 남성들로만 구성되었기 때문에, 이러한 사적인 공연에서 여성들이 노래하기에는 부적합하다고 판단을 내렸던 것으로 보인다. 여러 문헌에 의하면 〈오르페오〉 초연에는 카스트라토를 포함해 모두 9명의 남성 가수들이 노래했다고 전해진다. 이들은 몇몇 배역을 중복해 맡았으며, 중간에 나오는 합창 앙상블은 다 같이 노래하며 최소한의 인원으로 공연을 준비했다.

오케스트라는 당시로서는 큰 편이었는데 현악 파트와 리코더, 트럼펫, 트럼본, 코르넷, 더블 하프 등과 콘티누오 그룹을 연주할 쳄발로, 류트, 테오르보, 오르간, 리갈 등으로 구성되었다. 바로크 초기의 관습대로 오케스트라 악보에는 정확한 악기 표기가 없지만, 개막을 알리는 토카타Toccata(화려하고 기교적인 연주를 하기 위해 만든 전주곡)의 트럼펫이나 3막에서 카론의 모노디를 반주하는 리갈, 4막 처음에 저승의 장엄함을 표현하는 트롬본처럼 특정 장면이나 극적인 분위기를 표현하기 위해 악기를 지정한 곳도 있었다. 이러한 몬테베르디의 아이디어는 후세의 많은 오페라 작곡가들에게 영감을 불어 넣었다.

초연 후 공연에 참석했던 아카데미 회원들을 비롯한 귀족들은 내용에 매우 만족스러워 했고, 자신의 모든 열정을 쏟아 부은 몬테베르디 역시 자신의 일생일대의 역작으로 생각했다.

이후 몬테베르디의 오페라

몬테베르디는 〈오르페오〉 작곡 이후 극음악에 더욱 관심을 가졌다. 그의 다음 작품은 프란체스코 4세 곤차가와 사보이의 마르게리타 공주의 결혼을 위해 작곡한 〈아리아드네〉였다. 작품의 대본가로는 카메라타 그룹의 시인 리누치니가 참여했는데, 당대 최고의 작곡가와 대본가의 합작이라는 것만으로도 큰 화제가 되었다. 초연은 1608년 만토바에서 있었지만 불행히도 〈아리아드네〉의 아리아 '죽게 내버려두오'를 제외한 나머지 부분은 소실되었다. 그러나 이 아리아 하나만으로도 몬테베르디의 극음악 작법이 진일보하고 있었음을 알 수 있다. 일반적으로 '아리아드네의 탄식가'로 알려진 이 곡은 초연 이후 폭발적인 인기를 끌었고, 몬테베르디는 다시 마드리갈 버전으로 편곡해 자신의 마드리갈 6집 첫 머리에 수록했다. 테세우스에게 버림받은 아리아드네의 사랑의 상실감을 처절할 정도로 잘 표현하고 있는 이 곡은, 몬테베르디의 솔로 곡 중에서도 평론가들이나 대중에게 가장 사랑받는 곡이기도 하다.

1611년 자신을 적극적으로 후원했던 빈첸조 곤차가가 세상을 떠나고 프란체스코 4세 곤차가가 그 뒤를 이어 만토바의 공작이 되었다. 프란체스코는 〈오르페오〉의 작곡을 포함해 몬테베르디에게 비교적 호의적이었으나, 아버지가 세상을 떠나자 갑자기 태도

화가 미상, 〈프란체스코 4세 곤차가의 초상〉, 1612

를 바꾸어 몬테베르디를 해고했다. 오히려 그는 막중한 책무에서 벗어난 것을 다행으로 생각하고 평온한 시간을 보냈지만, 세상은 그를 그냥 놔두지 않았다. 앞에서 언급한대로 1년 뒤인 1613년 베네치아 산 마르코 대성당의 악장직으로 초빙을 받게 된 것이다. 여기서도 바쁜 일정을 보낸 노년의 그였지만, 음악 작품에 대한 열정을 버리지는 않았다. 이후에 작곡된 몇 작품은 현재 남아있지 않지만, 말년에 작곡한 〈율리시즈의 귀환〉과 〈포페아의 대관〉을 통해 오페라 역사에 큰 발자취를 남겼다.

특히 〈포페아의 대관〉은 화려한 오케스트레이션을 통해 오페라의 엔터테인먼트적인 면을 강조했던 〈오르페오〉에 비해 최소한의 콘티누오 악기들만 사용했는데, 일흔다섯이 된 노老 대가의 모노디 작법에 대한 섬세한 극적 표현력이 빛을 발하고 있다. 여기엔 베네치아 최고의 대본 작가 프란체스코 부제넬로Francesco Busenello의 빼어난 대본이 있었기에 가능했다. 시인이자 변호사로도 활동한 부제넬로는 로마 제국의 폭군 네로와 그의 정부 포페아, 그리고 추방당하는 왕비 옥타비아와 주변 인물들의 세심한 심리 묘사와 감정 변화를 너무도 사실적으로 그려냈다. 몬테베르디는 이러한 극적 표현을 위해 단순한 모노디 양식을 보다 적극적으로 활용해 최고의 드라마를 엮어냈다. 이 작품은 베네치아 최초의 오페라 극장인 산 카시아노 극장에서 초연되어 큰 성공을 거두었는데, 당시 몬테베르디는 후대의 일까지는 생각하지 못했겠지만 서양 오페라 역사에서 최초의 큰 별이 찬란하게 빛을 발한 영광스러운 순간이었다.

함께하면 좋은 추천 음반과 영상

진정한 최초의 오페라라고 평가되고 있는 〈오르페오〉는 1990년대 원전 악기 연주의 붐을 타고 많은 음반들이 녹음되었다. 그중 단연 스타일이나 연주의 완성도, 고증 등 여러 가지를 고려했을 때 첫손에 꼽을만한 음반은 존 엘리엇 가디너 John Eliot Gardiner가 녹음한 아르히브 음반(Archiv, CD 419 250-2, 1987)이다. 당시 가디너의 '최애'였던 영국 테너 앤서니 롤프 존슨 Anthony Rolfe Johnson의 감성적인 오르페오와 줄리안 베어드 Julianne Baird의 순수한 에우리디체를 비롯해 안네 소피 폰 오터 Anne Sofie von Otter, 린 도슨 Lynne Dawson, 낸시 아르젠타 Nancy Argenta, 윌러드 화이트 Willard White 등 지금 들어도 화려한 캐스팅이 눈길을 끈다. 이 음반은 완벽주의자 가디너의 철저한 악보 연구가 빛을 발한 연주로, 가디너의 명성 역시 높아지는 계기가 되었다. 〈오르페오〉는 그의 단골 레퍼토리로 2017년에는 베네치아의 라 페니체 극장에서 젊은 가수들을 기용하고 자신이 직접 지휘와 연출을 맡은 DVD도 있지만, 역시 아르히브 음반이 명불허전이다.

니콜라우스 아르농쿠르Nikolaus Harnoncourt의 음반(Warner, CD 825646314829, 1969)은 문헌에만 존재했던 이 오페라를 세상에 알린 역사적인 녹음이다. 비록 원전 악기 연주는 아니지만, 콘첸투스 무지쿠스 빈의 산뜻하고 따뜻한 연주는 충분히 설득력이 있다. 아르농쿠르는 1970년대 후반에 장 피에르 폰넬Jean-Pierre Ponnelle과의 협업으로 매우 고전적인 영상물(DG, DVD 00440 073 4163, 1978)도 제작했다. 좀 더 현대적 감각의 연주로는 에마뉘엘 하임Emmanuelle Haim이 콩세르 다스트레와 함께한 음반(Virgin, CD 7-24354-56642-2, 2003)이 있다. 녹음은 오르페오 역을 맡은 이안 보스트리지Ian Bostridge에게 포커스가 맞추어져 있는데, 오르페오의 내적 갈등을 매우 극적으로 노래했다. 그 외에도 나탈리 드세이Natalie Dessay, 파트리치아 치오피Patrizia Ciofi, 앨리스 쿠트Alice Coote 등 캐스팅 면모 역시 완벽하다.

존 엘리엇 가디너의 아르히브 음반

2000년 이후에는 영상물이 많이 제작되고 있는 추세인데, 조르디 사발Jordi Savall과 연출가 길버트 데플로Gilbert Deflo가 바르셀로나 리세우 극장에서 녹화한 영상물(Opus Arte,

DVD OA 0843 D, 2003)은 1607년 몬테베르디가 이 작품을 초연했을 때의 의상과 무대를 재현했다. 사발이 몬테베르디가 되어 입장하는 첫 장면부터 화면에서 눈을 돌리기 힘들 정도로 흥미로운 포인트가 많

조르디 사발의 리세우 극장 영상물

다. 르네 야콥스René Jacobs는 이 작품을 여러 번 녹음하면서 애정을 드러내기도 했는데, 콘체르토 보칼레와 함께 제작한 DVD(Harmonia mundi, HMD 9909003.04, 1998)가 가장 완성도가 높다. 특히 오르페오에 테너가 아닌 바리톤 사이먼 킨리사이드Simon Keenlyside를 캐스팅해 작품의 무게감을 더했다. 강렬한 색상과 미니멀리즘의 무대가 상상력을 더욱 자극하며, 트리샤 브라운Trisha Brown의 안무가 무대의 분위기와 잘 어우러진다.

QR코드를 스캔하면 스페인 바르셀로나 리세우 극장에서 열린 조르디 사발(지휘), 라 카펠라 레이알 데 카탈루냐(연주) 영상을 볼 수 있다.

Chapter 2

바다의 공화국 베네치아와
베르디의 〈두 사람의 포스카리〉

물 위의 도시 베네치아

베네치아는 오늘날 전 세계적으로 사랑받는 도시로, 물 위에 떠 있는 독특한 모습과 함께 유구한 역사를 자랑한다. 하지만 이 특별한 도시의 시작은 그리 화려하지 않았다. 초기 베네치아의 건설 과정은 인간이 척박한 환경을 극복하며 생존을 도모한 끈질긴 도전의 기록이자, 창조의 역사였다.

베네치아는 5세기에서 6세기 무렵 외부의 침략과 혼란 속에서 태동했다. 당시 이탈리아 북부는 게르만족과 훈족의 대규모 이동 영향 아래 있었다. 특히 훈족의 지도자 아틸라Attila가 이끄는 군대는 북이탈리아를 초토화하며 많은 주민들에게 공포를 안겨주었다. 베네치아의 역사는 외부의 위협을 피해 석호 지역으로 도피한 피난민들의 선택에서 시작되었다. 석호는 아드리아 해 북부에 위치한 거대한 얕은 바다로, 바다와 육지 사이의 경계를 이루는 독특한 지형이었다. 석호는 외부로부터 접근이 어려워 자연적인 방어

카날레토, 〈베네치아 대운하로 향하는 입구〉, 1730

막 역할을 했으나, 동시에 인간이 정착하기에는 매우 까다로운 지역이었다. 이곳은 늪지대와 물길로 가득했으며, 일반적인 농경과 주거 활동에 적합하지 않았다. 그러나 아틸라에게 약탈당한 북이탈리아 최초의 도시인 아퀼레이아를 비롯해 파두아, 알티노 등 주변 지역의 주민들은 다른 대안이 없었다. 게르만족과 훈족의 침입은 단순한 약탈에 그치지 않고 도시를 파괴하고 주민들을 학살하며 그들의 삶을 근본적으로 뒤흔들었다. 이러한 상황에서 석호의 섬들은 마지막 피난처로 선택될 수밖에 없었다. 처음에 이곳으로 도망친 사람들은 임시로 머물 계획이었지만, 시간이 지날수록 주변 육지로 돌아갈 수 없음을 깨닫고 석호에 정착하기로 결심하게 되었다.

　석호는 단순한 도피처 이상의 의미를 갖기 시작했다. 이 지역에 정착하기 위해서는 먼저 환경을 극복해야 했다. 석호의 땅은 대부분 진흙과 모래로 이루어져 있어 매우 불안정했고, 물에 잠기기 쉬웠다. 이에 초기 정착민들은 땅을 안정화하기 위해 특별한 방법을 고안해냈다. 소나무와 참나무 같은 단단한 목재로 만든 말뚝을 석호 바닥에 촘촘히 박아 지반을 강화한 것이다. 이 말뚝은 물속에서 썩지 않고 견고함을 유지했으며, 그 위에 돌을 쌓아 건축의 기초를 마련했다. 또한 물길과 섬을 연결하는 운하와 교량을 설계해 도시의 형태를 점차 다듬어 나갔다. 이러한 건축 방식은 당시로서는 혁신적이었다. 인간의 기술력으로 자연을 다루어 새로운 터전을 만들려는 노력은 베네치아를 '물 위의 도시'로 자리 잡게 했다. 오늘날 베네치아의 독특한 풍경은 여기에서 비롯되었다.

　초기 베네치아 주민들의 생존을 뒷받침한 것은 석호의 자연환경이었다. 바다와 석호는 어업과 소금 채취라는 두 가지 중요한 생계 수단을 제공했다. 어업은 신선한 식량을 공급했고, 소금은 당시 중요한 생필품이자 교역품으로 사용되었다. 석호의 복잡한 물길은 외부 침략을 막아주는 천연 요새 역할을 하는 동시에 상업적 가능성을 열어주었다. 이와 함께 초기 정착민들은 주변 도시와의 교역을 통해 부족한 자원을 보충했다. 육지로부터는 농산물과 목재를, 바다를 통해서는 무역품을 받아들이며 경제 기반을 다졌다. 이러한 상업 활동은 이후 베네치아가 해상무역 강국으로 성장하는 초석이 되었다.

베네치아 정착민들은 외부의 간섭을 최소화하고 스스로를 보호하기 위해 독립적인 정치 체제를 구축하기 시작해 697년에 최초의 도제Doge(공화국의 최고 지도자)를 선출했다. 이는 초기 베네치아 사회가 자치를 실현하고 통일된 지도 체제를 형성했다는 것을 의미한다. 초기 베네치아는 작은 섬들의 연합체였지만 이들의 협력과 자치 정신은 점차 단일 도시국가로 발전하는 계기가 되었으며, 도제 제도는 이후 베네치아 정치의 핵심이 되어 도시를 통합적으로 운영하는 데 중요한 역할을 했다.

베네치아가 단순한 생존을 넘어 하나의 도시로 성장할 수 있었던 배경에는 종교적 요소도 중요한 역할을 했다. 주민들은 기독교 신앙을 중심으로 공동체를 결속시켰으며, 이를 통해 내부의 단결을 도모했다. 특히 9세기에는 트리부노Thribuno와 루스티코Rustico라는 이름의 두 상인이 산 마르코의 유골을 이집트 알렉산드리아에서 몰래 가져와, 베네치아에서는 대대적인 환영 행사와 더불어 산 마르코를 베네치아의 수호성인으로 모셨다. 이후 산 마르코는 베네치아의 정체성과 깊이 연결되었으며 유골을 모신 산 마르코 대성당은 도시의 종교적 중심지가 되었다.

베네치아는 이처럼 척박한 환경에서 출발했지만 독창적인 기술과 생존 본능, 협력 정신을 바탕으로 번영의 기틀을 마련했다. 물

산 마르코 대성당 내부 ⓒ Zairon

위에 세운 도시는 단순히 침략자를 피하기 위한 피난처에 그치지 않았다. 베네치아는 바다를 통해 외부 세계와 연결되었고, 이를 바탕으로 무역과 해상활동을 통해 점차 부와 권력을 축적했다. 베네치아의 건설 과정은 단순히 한 도시의 탄생 이야기가 아니라 인간이 자연의 한계를 극복하고 새로운 가능성을 만들어낸 역사적 사례라고 할 수 있다.

도제와 10인 위원회라는 두 기둥

베네치아 공화국은 약 1000년 이상 지속된 독특한 정치 체제를 통해 역사상 가장 안정적으로 번영했던 국가 중 하나로 꼽힌다. 그 중심에는 도제와 10인 위원회라는 두 가지 중요한 제도가 있었다. 도제는 국가의 최고 지도자였으며, 10인 위원회는 이를 견제하고 균형을 유지하는 역할을 담당했다. 두 제도는 베네치아의 정치 체제가 공화국 형태로 발전하는 데 핵심적인 기둥이 되었다.

도제는 지도자라는 뜻의 라틴어 Dux에서 유래한 것으로, 베네치아 공화국의 최고 지도자를 뜻한다. 697년에 선출된 첫 번째 도제 파올로 루치오 아나페스토Paolo Lucio Anafesto를 시작으로 도제는 베네치아 시민의 대표로서 국가를 이끌었으며 외교, 군사, 경제 정책 등 전반적인 국가 운영을 주도했다.

종신직이었던 도제는 초기에는 강력한 권한을 가지고 있었으나, 시간이 지나면서 점차 제약을 받게 되었다. 이는 독재를 방지하고 권력의 집중을 막으려는 베네치아 공화국의 정치적 철학에서 비롯된 것이었다. 도제는 국가의 중요한 결정을 내릴 때 단독으로 행동할 수 없었으며, 반드시 의회와 위원회의 자문과 동의를 거쳐야 했다.

도제는 대개 베네치아의 유력 가문 일원 중에서 선임되었다. 그러나 몇몇 도제들이 그들의 아들을 도제 직위에 깊이 관련시키자, 세습에 의해 권력이 양도되는 것을 철저히 차단하기 위해 1172년 이후 도제 선출은 40인 위원회에 완전히 일임되었다. 40인 위원회의 구성원은 대평의회가 선출한 4명에

도메니코 틴토레토, 〈야코포 티에폴로의 초상〉, 16세기 후반

의해 지명되었고, 대평의회의 구성원은 매년 12명의 대의원들이 결정했다. 그러다 1229년에 야코포 티에폴르Jacopo Tiepolo와 마리노 단돌로Marino Dandolo가 40인 위원회에서 20 대 20으로 팽팽한 교착 상태에 빠지면서 결국 제비뽑기로 야코포 티에폴로가 도제에 임명되었다. 이 배경에는 두 가문의 치열한 경쟁구도가 문제가 되었는데, 이후 41명의 위원을 두는 것으로 결정되었다.

1268년에 새로운 도제 선거 제도가 선보이게 되었다. 이 제도는 1797년 베네치아 공화국이 멸망할 때까지 계속 유지되었다. 그 목적은 가능한 한 유력 가문들의 영향을 최소화하는 것이었기 때문에, 선출 규칙이 더욱 복잡해졌다. 우선 대평의회 의원 중에서 제비뽑기로 30명의 인원을 뽑는다. 그리고 30명 중에서 다시 제비뽑기로 9명을 정한다. 이들 9명의 의원이 40명을 추천하고, 그 40명

중에서 다시 제비뽑기로 12명만 추려낸다. 12명은 다시 25명을 고르고, 25명 중에서 제비뽑기로 9명을, 다시 이 9명이 45명을 선출하고, 선출된 45명 중에서 다시 제비뽑기로 마지막 11명을 추려낸다. 마지막에 뽑힌 11명이 실제로 도제를 선출할 41명의 위원회를 구성했다.

이러한 복잡한 과정을 거쳐 새 도제가 결정되면 그가 임명 선서를 하기 전에 시민들 앞에 세우고 "여러분이 기뻐할 소식이 있으니, 이 자가 당신들의 도제다"라고 소개한다. 비록 도제가 실제로는 특권 계층의 가장 높은 권위를 가진 자리지만, 베네치아의 시민들이 선거를 승인한다는 형식상의 연출을 하는 자리였다. 이는 베네치아가 공화국이라는 정체성을 갖고 이를 유지하고자 하는 의도가 저변에 깔려 있었다. 또한 도제는 취임식에서 "나는 공화국의 자유를 위해 살고, 공화국의 자유를 위해 죽는다"고 맹세했다. 이는 도제가 단순한 군주가 아니라 시민의 자유를 수호하는 상징적 존재임을 강조한 것이다.

12세기부터 시작된 베네치아의 축제 '바다와의 결혼식' 역시 시민들의 지지를 이끌어 내고자 제정된 것이었다. 해마다 이 날에는 도제가 진홍색과 금색으로 장식된 화려한 의식 전용선 부친토로에 정부의 고관들을 거느리고 승선한다. 화가 프란체스코 과르디 Francesco Guardi가 묘사한 그림을 통해 이 배를 추측해보면 길이가 약 35미터, 높이 8미터 이상의 2층 갤리선으로, 떠다니는 궁전으로

프란체스코 과르디, 〈승천 대축일에 리도로 떠나는 부친토로〉, 1775~1780

명명된 메인 살롱에는 90여 명 이상을 수용할 수 있었다. 여기에 갤리선을 움직이기 위한 노잡이 168명과 이를 조정하는 40여 명의 선원도 함께 탑승했다. 갤리선은 노까지 금색으로 칠했으며, 축제 때에는 역시 화려하게 장식한 베네치아의 수많은 선박들과 곤돌라가 그 뒤를 따랐다. 리도 항에서 대주교의 미사를 마치면 도제는 다시 의식 전용선을 타고 바다로 나간다. 해상으로 나온 도제는 많은 사람들이 바라보는 가운데 바다를 향해 말한다. "너와 결혼한다. 바다여! 너는 영원히 내 것이다." 다음에 도제는 미리 준비한 금반지를 바다에 떨어뜨리는 것으로 의식을 마무리한다. 의식 후에는 당연히 베네치아 전체에 흥청거리는 축제가 밤새도록 계속

되었다.

  도제는 공화국의 최고 지도자였지만 권력이 과도하게 집중되는 것을 방지하기 위해 여러 제약이 따랐다. 도제의 가족은 공직을 맡을 수 없었으며, 개인적인 재산 축적도 엄격히 제한되었다. 또한 도제는 정치적 결정을 내릴 때 반드시 대평의회, 원로회의, 10인 위원회와 협의해야 했다. 이러한 제약은 베네치아 공화국의 안정성을 유지하는 데 중요한 역할을 해 1797년 나폴레옹 군대에 점령당해 베네치아 공화국이 몰락하기까지 120명의 도제들이 10세기에 걸쳐 공화국을 지켜왔다. 그중 베네치아 발전에 공을 세운 대표적 도제들을 소개하자면 다음과 같다.

  피에트로 오르세올로 2세Pietro Orseolo II는 991~1009년까지 재임했으며, 베네치아를 해상 강국으로 이끄는 초석을 다진 도제였다. 그의 재임 기간 동안 베네치아는 아드리아 해 지배권을 확립했고, 달마티아 연안을 정복해 여러 도시국가들을 베네치아의 지배 아래 두었다. 이를 통해 그는 '달마티아의 공작'이라는 칭호를 얻었다. 오르세올로 2세는 외교적 능력도 뛰어나 신성로마제국, 비잔티움 제국, 오토 왕조와의 관계를 강화해 베네치아의 국제적 위상을 높였다. 그의 정책 덕분에 베네치아는 지중해 무역에서 전략적 요충지로 자리 잡게 되었다.

  엔리코 단돌로Enrico Dandolo는 1192~1205년까지 재임하면서 제4차 십자군 원정을 이끌며 베네치아를 군사적·경제적 강국으로 발전시켰다. 그는 당시 고령이었음에도 불구하고 십자군을 통해 콘스탄티노플을 점령하는 데 성공했으며, 베네치아의 해상 무역을 대폭 확대했다. 그의 재임 기간 동안 베네치아는 지중해 동부에서의 상업적 지배권을 확립했다.

안드레아 그리티Andrea Gritti는 1523~1538년까지 재임하며 베네치아를 유럽 정치 무대에서 중요한 위치로 끌어올렸다. 그는 프랑스와의 동맹을 통해 합스부르크와 오스만 제국의 압력을 효과적으로 견제했으며, 베네치아의 경제적 번영을 유지했다. 또한 도시의 방어 체계를 강화하고 르네상스 건축과 예술을 후원하며 베네치아의 문화적 황금기를 이끌었다.

로렌초 모체니고Lorenzo Mocenigo는 베네치아가 오스만 제국과의 전쟁에서 중요한 시기를 겪던 때인 1570~1577년에 도제로 재임했다. 그의 가장 주목할 만한 업적은 1571년 레판토 해전에서 베네치아가 신성동맹의 일원으로 참가해 오스만 제국 해군을 격퇴한 것이다. 이 해전은 베네치아의 해상력과 유럽 연합군의 협력을 상징하는 사건으로, 베네치아의 상업적·군사적 우위를 다시 확립하는 계기가 되었다. 또한 모체니고는 전후 베네치아의 경제를 회복시키기 위해 도시 재건과 무역 촉진 정책을 적극적으로 추진했다.

프란체스코 모로시니Francesco Morosini는 군사적 업적으로 유명한 도제로, 1688~1694년까지 재임했다. 그는 오스만 제국과의 전쟁에서 베네치아를 승리로 이끌었으며, 특히 모레아(현재 펠로폰네

소스 반도) 전쟁 때의 공로로 '모레아의 정복자'라는 칭호를 얻었다. 그의 재임 기간은 베네치아의 군사적 역량과 영토 확장이 두드러진 시기였다.

권력의 견제와 균형 역할을 한 10인 위원회는 1310년에 설립되었다. 당시 베네치아에서 발생한 바이아몬테 티에폴로Baiamonte Tiepolo의 반란을 진압한 후 공화국의 안전과 질서 유지를 위해 제정한 것으로 내란, 반란, 외교 위기 등 긴급 상황에서 빠르고 단호한 결정을 내리기 위한 것이었다. 초창기에는 임시 기구였으나 점차 그 중요성이 인정되면서 상설 기구로 자리 잡게 되었다. 10인 위원회는 주로 국가 안보와 공공질서를 담당했다. 이들은 비밀리에 활동하며 중요한 정치적 문제를 심의하고, 해결책을 제시했다. 또한 도제의 권한을 견제하는 역할도 수행했다.

위원회는 이름 그대로 10명의 위원으로 구성되었으며, 대평의회에서 선출되었다. 그리고 임기는 1년으로 제한되었고 재선은 금지되었다. 이는 권력의 남용을 방지하고 정치적 균형을 유지하기 위한 조치였다. 10인 위원회의 활동은 비밀스럽게 이루어졌다. 이들은 공개되지 않는 회의에서 국가의 중대한 문제를 다루었으며, 결정된 내용은 대평의회나 원로회의에 보고되었다. 특히 반역이나 음모와 같은 문제를 다룰 때는 강력한 권한을 행사할 수 있었다. 이러한 비밀성과 권한은 10인 위원회가 베네치아 공화국의 안정성을 유지하는 데 핵심적인 역할을 하도록 만들었다. 그러나 막

프란체스코 하예즈, 〈도제 마리노 팔리에로의 죽음에서의 10인 위원회〉, 1867

강한 권한은 때때로 비판의 대상이 되기도 했다. 일부 시민들은 이 기구가 지나치게 독재적이며, 공화국의 이상에 어긋난다고 주장했다. 특히 위원회의 결정 과정이 비공개로 이루어졌기 때문에 투

명성이 부족하다는 지적도 있었다.

도제와 10인 위원회는 서로를 견제하며 베네치아 공화국의 균형을 유지했다. 도제가 공화국의 상징적 지도자라면, 10인 위원회는 그를 견제하는 실질적인 권력 기구였다. 도제는 10인 위원회의 감시 아래 국가를 운영해야 했으며 어떠한 독단적인 행동도 허용되지 않았다. 이는 도제가 권력을 남용하지 못하도록 하는 동시에 국가 정책이 다수의 이익에 부합하도록 하기 위한 장치였다. 이러한 도제와 10인 위원회는 베네치아 공화국의 정치적 안정성을 유지하는 데 핵심적인 역할을 했다. 두 제도는 권력의 분산과 견제를 통해 독재를 방지하고, 공화국의 이상을 실현했다. 도제는 상징적 지도자로서 시민의 자유와 공화국의 존엄을 상징했으며, 10인 위원회는 실질적인 권력을 행사하며 국가의 질서를 유지했다. 이 체제는 베네치아를 약 1000년 동안 안정적인 공화국으로 유지시켰으며 세계사에서 독특한 정치적 실험으로 평가받고 있다. 도제와 10인 위원회가 보여준 권력 분산 원리는 현대 민주주의 체제에도 중요한 교훈을 제공한다.

영광과 비극을 동시에 상징하다

포스카리 가문은 11세기부터 베네치아 귀족 사회에서 점진적으로 부상한 가문이다. 그들의 초기 역사는 구체적으로 문헌에 기록되어 있지는 않으나, 12세기 이후 대평의회에 이름을 올리며 베네치아의 정치적 중심으로 자리 잡기 시작했다. 베네치아 공화국의 귀족 사회는 철저한 혈통과 가문의 명성에 기반을 두었는데, 포스카리 가문은 이 체제에서 부와 해양 무역의 성공을 바탕으로 영향력을 확대했다. 특히 14세기 이후 상업적 성공과 더불어 국제적 네트워크를 통해 베네치아 공화국 내에서 주요 가문으로 부상했다. 이들은 당시 지중해에서 활발히 이루어진 해상 무역, 특히 동방 무역에서 큰 이익을 보았고, 이를 바탕으로 가문의 경제적 기반을 튼튼히 다졌다. 또한 이들 가문은 문화에도 관심이 많았다. 집은 늘 예술가와 학자들로 붐볐고, 그들의 부는 곧 베네치아 정치 무대에서 발휘될 힘으로 이어졌다. 그러나 가문의 진정한 이름이 역사에 새겨지게 된 것은 15세기에 이르러서였다. 바로 가장 유명한 인물, 프란체스코 포스카리Francesco Foscari 덕분이었다.

프란체스코 포스카리는 1423년 베네치아 공화국의 도제로 선출되었다. 당시 그는 비교적 젊은 50대였고, 모든 이가 그의 열정과 추진력을 기대했다. 그도 그럴 것이 프란체스코는 무역과 정치 모두에서 탁월한 성과를 거둔 인물이었기 때문이다. 하지만 그의 34년 재임은 베네치아의 영광과 비극을 동시에 상징하는 시기로 남게 되었다.

프란체스코는 베네치아를 해상 강국에서 육지 제국으로 변화시

라자로 바스티아니, 〈프란체스코 포스카리의 초상〉, 1460

키는 데 중요한 역할을 했다. 그는 롬바르디아 지역으로 영토를 확장하며 밀라노 공국, 피렌체 공화국과 끊임없이 경쟁했으며, 1441년에는 크레모나 조약을 통해 베네치아가 북부 이탈리아에서 확고한 입지를 가지도록 만들었다. 베네치아 시민들은 도제가 우리를 강력한 나라로 만들어 주었다며 기뻐했지만, 이것은 동시에 거대한 군사적 부담을 안기는 일이기도 했다. 한편 동방에서는 오스만 제국이 점점 세력을 확대하며 베네치아의 무역로를 위협했다. 프란체스코는 이를 막기 위해 해군력을 강화하고 동맹국들과 협력했지만, 오스만 제국의 부상은 거대한 파도처럼 그들의 힘을 압도했다. 베네치아 시민들은 점점 커지는 적의 위협에 불안감을 느꼈다.

프란체스코의 이러한 업적에도 불구하고 그의 집권 후반은 개인적 비극으로 얼룩졌다. 그의 아들 야코포 포스카리Jacopo Foscari가 부패 혐의로 기소되어 베네치아에서 추방당한 것이다. 아들은 아버지에게 간청했다. "아버지, 공화국의 도제로서가 아니라 제 아버지로서 저를 도와주세요." 하지만 프란체스코는 공화국의 법과 질서를 어길 수 없었다. 결국 그는 침묵했고, 야코포는 두 번이나 추방지에서 도망쳐 왔으나 다시 체포되었다. 이후 도제의 궁전에서 열린 재판은 마치 한 편의 연극처럼 진행되었다. 시민들은 도제의 얼굴에 떠오르는 고뇌를 보며 속으로 눈물을 흘렸다. 결국 야코포는 다시 추방되었고, 얼마 지나지 않아 고통 속에서 생을 마감했다. 프란체스코는 이 사건으로 깊은 상처를 입었고, 결국 정치적 압박 속에 도제 자리에서 물러나야 했다.

포스카리 가문의 이야기는 단순히 베네치아의 정치사나 개인적 비극에 그치지 않는다. 이는 한 가문이 공화국이라는 거대한 체제 속에서 어떻게 빛났고, 또 어떻게 희생되었는지를 보여주는 생생한 사례다. 프란체스코 포스카리는 공화국의 이상을 위해 자신과 가족의 행복을 희생했지만, 그로 인해 베네치아는 또 한 번 번영을 누릴 수 있었다.

프란체스코 포스카리는 재임 중 대운하에 카 포스카리를 건축했다. 이 건물은 베네치아 고딕 양식의 대표적인 예로, 공화국의 부와 권위를 상징했다. 당시 사람들은 이 궁전을 보며 베네치아가

카 포스카리 ⓒ Freddo213

'바다의 제국'으로 얼마나 번영했는지를 실감했다. 현재 이곳은 매년 수많은 학생과 학자들이 찾는 명문 대학인 카 포스카리 대학교가 사용하며 베네치아의 학문적 전통을 이어가고 있다. 학생들은 강의실에서 프란체스코 포스카리와 그의 가문 이야기를 들으면서 도시의 역사적 뿌리에 대해 자부심을 느낄 것이며, 대운하를 유유히 운행하는 베네치아의 교통수단 바포레토를 타고 카 포스카리를 바라보는 이들은 포스카리 가문의 영광과 슬픔을 떠올릴 것이다. 그들의 이야기는 단순히 과거의 기록이 아니라 권력과 인간, 그리고 희생에 대한 보편적인 질문을 던진다.

희곡으로 다시 살아난 포스카리 가문

포스카리 가문의 이야기를 희곡으로 쓴 사람은 19세기 낭만주의를 대표하는 시인 조지 고든 바이런George Gordon Byron이다. 1788년 1월 22일 영국 런던에서 태어난 바이런의 생애는 문학적 천재성과 스캔들, 파란만장한 삶으로 가득 차 있다.

바이런은 귀족 가문에서 태어났지만 어린 시절 경제적으로 힘든 시기를 겪었다. 그의 아버지는 낭비벽이 심한 사람이었고, 바이런이 태어난 지 얼마 되지 않아 세상을 떠났다. 이러한 상황에서도 바이런은 케임브리지 트리니티 대학교에서 공부하며 문학적 재능을 꽃피우기 시작했다.

그의 첫 번째 주요 작품인《게으른 나날》은 젊은 시절의 열망과 고뇌를 담은 시집으로, 비평가에게는 혹평을 받았다. 이에 대한 반박으로 바이런은 풍자시 〈영국 시인과 스코틀랜드의 비평가들〉을 발표해 문학계에 강렬한 인상을 남겼다. 이후 그는 유럽과 동방으로 긴 여행을 떠나 여러 나라의 문화를 경험했는데, 여행에서 얻

리처드 웨스톨, 〈조지 고든 바이런의 초상〉, 1813

은 영감은 《차일드 해럴드의 편력》을 비롯한 여러 작품에 반영되었다. 이 작품으로 그는 유럽 전역에서 유명해졌으며, 바이런 열풍이라 불릴 정도로 큰 인기를 끌었다. 한편 바이런의 삶은 예술적 열정만큼이나 개인적 논란으로 가득했는데 많은 여성과의 관계, 이복누이와의 불륜 의혹, 정치적 급진주의 등으로 사회적 비판을 받았다. 결국 그는 잉글랜드를 떠나 유럽으로 망명해 이탈리아와 그리스에서 삶을 이어갔다. 그러다 1824년 오스만 제국을 상대로 한 그리스 독립 전쟁에 참여하던 중 말라리아로 인해 서른여섯 살이라는 젊은 나이에 안타깝게 세상을 떠났다.

바이런은 1821년 베네치아를 배경으로 한 희곡 《두 사람의 포스카리》를 발표했다. 그는 1815년 전후 베네치아에서 특히 많은 시간을 보냈는데, 이곳을 사랑했으나 동시에 도시의 모순에 회의를 느껴 베네치아를 '화려하지만 죽어가는 도시'라 표현하기도 했다. 그의 이러한 감정은 《두 사람의 포스카리》에 고스란히 녹아 있다.

이 작품은 베네치아 공화국의 도제였던 프란체스코 포스카리와 그의 아들 야코포 포스카리의 비극적인 이야기를 중심으로 한다. 바이런은 한 개인의 감정과 공화국 체제의 냉혹함이 충돌하는 모습을 잘 그려냈다. 초연은 영국 런던의 드루어리 레인 극장에서 1821년 5월 30일에 이루어졌는데, 대중의 반응은 비교적 차가웠다. 당시 영국에서는 바이런의 문학적 혁신과 낭만주의적 요소가 다소 혁명적으로 받아들여졌기 때문에, 그가 다루고자 했던 정치적 메시지나 극적인 구조가 관객에게 충분히 공감을 얻지 못한 것이 원인이었다.

숨겨진 명작, 두 사람의 포스카리

1842년 오페라 〈나부코〉의 성공은 단순한 음악적 성취를 넘어 이탈리아의 민족적 정서를 대변하는 작품으로 떠오르며 주세페 베르디Giuseppe Verdi의 이름을 온 나라에 알렸다. 그러나 영광의 이면에는 개인적인 고난과 창작자로서의 끊임없는 갈등과 부담감 또한 자리 잡고 있었다. 이 시기 베르디는 밀라노 사교계를 이끌고 있던 클라라 마페이Clara Maffei 백작부인을 알게 되어 밀라노의 유력 인사들과 교류를 갖기 시작했는데, 백작부인의 남편 안드레아Andrea는 일생동안 후원자 역할을 자처하기도 했다. 한편 베르디는 젊은 시절부터 건강이 좋지 않았는데, 이 시기 들어 몸이 자주 쇠약해졌다. 원인은 역시 누적된 피로였다. 그러나 그는 자신의 고통을 이겨내며 다음 작품을 준비했다. 바로 〈롬바르디아인〉이었다.

이 작품은 〈나부코〉의 성공을 이어감과 동시에 이탈리아 국민에게 다시금 희망의 메시지를 전달하려는 시도였다. 그러나 작업 과정은 순탄하지 않았다. 베르디는 대본가 테미스토클레 솔레라 Temistocle Solera와 끊임없이 의견 충돌을 겪었다. 솔레라의 대본은 드라마틱했지만, 베르디는 이를 음악적으로 극대화하기 위해 많은 수정을 요구했다. "대본은 곡의 뼈대입니다. 뼈대가 약하면 음악도 제자리를 찾을 수 없어요." 결국 끊임없는 수정 끝에 작품이 완성되었고, 1843년 초연에서 또 한 번 대성공을 거뒀다. 〈롬바르디아인〉의 합창곡은 〈나부코〉의 '히브리 노예들의 합창'처럼 관객들의 가슴을 울렸다.

〈롬바르디아인〉은 밀라노를 넘어 다른 도시에서도 공연되었다. 하지만 베르디는 건강 악화와 함께 심리적 스트레스를 계속 느꼈다. "나는 지금 음악에 갇혀 있다. 쉬고 싶다. 그러나 머릿속에서 멜로디가 떠나질 않는다." 결국 1844년, 베르디는 자신을 더욱 넓은 무대로 내보내기로 결심했다. 그는 당시 유럽에서 큰 영향을 미치던 프랑스 문학에 눈을 돌렸다. 그렇게 선택된 작품은 빅토르 위고 Victor Hugo의 희곡 《에르나니》였다. 이 작품은 복수와 사랑, 배신이 얽힌 격정적인 이야기를 담고 있었기에 베르디는 더욱 강렬한 감정 표현을 시도했다. 이 과정에서 그는 베네치아의 라 페니체 극장과 협력하게 되었다. 예술의 도시 베네치아에서 베르디는 자신의 음악적 능력을 새로운 차원으로 끌어올리고자 했다. 그러나 라 페니체와의 협상은 생각처럼 쉽지 않았다. 그는 극장 측의 지나친 요구에 불만을 표하며 이렇게 말했다고 한다. "나는 음악을 만들기 위해 이곳에 왔다. 그 이상도 이하도 아니다."

오페라 〈에르나니〉를 작업하면서 베르디는 일생의 동료가 된 대본가 프란체스코 마리아 피아베Francesco Maria Piave를 만나게 된다. 그는 베르디의 오페라 중에서 〈리골레토〉, 〈라 트라비아타〉, 〈운명의 힘〉을 비롯해 열 작품의 대본을 썼다. 피아베는 까다로운 베르디의 성미를 잘 맞춰 주면서 일을 했는데, 예를 들면 〈리골레토〉의 대본이 검열에 통과하지 못할 것 같자 베르디가 피아베에게 "베네치아를 전부 뒤집어 놓는 한이 있더라도 당신이 책임지고 검열을 통과시키도록 하시오"라고 보낸 편지를 보면 알 수 있다. 이런 에피소드가 있음에도 불구하고 피아베는 진정으로 베르디의 평생 친구로 지냈다. 그러다 1876년, 절친한 벗 피아베가 뇌졸중으로 사망하자 베르디는 식음을 전폐하고 슬퍼했으며, 장례식 비용을 모두 지불하고 그의 가족들을 돌보기도 했다고 한다.

〈에르나니〉는 베네치아에서 성공적으로 초연되었다. 관객들은 주인공 에르나니의 격정적인 감정과 베르디의 강렬한 음악에 열광했다. 특히 베르디는 이 작품에서 오케스트라와 성악의 균형을 완벽히 맞추며 그의 음악적 능력을 한층 더 확고히 했다.

1844년, 베르디는 〈에르나니〉의 성공 이후 새 오페라를 작업하기 위해 로마의 아르젠티나 극장과 계약을 맺었다. 처음에는 피아베와 '일 마니피코'라고 알려진 로렌초 데 메디치의 일생을 소재로 한 오페라를 작업하는 것이 거론되었지만, 극장 측의 반대로 무산되었다. 그러자 피아베가 베르디에게 〈에르나니〉 작업 전에 언급한 적 있는 바이런의 희곡을 적극 권했다. 사실 이 작품은 베네치아에서 공연하려고 했었는데 라 페니체 극장 측에서 여전히 현존하고 있는 포스카리 가를 염두에 두지 않을 수 없어 거절한 소재였다. 피아베는 베네치아에서는 거절당했지만, 로마에서는 가능하다는 말로 베르디를 설득했다. 베르디는 희곡을 면밀히 검토한 끝에 바이런의 스토리와 표현에 강렬한 감정을 느끼고 마침내 이를 오페라로 옮기기로 결심했다.

작업이 시작된 후 베르디와 피아베는 줄거리와 캐릭터 해석을 두고 자주 의견 충돌을 빚었다. 베르디는 줄거리에 세부적인 감정 표현을 강조하려 했지만, 피아베는 원작의 정치적 맥락과 드라마의 균형을 더 중시했다. 결국 베르디의 의견을 따르는 것으로 합의가 되었다. 베르디는 〈두 사람의 포스카리〉에서 프란체스코 포스카리의 내면 갈등과 그의 아들 야코포의 고통을 중심으로 인물들의 내면을 표현하는 데 특히 심혈을 기울였다. 야코포의 아리아는 그의 고통과 외로움을 서정적으로 담아냈으며, 루크레치아는 남

프란체스코 하예즈, 〈야코포 포스카리가 추방되기 전 가족들과의 마지막 만남〉, 1838~1840

편을 구하려는 강한 의지를 보여준다. 특히 도제 프란체스코의 마지막 아리아 '이것은 잔인한 자비'는 베르디가 인물의 비극적 심리를 극적으로 표현한 걸작으로 평가받는다. 음악적으로는 오케스트라를 통해 독창적이고 서정적인 선율을 사용하며 감정의 파도를 만들어내는 데 성공했다. 예를 들어 루크레치아와 야코포의 듀엣에서 현악기와 관악기의 대조적인 사용을 통해 사랑과 절망이 교차하는 긴장감을 형성했다.

줄거리를 간단히 살펴보자면, 야코포는 반역죄로 고발되어 베네치아에서 추방되었으나 고향을 그리워하며 귀환을 간절히 바라고 있었다. 그의 아내 루크레치아는 야코포의 결백을 증명하기 위해 노력하며 베네치아 법정에 호소했지만, 베네치아 법과 정적 로레다노의 정치적 음모로 상황은 야코포에게 불리하게 작용했다. 결국 재판을 위해 베네치아로 소환된 야코포는 반역죄가 확정되어 다시 망명형을 선고받았다. 도제 프란체스코는 아버지로서 아들을 보호하고 싶었으나, 공화국의 법과 도덕적 책임 때문에 고통스러운 내적 갈등을 겪는다. 루크레치아는 남편을 구하기 위해 끝까지 싸웠으나 공화국의 차가운 법은 그녀의 호소를 외면했고, 야코포는 망명 중 건강이 악화되어 비참한 죽음을 맞이하게 된다. 야코포의 사망 소식에 프란체스코는 깊은 슬픔에 빠지지만, 공화국의 요구에 따라 도제의 자리에서 물러나야 했다. 권좌에서 쫓겨난 그는 고독 속에서 자신의 삶과 공화국의 냉혹함을 돌아보며 외로움 속에서 생을 마감한다.

 1844년 11월, 〈두 사람의 포스카리〉는 로마 아르젠티나 극장에서 초연되었다. 초연 당일, 베르디는 극장 뒤편에서 손을 떨며 무대를 지켜보았다고 한다. 그는 여전히 작품이 성공할 수 있을지 확신하지 못하고 있었다. 초연이 끝난 후 관객의 반응은 다소 엇갈렸다. 많은 사람이 음악의 서정성과 강렬함을 칭찬했지만, 일부는 줄거리의 어두움과 단조로운 분위기에 불만을 제기했다. 이날 밤 베르디는 동료들과 저녁 식사를 하면서 이렇게 말했다고 한다. "모두가 좋아할 수는 없는 법이지. 그러나 나는 이 이야기가 진실하고 인간적이며, 깊이가 있다고 느낀다네. 시간이 지나면 더 많은 이들

조반니 파올로 파니니, 〈아르젠티나 극장〉, 1747

이 이해할 것이야."

그의 말처럼 〈두 사람의 포스카리〉는 시간이 지나면서 더 많은 관객에게 인정받았다. 특히 야코포의 아리아 '가장 먼 유배지에서'와 프란체스코의 아리아 '내 가슴에서 뛰는 늙은 아비의 심장'은 가장 인상적인 순간으로 자리 잡으며 이후 많은 성악가가 사랑하는 곡이 되었다.

베르디가 〈두 사람의 포스카리〉를 작업하던 시기는 자신의 삶에서도 고난의 시기였다. 젊은 나이에 아내와 두 아이를 잃은 베르디의 상실감은 오랫동안 그의 음악에 깊은 영향을 미쳤다. 한 번은 어떤 지인이 베르디에게 "왜 이렇게 비극적인 이야기를 고집합니까?"라고 묻자 그는 이렇게 대답했다. "비극은 삶의 진실입니다. 내가 겪은 고통은 내 음악의 일부고요. 이것이 내가 사람들에게 전달할 수 있는 유일한 진심입니다."

1844년 로마 초연 후 〈두 사람의 포스카리〉는 이탈리아 전역에서 공연되기 시작했다. 그러나 이 작품은 베네치아에서 초연되기까지 꽤 오랜 시간이 걸렸다. 베네치아 공화국의 과거를 비판적으로 묘사한 내용 때문에 정치적으로 민감한 작품으로 여겨졌기 때문이다. 전해지는 일화에 따르면 한 번은 베네치아 귀족 출신 관객이 공연 중 격앙된 표정으로 자리에서 일어나 외쳤다고 한다. "이건 우리 조상들을 모독하는 것이다!" 그러나 그의 외침은 다른 관객들의 박수 속에 묻혔다. 당시 베네치아인들 사이에서도 공화국의 역사에 대한 해석이 다양했기 때문에, 이 작품은 논란의 중심에 서면서도 꾸준히 사랑받을 수 있었다.

〈두 사람의 포스카리〉는 베르디 작품 중에서는 상대적으로 덜 알려져 있지만 그의 음악적 진화를 보여주는 중요한 전환점이며, 이후 작품에서 더 깊이 있는 감정 표현과 드라마를 가능하게 한 디딤돌이 되었다. 베르디가 각 캐릭터 간의 성격 묘사와 대립 관계를 음악적으로 치밀하게 묘사하며 이탈리아 오페라를 진일보시킨 〈리골레토〉, 〈라 트라비아타〉, 〈일 트로바토레〉의 원조 격인 작품이라고 평가할 수 있다. 이에 오늘날 전통적인 이탈리아 오페라 애호가들 사이에서 높은 평가를 받고 있으며, 베네치아의 역사적 맥락을 이해하려는 관객들에게도 흥미로운 작품으로 남아 있다.

함께하면 좋은 추천 음반과 영상

베르디 초기 오페라들을 일찍이 필립스 레이블에서 녹음한 람베르토 가르델리Lamberto Gardelli 지휘 음반(Philips, CD 422 426-2, 1976)이 가장 표준적인 해석을 들려준다. 특

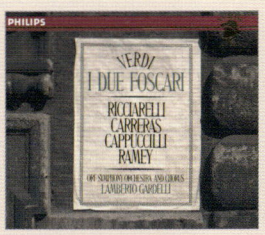

람베르토 가르델리 지휘 음반

히 진정한 베르디아노(베르디 오페라 전문 성악가)로 인정받은 피에로 카푸칠리Piero Cappuccilli의 전성기 시절 목소리를 들을 수 있을 뿐 아니라, 젊은 시절 패기 넘치는 호세 카레라스José Carreras와 서정적인 카티아 리치아렐리Katia Ricciarelli의 루크레치아에 이르기까지 적재적소에 부합한 캐스팅과 이를 바탕으로 한 앙상블의 완성도가 높다. 가르델리의 지휘 역시 오페라 전문 지휘자답게 드라마의 전개를 돋보이게 하는 세부적인 표현에서도 매우 뛰어나다.

나머지 음반 중에서는 최근 것보다 1951년 카를로 마리아 줄리니Carlo Maria Giulini가 밀라노에서 잔자코모 구엘피

Giangiacomo Guelfi, 카를로 베르곤치Carlo Bergonzi와 함께한 녹음(Cetra, CD 8573 83515-2, 1951)이 극적인 구도와 성악 진용의 빼어난 연주가 만족스럽다. 또 한 사람의 베르디아노로 인정받은 레오 누치 Leo Nucci 역시 이 배역으로 자주 무대에 올랐는데, 2000년 나폴리의 산 카를로 극장에서 녹화된 영상물(Art Haus, DVD 9783939873983, 2000)은 작품의 시대적 배경을 바꾸어 비극적인 분위기를 어둡게 잘 표현했다.

레오 누치의 산 카를로 극장 영상물

QR코드를 스캔하면 이탈리아 밀라노 라 스칼라 극장에서 열린 미켈레 마리오티(지휘), 라 스칼라 필하모닉(연주) 영상을 볼 수 있다.

Chapter 3

보르자 가문의 검은 야욕과 도니제티의 〈루크레치아 보르자〉

《군주론》의 모델이 된 체사레 보르자

니콜로 마키아벨리Niccolò Machiavelli와 체사레 보르자Cesare Borgia는 르네상스 이탈리아라는 극도로 혼란스럽고 역동적인 정치적 환경 속에서 서로 다른 방식으로 각자의 운명과 맞섰다. 마키아벨리가 자신의 저서《군주론》을 통해 체사레를 이상적인 군주의 전형으로 제시한 이유는 단순히 그의 행적을 기록하기 위한 것이 아니다. 체사레 보르자는 마키아벨리가 생각하기에 군주가 갖추어야 할 능력, 결단력, 전략적 사고를 실제로 구현했던 인물이었다. 두 사람은 서로 상이한 입장에 있었지만 체사레의 행동과 성과는 마키아벨리의 정치 철학에 깊은 영감을 주었으며, 이 관계는 이탈리아 정치사뿐만 아니라 전 세계 정치 철학의 역사에서도 중요한 사건으로 남게 되었다.

마키아벨리는 당시 피렌체 공화국의 외교관으로 활동하고 있었다. 피렌체는 메디치 가문이 몰락한 뒤 공화정을 유지하고 있었으

산티 디 티토, 〈니콜로 마키아벨리의 초상〉, 16세기 후반

나, 주변 강대국들과 지속적으로 긴장 상태에 놓여 있었다. 이러한 상황 속에서 마키아벨리는 공화국 특사로서 1502년과 1503년에 체사레 보르자를 여러 차례 만나게 되었다. 첫 만남은 1502년 6월 우르비노로 파견된 피렌체 대사 프란체스코 소데리니Francesco Soderini 주교의 수행원으로서 이루어졌는데 당시 마키아벨리는 서른세 살, 체사레는 스물일곱 살이었다.

마키아벨리는 체사레와의 만남을 통해 그의 통치 전략을 직접 관찰할 기회를 얻었다. 체사레는 단순히 군사적 승리를 넘어 정복한 지역을 효과적으로 통치하기 위한 체계를 구축하는 데 주력했다. 그는 필요할 때 잔혹함을 효과적으로 사용하되 주민들의 지지를 얻기 위해 그것을 전략적으로 제한하는 데도 능숙했다. 마키아

알토벨로 멜론, 〈신사의 초상, 체사레 보르자〉, 1513

벨리는 체사레의 이러한 능력을 높이 평가하며 군주가 단순히 도덕적일 필요는 없으며, 오히려 목적을 달성하기 위해 비도덕적인 수단을 사용할 수 있어야 한다고 보았다.

체사레 보르자는 마키아벨리가 생각한 이상적인 군주 모델이었지만, 그의 몰락은 군주의 통치 전략이 단기적 성공에 그칠 수 있음을 보여주는 사례이기도 했다. 마키아벨리는 《군주론》에서 체사레를 언급하며 그의 성공과 실패를 모두 분석했다. 그는 체사레가 권력을 공고히 하기 위해 취했던 전략적 결단과 정치적 유연성은 칭송했으나, 그의 운명 의존성과 준비 부족을 비판했다. 마키아벨리는 군주가 권력을 유지하기 위해서는 다음의 덕목을 갖추어야 한다고 보았다.

첫째, 필요할 때 잔혹함을 사용할 줄 아는 결단력이다. 체사레는 자신의 권력에 위협이 되는 인물들을 제거하는 데 주저하지 않았다. 마키아벨리는 이를 통해 군주는 적을 처리할 때 단호하고 신속해야 한다고 보았다. 둘째, 민중의 신뢰 확보다. 체사레는 폭정을 행사한 부하 레미로 데 오르코Remirro de Orco를 처형함으로써 민중의 지지를 회복하려 했다. 마키아벨리는 군주가 민중과의 관계를 잘 관리해야 권력을 유지할 수 있다고 강조했다. 셋째, 운명에 대한 대비다. 체사레는 자신의 아버지인 교황의 권력에 의존했지만, 마키아벨리는 군주가 자신의 실력으로 독립적인 기반을 구축해야 한다고 보았다.

체사레 보르자는 역사적으로 실패한 군주였지만 그의 전략과 행적은 마키아벨리의 정치 철학에 큰 영향을 미쳐 《군주론》이 탄생하게 되었다. 또한 현대인에게 이들의 관계는 단순히 개인적 만남에 그치지 않고 정치 철학과 실질적 권력의 관계를 새롭게 정의한 사건으로 남아 있다.

교황 알렉산더 6세와 사보나롤라

보르자 가문은 스페인 발렌시아 지방 출신의 귀족 가문으로, 체사레는 발렌티노 공작으로 불리기도 했다. 15세기 중반부터 이탈리아로 진출해 교회와 정계에서 입지를 다지기 시작한 보르자 가문의 권력 기반을 형성한 인물은 체사레의 아버지 로드리고 보르자Rodrigo Borgia의 숙부인 교황 갈리스토 3세였다. 갈리스토 3세는 1455년부터 1458년까지 교황직을 맡으며 보르자 가문의 기반을 강화했다. 로드리고 보르자는 교황의 조카로 교회 내에서 빠르게 승진했고, 갈리스토 3세의 후원 덕분에 젊은 나이에 추기경이 되는 등 이탈리아 정계에서 영향력을 행사하기 시작했다. 로드리고 보르자는 교회와 세속 권력을 아우르는 강력한 야망을 품고 있었다. 그러다 1492년, 로드리고 보르자가 교황 인노첸시오 8세 사망 후 진행된 콘클라베(교황 선출 선거)에서 막대한 금전 지원과 정치적 동맹을 통해 교황으로 선출되었다. 이 과정은 검은 돈과 권력 거래로 가득 찼으며, 그의 교황직이 부패와 세속 정치로 점철될 것임을 예고하는 사건이었다. 당시 그는 엄청난 재산을 동원해 유력한 추기경들을 매수하고, 반대 세력을 효과적으로 중립화했다. 이후 자신의 교황 이름으로 알렉산더 6세를 택했는데, 이는 위대한 정치 지도자로 자리매김하려는 의도를 나타내는 상징적 선택이었다. 그는 교황직을 온 세계의 영적 지도자라기보다 세속적 권력을 위한 도구로 사용했다.

알렉산더 6세는 교황령의 통치자로서 이탈리아 정치에 적극적으로 개입했다. 그의 주요 목표는 보르자 가문의 권력 기반을 확대하고, 가문의 세속적 영토를 강화하는 것이었다. 그는 자신의 자녀

크리스토파노 델 알티시모, 〈교황 알렉산더 6세의 초상〉, 16세기 후반

들을 결혼과 동맹 관계에 이용해 교황령 내부와 이탈리아 전역에 영향력을 넓혔다. 또한 교황령의 영토 확장을 위해 군사적·외교적 방법을 동원했다. 그의 아들 체사레 보르자는 이러한 과정에서 핵심 역할을 맡았으며, 아버지의 지원 아래 대규모 교황 군을 조직해 이탈리아 중부와 북부의 도시국가들을 정복했다.

한편 알렉산더 6세는 프랑스와 스페인 사이의 경쟁을 교묘히 이용하며 자신의 정치적 입지를 강화했다. 그는 프랑스의 샤를 8세가 나폴리를 침공할 때 이를 묵인하며 프랑스의 지원을 얻었고, 이후 스페인과도 동맹을 맺어 양쪽을 견제했다. 이러한 외교 책략은 그의 정치적 교활함을 잘 보여주는 사례로 남아 있다. 그는 동맹에 자신의 딸인 루크레치아 보르자Lucrezia Borgia를 철저하게 이용했는데, 루크레치아는 무려 세 번이나 결혼했다. 각 결혼은 가문의 정치적 목표에 의한 정략결혼이었다. 이러한 파행이 계속되다 보니 재임 기간 동안 교황청은 전례 없는 수준의 부패로 얼룩졌다. 사실 알렉산더 6세는 교황직에 오르기 전부터 성직 매매로 막대한 재산을 축적했다. 교황이 된 후에도 교회 고위직을 판매하며 자신에게 충성스러운 인물들로 교황청을 구성했는데, 이러한 행위는 당대 교회의 타락상을 상징적으로 보여준다.

또한 그는 교회 재산을 자신의 사치스러운 생활을 유지하기 위해 소비했다. 궁전과 교황청은 화려한 연회와 행사로 유명했으며, 이는 교회의 권위를 손상시키는 주요 원인이 되었다. 뿐만 아니라 보르자 가문은 마음에 들지 않는 사람을 제거하기 위해 독을 사용하는 것으로 악명이 높았는데, 알렉산더 6세와 체사레 보르자 역시 권력을 유지하기 위해 독살을 자주 이용했다.

지롤라모 사보나롤라는 1490년대 초 피렌체에서 활동하기 시작한 도미니코회 수도사로, 도덕적으로 타락하고 부패한 교회 지도자들을 강하게 비판했다. 그의 설교는 신의 심판과 도덕적 정화가 중심이었으며, 특히 교황 알렉산더 6세와 같은 부패한 교회 지도자들을 신랄하게 비난해 피렌체 시민들의 열광적 환호를 받았다. 이는 메디치 가문이 쫓겨난 후 공화정이 수립된 피렌체의 상황과 맞물려 더욱 강력한 지지를 이끌어 냈다.

1494년 프랑스 왕 샤를 8세가 이탈리아를 침공하자, 사보나롤

지롤라모 사보나롤라 기념비
ⓒ leviathana

라는 이를 하나님의 심판으로 해석하며 자신의 설교와 예언이 실현되었다고 주장했다. 그는 프랑스군의 침공을 피렌체의 구원으로 설명하며 샤를 8세와의 협상을 주도했다. 이를 통해 피렌체는 프랑스군의 약탈을 피할 수 있었고, 사보나롤라의 인기가 높아지면서 피렌체의 실질적인 정치 지도자로 부상했다. 이후 사보나롤라는 피렌체에서 도덕적 정화를 목표로 급진적 개혁을 단행했다. 그는 사치와 향락을 죄악으로 규정하며 시민들에게 검소하고 경건한 삶을 살 것을 요구했다. 1497년에는 어린 소년들로 구성된 허영의 화형Bonfire of the Vanities이라는 모임을 조직하고 시민들의 사치품, 그림, 책, 악기 등 '죄악의 상징'으로 규정한 물건들을 대규모로 불태우게 했다. 이 행사는 피렌체 시민들에게 강력한 메시지를 전달했지만, 동시에 극단적 방식에 대한 반발도 불러일으켰다.

그는 피렌체 공화국의 정치 체제를 신정神政 이상으로 개조하려 했다. 그는 '신의 통치'를 주장하며 피렌체가 하나님의 뜻에 따라 다스려지는 이상적인 공화국이 되어야 한다고 설파했다. 그리고 금욕적이고 도덕적인 삶을 강요함과 동시에 부패와 불의를 없애기 위한 법령들을 제정하도록 했다. 사보나롤라의 설교는 점점 더 알렉산더 6세 교황을 직접적으로 비난하는 내용을 담기 시작했다. 그는 알렉산더 6세를 '거짓 교황'이라 부르며 교황청이 부패와 세속적 야망으로 얼룩져 있다고 주장했다. 이에 알렉산더 6세는 처음엔 사보나롤라를 회유하기 위해 추기경 즈을 제안하며 자신의 영향력 아래 두려 했다. 그러나 사보나롤라는 이를 거부하며 더욱 강력하게 교황청을 비판했다.

1497년, 알렉산더 6세는 결국 사보나롤라를 파문했다. 파문은 사보나롤라의 영향력을 말살시키기 위한 조치였지만, 초기에는 그의 지지를 크게 약화시키지 못했다. 그러나 정치적 기반이 약했던 사보나롤라는 점차 피렌체 내부에서 고립을 겪기 시작했다. 그의 급진 정책과 강압적인 태도는 시간이 지나면서 피렌체 시민들의 반발을 사게 되었다. 사보나롤라를 지지하던 시민인 피아뇨니

Piagnoni와 반대 세력인 아라비아티Arrabbiati 간의 갈등이 격화되었으며, 그의 신정 통치는 점차 피렌체 시민에게 부담으로 다가왔다. 그러다 1498년에 그의 예언이 실현되지 않으면서 신뢰도는 더욱 약화되었고, 프랑스와의 동맹도 흔들리기 시작했다. 위기에 몰린 사보나롤라는 자신의 정당성을 증명하기 위해 신의 심판을 받겠다는 도박을 감행했다. 그는 피렌체 시민 앞에서 불 속을 걸으며 자신의 무죄를 입증하려 했으나 이 해프닝은 당연히 실패로 끝나고 말았고, 사보나롤라 권위에 치명적인 타격을 입혔다. 결국 알렉산더 6세의 음모가 없었음에도 사보나롤라는 시민들의 반란으로 체포되었다. 그는 고문을 통해 자신의 죄를 자백하도록 강요받았는데 고문을 견디지 못한 사보나롤라는 끝내 자백했고, 그의 자백은 강압적인 환경에서 이루어진 것이었지만 지지자들에게 큰 실망을 안겼다.

1498년 5월 23일, 사보나롤라는 이단 혐의로 처형되었다. 그는 피렌체 시뇨리아 광장에서 화형에 처해졌으며, 그의 죽음은 한 시대의 종말을 상징하는 사건으로 기록되었다. 지금도 시뇨리아 광장 한복판에는 그가 이 자리에서 처형당했다는 것을 알리는 동판을 발견할 수 있다. 사보나롤라 처형 후 피렌체는 다시 세속 통치로 돌아갔으며, 그의 이상은 현실 정치와 종교의 복잡한 갈등 속에 사라졌다.

사보나롤라는 이상주의적 개혁가로, 다른 한편으로는 극단적 선

필리포 돌차티, 〈지롤라모 사보나롤라의 처형〉, 1498~1500

시뇨리아 광장 사보나롤라 처형 장소에 위치한 동판

동가로 평가된다. 그는 교회의 부패와 타락을 비판하며 도덕적 정화를 외쳤지만, 그의 방식은 지나치게 급진적이고 현실과 동떨어져 있었다. 사보나롤라가 일으킨 개혁 운동 실패는 알렉산더 6세와 교황청의 권력을 더욱 강화시키는 결과를 초래했다.

체사레 보르자의 타오르는 야망

체사레 보르자는 1475년 9월 13일(혹은 1476년으로 추정) 로마에서 태어났다. 그는 당시 교회 고위 성직자였던 로드리고 보르자와 그의 정부 반노차 데이 카타네이Vannozza dei Cattanei 사이에서 태어난 사생아였다. 로드리고 보르자는 교황을 목표로 교황청 내에서 빠르게 권력을 쌓아가고 있었다. 그는 체사레와 그의 형제자매를 통해 교황청에서 영향력을 강화하고, 이탈리아 내 권력 구도를 자신의 이익에 유리하게 만들고자 했다. 이러한 배경 속에 체사레의 초기 삶은 그의 가문과 불가분의 관계에 있었다. 체사레의 형제자매로는 루크레치아 보르자, 후안 보르자Juan Borgia, 조프레 보르자Gioffre Borgia가 있었다. 이들은 모두 보르자 가문의 권력 강화와 관련된 정치적·사회적 음모에 휘말리며 체사레와 함께 르네상스 시대의 복잡한 역사적 인물로 남게 되었다.

체사레는 태어날 때부터 아버지 로드리고 보르자의 야심에 따라

인노센츠 프란쿠치, 〈반노차 데이 카타네이의 초상〉, 16세기

성직자의 길을 강요받았다. 처음에는 그의 동생 후안 보르자가 세속적 권력과 군사 활동을 맡기로 되어 있었기 때문에, 체사레는 가족의 종교적 영향력을 확장하는 데 사용되었다. 체사레는 르네상스 시대의 대표적인 엘리트 교육을 받으며 성장했는데, 그의 교육은 정치적 야망과 종교적 역할 모두를 충족시키기 위한 것이었다. 그는 아버지의 의지에 따라 교회 성직자로서의 경력을 쌓기 위해 법학을 공부했다. 이탈리아의 페루자와 피사 대학교, 현재의 로마 사피엔자 대학교인 스투디움 우르비스에서 법학을 전공하며 뛰어난 학업 성과를 보였다. 특히 교회법과 세속법에 대한 그의 이해는 이후 교황청 내에서의 그의 활동과 권력 행사에 중요한 기반이 되

었다. 또한 라틴어와 고전 문학에 대해 깊은 이해를 가지고 있었는데, 이는 훗날 외교 활동과 정치적 수사에서 중요한 역할을 했다. 뿐만 아니라 당시 유럽 귀족들 사이에서 필수적이었던 군사 교육도 강도 높게 받았다. 즉 체사레의 교육은 단순히 성직자의 길만을 위한 것이 아니라 세속적 권력자로서의 역량을 갖추는 데도 초점이 맞추어져 있었다.

1491년 체사레는 불과 열여섯의 나이에 파르마의 대주교직을 맡고, 1493년 스페인의 발렌시아 대주교로 임명되며 교회 내에서 빠르게 승진했다. 모든 과정은 그의 아버지 로드리고가 1492년 교황 알렉산더 6세로 선출되며 더욱 가속화되었다. 이듬해 체사레는 추기경으로 임명되었는데, 이렇게 교황청의 고위 성직자로 빠르게 자리 잡으며 교황 알렉산더 6세의 정치적 도구로 활용되었다. 그러나 체사레는 성직자로서의 역할에 만족하지 않고, 세속적 권력을 갈망했다. 이러한 갈등은 그의 이후 행적에 큰 영향을 미치게 된다.

체사레가 세속적 권력으로 전환할 수 있었던 결정적 계기는 1497년 동생 후안 보르자의 죽음이었다. 후안은 다혈질이고 단순한 성격으로, 체사레와는 여러 면에서 대조적이었다. 그렇기에 아버지 알렉산더 6세도 그에게 군대를 통솔하는 임무를 맡기는 것을 만족스러워했다. 그러나 후안은 1497년 6월 14일 밤, 로마에서 의문의 습격을 받아 절명했다. 갑작스러운 후안의 죽음에 알렉산더

6세의 실망감은 커 며칠을 식음을 전폐할 정도로 슬픔에 빠졌다. 반면 남몰래 정치적 야망을 키워온 형 체사레에게는 동생의 죽음이 좋은 기회였다. 항간에는 그가 사주해 동생을 죽였다는 소문이 있기도 했지만, 사실 여부가 밝혀지지는 않았다.

1498년, 체사레는 추기경직을 사임하고 교황군 사령관 곤팔로니에레Gonfaloniere로 임명되었다. 그는 교황 알렉산더 6세의 지원을 받아 군대를 조직하고, 보르자 가문이 이탈리아 내에서 권력을 확장할 수 있도록 주도적인 역할을 맡았다. 이 시점에서 체사레는 정치적 능력과 군사적 재능을 발휘하기 시작했다. 그는 프랑스를 방문해 루이 12세의 지지를 확보했고, 프랑스 군대를 이용해 이탈리아 북부 지역에서 영향력을 확대했다. 체사리의 외교적 수완은 군사적 성공의 기반이 되었다.

체사레 보르자의 쓸쓸한 몰락

교황군 사령관 임명은 체사레의 정치적·군사적 경력이 본격적으로 시작되는 중요한 계기였다. 그는 나폴리, 프랑스, 베네치아 등 주요 강대국과의 동맹을 활용하며 자신의 입지를 강화했다. 그 일환으로 1499년 5월 10일 체사레는 프랑스 왕 루이 12세의 사촌 샤를로트 달브레Charlotte d'Albret와 혼인했는데, 이 결혼은 프랑스와의 관계를 더욱 강화하는 데 중요한 역할을 했다. 프랑스는 이후 체사레에게 군사적 지원을 제공했다.

체사레는 아버지인 교황 알렉산더 6세의 명령에 따라 이탈리아 중부 영토를 점령하기 위한 대규모 군사 작전을 시작했다. 그는 이 작전에서 로마냐 지역과 페사로, 리미니 같은 도시들을 점령하며 영토를 확장했고, 이 과정에서 강력하고 잔혹한 통치자 이미지를 구축했다.

로마냐 지역은 원래 교황령이었지만 각 지방의 영주들이 교회로부터 권력을 이양 받아 자신들의 입맛에 맞게 다스리고 있었다. 체사레가 로마냐 지역을 자신의 첫 출정 지역으로 삼은 명분은 제멋대로 설쳐대는 영주들을 제압해 교회의 것을 교회로 되돌린다는 것이었다. 체사레의 첫 공격지는 여전사로 유명한 카테리나 스포르차Caterina Sforza가 다스리는 포를리와 이몰라였다. 카테리나 스포르차의 만만치 않은 방어선을 뚫고 체사레는 너무도 쉽게 이 지역을 점령했다. 그의 약진은 페사로와 리미니로 이어졌으며, 1502년부터 1503년까지 이탈리아 중부와 북부의 도시들을 정복하며 보르자 가문의 세력을 절정으로 끌어올렸다. 이어서 그는 우르비노와 볼로냐 등을 점령하며 보르자 가문의 영토를 거의 왕국 수준으로 확장했다.

체사레 보르자의 권력은 그의 아버지의 지원에 크게 의존하고 있었다. 그러다 1503년 8월 18일, 교황 알렉산더 6세가 말라리아

주세페 로렌초 가테리, 〈바티칸을 떠나는 체사레 보르자〉, 1877

열병으로 사망하면서 형세가 달라졌다. 체사레도 같은 병으로 생사를 헤매고 있는 상황에서 갑작스럽게 일어난 참극이었다. 체사레는 병상에서도 자신의 군대를 동원해 바티칸을 봉쇄하고, 콘클라베를 철저히 감시했다. 이러한 상황에서 선출된 새 교황인 비오 3세는 체사레 보르자의 지지를 천명하고 그의 곤팔로니에레 직을 지속시킬 것을 확인했지만, 26일간의 짧은 재위 후 사망하고 말았다. 보르자 가문의 영원한 라이벌이자 다음 교황으로 유력했던 줄리아노 델라 로베레Giuliano della Rovere 추기경은 이 운명적인 시점에 체사레 보르자에게 큰 제안을 했다. 로마냐 지역에서의 체사레 통치권에 대한 교황의 지원을 약속할 테니, 자신이 교황이 될 수 있도록 도와달라는 것이었다. 그러나 줄리아노 추기경은 1503년 10월 교황 콘클라베에서 추기경들의 거의 만장일치에 가까운 투표로 교황 율리오 2세로 선출되자, 기다렸다는 듯이 약속을 무시했다. 그를 믿은 것이 체사레 일생일대의 큰 실수였다. 율리오 2세는 체사레를 억압하면서 그를 궁지에 몰아넣었다. 체사레는 자신의 영토를 유지하기 위해 분투했으나, 교황청과의 정치적 관계가 단절되면서 점차 고립되고 말았다.

1504년, 체사레는 자신의 동맹이었던 프랑스의 루이 12세에게도 배신을 당했다. 프랑스는 권력의 자리에서 밀려난 체사레를 더 이상 지지하지 않았고, 결국 그는 프랑스 군대에 체포되어 스페인으로 이송되었다. 이후 스페인 감옥에서 탈옥에 성공했으나 그의 권력과 영토는 이미 상실된 상태였다. 1506년에 나바라 왕국으로 도망친 체사레는 왕위 계승 분쟁에 개입하며 자신의 운명을 되돌리려 노력했지만 그 시도는 결국 실패로 끝났고, 그는 권력자에서 쫓기는 신세로 전락하고 말았다.

체사레는 1507년 3월 12일, 스페인 나바라의 비아나 근처에서 나바라 왕 호아네스 3세를 위한 전투 중 허망하게 사망했다. 당시 그는 소수의 병력을 이끌고 있었는데, 홀로 말을 타고 적진으로 진격하다가 적군의 매복에 의해 치명상을 입었다. 적병들은 자신들이 창으로 처참히 죽인 기사가 누구인지 모르고 화려한 갑옷과 칼을 다투어 나누어 가졌다. 그의 비참한 죽음은 강력했던 보르자 가문의 몰락을 상징하는 사건이었다.

체사레 보르자는 역사적 인물로서 매우 다양한 평가를 받는다. 마키아벨리는 그를 《군주론》에서 이상적 군주의 사례로 제시하며 그의 통치 방식과 권력 유지 전략을 높이 평가했다. 그러나 체사레는 동시에 잔혹성과 야망의 상징으로, 권력의 위험성을 보여주는 교훈적인 사례로도 여겨진다.

그의 삶은 르네상스 시대의 정치적 음모와 군사적 야망을 대표하며, 오늘날에도 문학·예술·역사 연구에서 끊임없이 재조명되고 있다.

가문의 희생양, 루크레치아 보르자

루크레치아는 오빠 체사레 보르자와 마찬가지로 로드리고 보르자와 반노차 데이 카타네이 사이에서 태어났다. 루크레치아의 삶은 태생부터 오빠들과는 달리 정치적 도구로 활용될 운명이었다. 어린 시절의 그녀는 교양 있고 세련된 교육을 받았으며, 라틴어와 그리스어를 배우고 시와 음악, 예술에 심취한 것으로 알려져 있다. 특히 아버지 로드리고는 교황으로 선출된 후 가문의 권력과 영향력을 확대하기 위해 루크레치아를 정치적 혼인의 도구로 사용했

바르톨로메오 베네토, 〈젊은 여인의 초상〉(루크레치아 보르자로 추정), 1520

다. 이러한 배경은 루크레치아의 삶을 음모와 복잡한 권력 게임 속으로 몰아넣는 계기가 되었다.

    당시 그녀는 무릎 위로 떨어지는 아름다운 금발 머리, 창백한 피부, 가늘고 흰 목덜미, 옅은 갈색 눈, 눈부시게 하얀 치아, 풍만한 가슴 등 누구나 매혹될 만한 외모를 가지고 있었다. 루크레치아의 자연스러운 우아함과 아름다움을 칭송하는 기록과 화가들의 초상화에서 그녀의 모습을 상상해 볼 수 있다.

    루크레치아는 1493년, 교황 알렉산더 6세의 명령으로 조반니 스포르차Giovanni Sforza와 결혼했다. 스포르차 가문은 당시 이탈리아 북부에서 강력한 세력을 자랑하던 가문으로, 보르자 가문과 스포르차 가문 간의 동맹을 강화하기 위한 정략결혼이었다. 그러나 결혼은 오래 지속되지 못했다. 1497년, 교황 알렉산더 6세는 정치적 필요에 따라 루크레치아와 조반니의 결혼을 무효화했다. 공식적으로는 조반니가 결혼을 '완수하지 못했다'는 이유로 무효가 선언되었으나, 실제로는 보르자 가문이 스포르차 가문과의 동맹을 더 이상 필요로 하지 않았기 때문이라는 설이 지배적이다. 이 사건은 루크레치아의 명성에 큰 타격을 입혔고, 그녀를 둘러싼 소문과 음모의 시작점이 되었다.

루크레치아는 1498년 나폴리 왕국의 알폰소 디 아라고나Alfonso d'Aragona와 재혼했다. 이 결혼은 보르자 가문이 나폴리 왕국과 정치적 연대를 강화하기 위한 또 다른 전략적 조치였다. 알폰소와 루크레치아의 결혼은 처음에는 비교적 안정적이고 행복한 것으로 보였다. 두 사람 사이에는 1499년 아들 로드리고Rodrigo가 태어나기도 했다. 그러나 알폰소의 운명은 비극적이었다. 보르자 가문의 정치 음모에 휘말려 1500년에 로마에서 암살당하고 말았던 것이다. 그의 죽음은 루크레치아의 삶에 깊은 상처를 남겼으며, 그녀를 둘러싼 논란을 더욱 가속화했다. 당시 많은 이들은 체사레를 비롯해 보르자 일가가 암살 계획에 연루되었다는 소문이 무성했지만, 이를 뒷받침할 명확한 증거는 없었다.

1502년, 루크레치아는 페라라 공국의 알폰소 데스테Alfonso d'Este와 세 번째 결혼을 했다. 이 결혼은 그녀의 삶에 새로운 전환점을 마련해 주었다. 페라라에서의 생활은 음모가 만연하던 이전의 로

루크레치아 보르자가 아버지 교황 알렉산더 6세에게 보낸 자필 편지마와는 다른 환경을 제공했기 때문이다. 그녀는 점차 공작부인 역할에 적응하게 되었다.

페라라는 당시 르네상스 예술과 문화의 중심지 중 하나였는데, 루크레치아는 이곳에서 예술과 학문을 후원하는 주요 인물로 떠올랐다. 그녀는 시인, 화가, 학자들과 교류하며 페라라 궁정을 문화 번영의 중심지로 만드는 데 기여했다. 이 시기 루크레치아는 종교에도 깊이 몰두한 것으로 알려져 있는데, 그녀는 여러 자선 활동과 신앙적 헌신을 통해 이미지를 쇄신하려 했다. 그녀는 공작부인으로서 자신의 역할을 충실히 수행하며, 가문과 국가의 번영을 위해 힘썼다. 그러나 한편으로 당시 만토바 영주였던 곤차가 가문의 프란체스코 2세Francesco II Gonzaga, 시인 피에트로 벰보Pietro Bembo 등 많은 남성들과 염문을 뿌리기도 했다. 특히 벰보와 주고받은 연애편지는 아직도 남아있는데, 후대에 시인 바이런이 밀라노의 암브로지오 도서관에서 이 편지들을 보고 세상에서 가장 아름다운 연애편지라는 말을 남기기도 했다.

루크레치아는 1519년 6월 24일, 페라라에서 출산 후유증으로 인해 건강이 악화되면서 세상을 떠났다. 그녀의 죽음은 페라라와 이탈리아 전역에서 깊은 애도를 불러일으켰다. 루크레치아는 생전에 수많은 논란과 음모의 중심에 있었지만, 그녀가 남긴 유산은 단순히 정치적 도구나 스캔들의 주인공으로서의 모습에만 국한되지 않는다. 그녀는 르네상스 시대의 예술과 문화를 후원하며 페라라 궁정을 유럽의 중심지로 발전시키는 데 크게 기여했다.

루크레치아는 역사적으로 종종 부정적 이미지로 묘사되어 독살자, 음모가, 자신의 가족과 함께 권력을 위해 모든 수단을 동원한 인물로 비난받았다. 특히 그녀의 아버지 교황 알렉산더 6세와 오빠 체사레 보르자의 악명 높은 행적은 루크레치아의 이미지를 더욱 좋지 않게 만들었다. 그러나 현대 역사학자들은 이러한 평가가 지나치게 과장되었으며, 그녀가 당시 정치적 상황 속에서 희생양이 되었을 가능성을 강조한다. 루크레치아는 자신의 선택권이 거의 없는 상황에서 강요된 결혼과 권력 게임에 휘말렸으며, 그 과정에서 스캔들과 비난의 표적이 되었다.

루크레치아 보르자는 이후 수많은 예술 작품에서 영감의 원천이 되었다. 빅토르 위고의 희곡과 가에타노 도니제티Gaetano Donizetti의 오페라는 그녀의 복잡한 삶을 극적인 요소로 변형해 다루었으며 회화·소설·영화 등 여러 매체에서 비극적이고 매혹적인 여성으로 묘사되었다.

오늘날 루크레치아는 단순한 악녀가 아니라 시대적 상황 속에서 복잡한 역할을 수행해야 했던 역사적 인물로 재평가되고 있다. 그녀의 삶은 권력과 사랑, 희생과 음모가 뒤얽힌 르네상스 시대의 한 단면을 생생히 보여주는 사례로 남아 있다.

벨칸토 오페라의 대가로 자리매김하다

도니제티는 1830년 앤 불린 Anne Boleyn의 이야기를 소재로 한 오페라 〈안나 볼레나〉 이후 유럽 전역에 명성을 떨치며 승승장구했다. 지금도 그의 작품 중에서 대중적으로 사랑받고 있는 〈사랑의 묘약〉을 1832년에 초연했고 〈우고, 파리의 백작〉, 〈토르콰토 타소〉, 〈파리지나〉 등 발표하는 작품마다 메가 히트를 했다. 1833년 도니제티는 밀라노 라 스칼라 극장으로부터 사육제 시즌을 위한 작품을 의뢰받았다. 대본 작가 펠리체 로마니 Felice Romani와 오랜 상의 끝에 빅토르 위고의 희곡 《루크레치아 보르자》가 결정되었다. 빅토르 위고의 희곡은 역사적 인물 루크레치아 보르자를 허구적으로 재구성한 작품으로, 보르자 가문이 몰락한 이후의 이야기를 소재로 했다. 이 작품에서는 그녀가 저지른 잔혹한 행위를 부각하면서도 아들 젠나로에 대한 모성애를 중심에 놓아, 그녀의 이중적인 면모를 강조했다.

초연 당시 이탈리아는 정치적 불안정과 검열이 만연한 상황이었다. 빅토르 위고의 원작이 이미 프랑스에서 검열 논란을 겪은 바 있었기 때문에, 이 작품을 각색해 무대에 올리는 일은 쉬운 일이 아니었다. 도니제티와 로마니는 이러한 어려움을 극복하며 플롯과 음악의 균형을 유지하는 데 성공했다. 예컨대 원작은 다수의 등장인물과 이들 간의 얽힌 관계, 복잡한 정치적 음모, 도덕적 타락을 다루고 있었다. 그러나 오페라에서는 루크레치아, 젠나로, 알폰소 공작 및 젠나로의 친구들 간의 갈등이 중심을 이루며, 루크레치아의 악행이나 폭력적 요소가 원작만큼 직접적으로 묘사되지 않았다. 특히 젠나로와의 비극적 재회를 강조하며 모성애와 함께 그녀의 인간적 비극성을 극대화한 결말로 변형되었다. 이를 통해 극의 전개가 보다 간결하고 집중적으로 구성되었다.

오페라에서는 아리아와 중창을 통해 루크레치아와 젠나로의 내면이 음악적으로 표현된다. 특히 루크레치아의 아리아 '얼마나 아름다운가', '행복할 수 있는 비밀'은 벨칸토* 아리아의 명곡으로, 최고의 기교를 구사하는 곡으로 유명하다. 또한 중창이나 1, 2막 피날레에서는 그녀의 죄책감, 사랑, 고뇌를 극대화해 드라마틱한 효과를 제공한다. 원작인 희곡에서는 이러한 감정을 대사를 통해 전달하는 데 반해 오페라는 음악으로 이를 더욱 깊이 있고 강렬하게 전달한다.

오페라는 베네치아의 축제 장면으로 시작된다. 젊은 귀족 젠나로는 친구들과 함께 즐거운 시간을 보내며 자신의 부모를 알지 못

---

* 18세기에 확립된 가창 기법으로, 19세기 전반 이탈리아 오페라에 쓰였던 기교적 창법이다. 이탈리아어로 벨칸토는 '아름다운(bel) 노래(canto)'라는 뜻이다. 이 창법은 극적인 표현이나 낭만적인 서정보다도 아름다운 소리, 부드러운 가락, 테크닉적인 연주 효과 등에 중점을 두고 있어 치밀한 성량 조절, 화려한 기교가 중요시되었다.

한 채 자랐다는 사실을 고백한다. 이때 변장을 한 루크레치아 보르자가 나타나 젠나로를 보고 감격한다. 그녀는 젠나로가 자신의 아들임을 알고 있지만, 정체를 밝히지 못한 채 그를 애틋하게 바라본다. 한편 젠나로는 친구들과 함께 루크레치아와 그녀의 가문을 조롱하며 그녀의 초상화를 훼손한다. 이 사실을 알게 된 루크레치아의 남편 알폰소 공작은 범인을 찾아내 처벌하려 한다. 결국 젠나로가 범인임이 밝혀지고 그를 루크레치아의 연인으로 오해한 알폰소는 처형하려 하지만, 루크레치아가 그의 목숨을 살려달라고 간청한다. 알폰소는 이를 받아들이는 척하면서 젠나로에게 독이 든 술을 마시게 한다.

루크레치아는 알폰소의 속임수를 알고 젠나로에게 술에 독이 든 사실을 알려주며 해독제를 준다. 젠나로는 목숨을 건져 도망치지만, 루크레치아를 경멸하는 친구들은 그녀에 대한 복수를 계획한다. 이후 루크레치아는 연회를 열고 베네치아의 귀족들을 초대한다. 젠나로 역시 그 자리에 참석하게 되고, 루크레치아는 베네치아에서 당한 모욕에 대한 복수를 결심하며 독이 든 술을 모두에게 제공한다. 연회는 점점 긴장감이 고조되고, 독이 든 술을 마신 베네치아의 귀족들과 젠나로가 쓰러지면서 상황은 절정에 이른다. 루크레치아는 절망 속에서 젠나로에게 자신이 그의 어머니임을 고백하며 용서를 구한다. 젠나로는 이 사실을 받아들이며 어머니를 이해하려 하지만, 이미 독이 퍼져 그는 끝내 죽음을 맞이한다.

요제프 크리후버, 〈헨리에트 메르 라랑드의 석판화〉, 1827

〈루크레치아 보르자〉는 1833년 12월 26일 이탈리아 오페라의 중심지인 밀라노 라 스칼라 극장에서 초연되었다. 당시 도니제티는 작품의 성공을 위해 프랑스 소프라노 헨리에트 메르 라랑드 Henriette Méric-Lalande를 루크레치아 역으로 캐스팅했다. 메르 라랑드는 뛰어난 기교와 감정 표현력으로 이미 널리 인정받은 가수였으며, 그녀의 연기와 목소리는 루크레치아의 복합적인 내면을 설득력 있게 전달했다.

초연 무대는 음악적 깊이와 강렬한 드라마로 청중들을 사로잡았다. 루크레치아의 주요 아리아들은 그녀의 고통과 모성을 효과적으로 표현하며 관객들에게 깊은 인상을 남겼다. 특히 2막에서 루크레치아가 아들 젠나로를 살리기 위해 고군분투하며 부르는 아리아는 그녀의 비극적 상황을 강렬하게 묘사했다. 도니제티는 이 장면에서 관현악과 성악의 긴밀한 조화를 통해 드라마의 긴장감을 극대화했다.

초연 이후 〈루크레치아 보르자〉는 비교적 긍정적인 평가를 받았다. 메르 라랑드의 열연은 특히 호평을 받았으며, 그녀의 연기는 루크레치아라는 인물을 깊이 이해하고 표현한 사례로 오랫동안 기억되었다. 그러나 작품이 가진 강렬한 드라마와 비극적 결말은 일부 관객들로부터 지나치게 어둡다는 비판도 받았다. 당대 관객들은 종종 오페라에서 낭만적인 이야기와 해피엔딩을 기대했기 때문이다. 그럼에도 불구하고 이 작품은 도니제티의 예술적 성숙을 보여주는 중요한 사례로 인정받았다. 〈루크레치아 보르자〉는 단순한 오락을 넘어 인간의 내면 갈등과 도덕적 딜레마를 탐구하는 데 초점을 맞추었다. 이는 도니제티가 이후 작품에서 더욱 발전시키는 특징 중 하나로, 그를 벨칸토 오페라의 대가로 자리매김하게 하는 데 기여했다.

함께하면 좋은 추천 음반과 영상

대표적인 벨칸토 오페라인 이 작품은 특히 타이틀 롤에 비중이 많아 연주나 녹음이 쉽지 않지만, 단연 첫손에 꼽을 만한 녹음은 조안 서덜랜드Joan Sutherland의

조안 서덜랜드 음반

음반(Decca, CD 421 497-2, 1978)이다. 빼어난 테크닉과 빛나는 음색으로 20세기 중반에 벨칸토 오페라의 전성기를 연 서덜랜드 덕분에 많은 레퍼토리들이 부활해 녹음된 것은 정말 다행이 아닐 수 없다. 그중에서도 그녀의 한창 전성기에 녹음된 이 음반은 벨칸토 테크닉의 정점을 들을 수 있다.

서덜랜드는 로열 코벤트 가든에서의 영상물(Opus Arte, DVD OA 1237 D, 1980)도 남겼는데, 존 코플리John Copley의 고증에 의한 전통적인 연출과 역시 벨칸토 테너로 명성을 떨친 알프레도 크라우스Alfredo Kraus와의 멋진 앙상블을 감상할 수 있다. 지휘는 모두 리처드 보닝Richard Bonynge이 맡았는데, 서

덜랜드를 일생 동안 뒤에서 묵묵히 보조하온 연륜이 느껴지는 지휘를 보여주며 가수들을 애정 어린 시선으로 리드했다.

알프레도 크라우스는 젊은 시절 몽세라 카바예Montserrat Caballe와의 음반(RCA, CD GD 86642, 1966)에서도 젠나로를 노래했다. 젊은 시절 벨칸토 레퍼토리로 성공을 거둔 카바예의 거침없는 가창과 셜리 베럿Shirley Verrett의 드라마틱한 오르시니 역할이 이 음반의 미덕으로, 각 배역들의 열정적인 가창이 듣는 재미가 쏠쏠하다.

몽세라 카바예 음반

QR코드를 스캔하면 미국 샌프란시스코 오페라 극장에서 열린 리카르도 프리차(지휘), 샌프란시스코 오페라 극장 오케스트라 (연주) 영상을 볼 수 있다.

Chapter 4

피로 물든 영국 튜더 왕조와 도니제티의 〈안나 볼레나〉

이탈리아 북부의 보석, 베르가모

이탈리아 북부의 패션과 문화의 도시 밀라노를 중심으로 좌우로 뻗어있는 A4 고속도로는 이탈리아의 가장 중요한 기간 도로다. 밀라노에서 이 도로를 따라 북동쪽으로 40킬로미터 정도 가면 산 위의 도시 베르가모를 만날 수 있다. 베르가모는 크게 치타 알타와 치타 바싸 지역으로 나뉘는데, 치타 알타는 시간의 흐름을 거슬러 올라가게 하는 매력을 가진 곳이다. 알프스 산맥의 끝자락에 위치한 이 도시는 알프스의 그림자를 배경으로 중세의 정취와 르네상스의 우아함이 조화를 이룬다. 치타 알타는 베르가모의 심장이자 영혼으로, 돌로 쌓은 성벽 안에 오랜 세월의 이야기를 간직하고 있다.

　치타 알타로 향하는 산악 케이블카를 타고 옛 도시로 오르면, 고도가 높아질수록 아래로 펼쳐지는 베르가모 신시가지와 평야가 장관을 이룬다. 성벽 너머로 들어서면 현재에서 과거로 초대받은 느낌을 준다. 베네치아 공화국 전성시대에 건설된 거대한 성벽은 단순한 방어용 구조물이 아니라 도시의 역사와 문화적 자부심을 상징하는 유산이다. 이 성벽은 유네스코 세계문화유산으로 지정되어 있다.

치타 알타의 중심인 베키아 광장은 특별한 분위기를 자아낸다. 광장 중앙에 자리한 분수는 오랜 세월 동안 방문객들에게 시원함과 안식을 제공해왔으며, 광장을 둘러싼 건축물은 시간을 초월한 아름다움을 보여준다. 베네치아의 상징인 날개 달린 사자가 선명하게 새겨져있는 팔라초 델라 라조네와 천문 시계탑은 과거 도시의 정치적 중심지로서 중요한 역할을 했으며, 그 안에 담긴 역사의 흔적은 여전히 생생하다.

광장에서 이어지는 길을 따라가면 산타 마리아 마조레 대성당과 콜레오니 예배당이 눈에 들어온다. 이 건물들은 단순한 종교 시설을 넘어 장인의 정성과 예술적 감각이 빚어낸 걸작이다. 특히 콜레오니 예배당의 정교한 석조 장식은 보는 이를 압도하며, 스테인드글라스를 통해 들어오는 햇빛은 신의 축복처럼 부드럽게 퍼져 나간다. 치타 알타를 산책하다 보면 좁은 골목 사이로 작은 카페와 상점들이 모습을 드러낸다. 이곳에서는 따뜻한 미소와 함께 에스프레소 한 잔을 즐길 수 있다. 이 소박한 순간이야말로 베르가모의 진정한 매력을 느낄 수 있는 시간이다. 베르가모는 긴 역사를 거치며 자신만의 독특한 이야기를 쌓아온 곳이다. 치타 알타를 걷다 보면 과거와 현재, 미래가 하나로 어우러지는 특별한 감정을 경험할

베르가모 성벽 ⓒ Zairon

팔라초 델라 라조네

시몬 마이어의 묘 ⓒ Dimitris Kamaras

수 있다.

지금은 이렇듯 치타 알타의 예스러움과 낭만적인 분위기가 많은 관광객을 유혹하지만, 18세기만 하더라도 매우 가난한 산악 마을이었다. 예로부터 내려오는 베르가모의 전통 음식 폴렌타는 감자나 옥수수 또는 밀가루 가루를 물에 엷게 타서 만든 음식으로, 곡식 수확이 어려운 산악 지역의 생계를 책임져 주었다.

산타 마리아 마조레 대성당은 로마네스크식의 수수한 외관과 화려한 바로크 양식의 인테리어가 대조를 이룬다. 성당 내부 한쪽에는 이 도시가 자랑하는 작곡가 가에타노 도니제티가 그의 스승인 시몬 마이어Simon Mayr와 나란히 잠들어 있다

베르가모의 빛나는 별

이 성당에서 좁고 구부러진 골목길을 좀 더 올라가면 카날레 보르고에 위치한 도니제티의 생가에 도착한다. 현재는 도니제티 박물관으로, 그가 살았던 당시의 모습이 잘 보전되어 있는데 몹시 남루하고 가난한 도니제티의 어린 시절을 쉽게 짐작할 수 있다. 그의 가족은 음악과는 전혀 인연이 없었다. 아버지 안드레아는 마을 전당포 관리인이었는데, 도니제티가 음악의 세계로 발을 들일 수 있었던 것은 그의 재능과 주변의 도움 덕분이었다.

1802년, 독일에서 건너온 작곡가 시몬 마이어가 산타 마리아 마조레 대성당의 음악감독으로 임명됐다. 그는 음악 교육의 수준을 높이고자 1805년에 교회 부설로 레지오니 카리타테볼리 학교

주세페 리요시, 〈가에타노 도니제티의 초상〉, 1848

(현재 가에타노 도니제티 음악원)를 설립했다. 이 학교는 단순히 성가대원을 양성하는 것에 그치지 않고, 문학과 음악을 함께 교육했다. 1807년, 도니제티의 아버지는 두 아들을 모두 이곳에 보내고 싶어 했으나 첫째 아들 주세페는 나이가 많아 입학하지 못하고 9살 가에타노만 학교에 들어갈 수 있었다.

그러나 도니제티는 초기 몇 달 동안 특별한 성과를 보이지 못해 학교에서 퇴학당할 위기에 처했다. 특히 목소리 결손 문제가 지적되었는데, 마이어는 그의 음악적 잠재력을 알아보고 그가 계속 학교에 다닐 수 있도록 설득했다. 이후 도니제티는 빠르게 음악적 성장을 보여주며 1815년까지 약 9년간 학교에서 공부를 이어갔다.

하지만 그의 학창 시절은 순탄치만은 않았다. 1809년에는 변성기가 오기 시작하면서 학교를 떠날 위기에 처했고, 1810년에는 예술학교인 아카데미아 카라라에 합격했으나 실제로 수업에 참석했는지는 알려지지 않았다.

마이어는 1811년 도니제티를 돕기 위해 특별한 음악극 〈작은 작곡가〉를 제작하기로 마음먹고, 직접 대본을 쓰고 작곡을 해서 무대에 올렸다. 작품 속에서 도니제티는 자신의 재능을 자랑하는 캐릭터를 연기하며 그의 능력을 증명했다. 이 공연은 그의 음악 공부를 이어갈 수 있도록 돕는 계기가 되었고, 마이어는 그의 부모를 설득해 도니제티가 학업을 계속할 수 있도록 지원했다.

열여섯 살이 된 도니제티는 베르가모에서 학교생활을 마무리하고 볼로냐로 떠나 유명 음악가들의 지도 아래 학업을 이어갔다. 마이어의 추천으로 스타니슬라오 마테이Stanislao Mattei 아래에서 공부하며 작곡 실력을 키웠는데, 이 시기 그는 여러 작은 작품들을 작곡하며 경험을 쌓았다. 초기 작품으로는 단막 오페라 〈피그말리온〉 등이 있지만 아직 학생 수준의 습작에 가까웠다.

1817년 도니제티는 고향 베르가모로 돌아와 다양한 음악 활동을 시작했다. 그는 피아노곡을 작곡하고, 사중주단의 멤버로 활동하며 연주 경험을 쌓았다. 그리고 오페라 작곡가로서의 경력을 시작하게 되었다. 1818년에는 학교 친구였던 바르톨로메오 메렐리Bartolomeo Merelli와의 만남을 계기로 첫 오페라 〈엔리코 디 보르고냐〉

를 작곡하게 되었다. 이 작품은 베네치아의 산 루카 극장에서 공연되었으나 큰 성공을 거두지는 못했다. 그러나 이 경험은 그에게 새로운 기회를 열어 주었고, 단막 오페라 〈우나 폴리아〉를 포함한 작품들을 베네치아에서 선보일 수 있었다.

이후 그는 교회 음악과 기악곡을 작곡하며 작곡가로서의 기반을 다졌다. 1819년에는 오페라 〈리보니아의 목수〉를 작곡하며 조금씩 명성을 쌓기 시작했다. 비록 이 시기 몇몇 작품들은 현재 전해지지 않지만, 그의 초기 활동은 훗날 오페라 작곡가로 국제적인 성공을 거둘 수 있는 밑바탕을 마련해 주었다.

1821년에는 드디어 로마 아르젠티나 극장과의 계약으로 〈그라나타의 조라이다〉를 작곡했다. 그러나 초연 직전 주요 테너가 사망하면서 배역을 수정하는 등 어려움을 겪었지만, 초연은 큰 성공을 거두어 이탈리아 전역에 도니제티의 명성을 높이는 계기가 되었다. 이후 도니제티는 나폴리에 진출할 생각으로 스승 마이어에게 추천장을 부탁하지만, 이미 스승의 추천이 없어도 극장에서 먼저 계약을 제안할 정도로 그의 명성은 익히 알려져 있었다. 한편 로마에서 〈그라나타의 조라이다〉 공연 준비를 하는 동안 안토니오 바셀리Antonio Vasselli가 그에게 많은 도움을 주었는데, 그의 여동생 비르지니아 바셀리Virginia Vaselli는 1828년 도니제티와 결혼해 가정을 이루게 된다.

그는 이후 나폴리로 이주해 대부분의 삶을 그곳에서 오페라 작곡가로 활동했다. 도니제티는 테아트로 누오보와 산 카를로 극장을 포함한 주요 극장에서 〈라 징가라〉 같은 작품으로 대중과 평론가들의 찬사를 받았다. 이 시기 젊은 빈첸조 벨리니Vincenzo Bellini와의 교류는 도니제티에게 또 다른 성장의 기회를 제공했다.

벨칸토의 정수, 감정의 극한을 노래하다

1820년대 중반 도니제티는 시칠리아 팔레르모 테아트로 카롤리노의 음악 감독으로 임명되며 활동 무대를 넓혔다. 1820년대는 많게는 1년에 네 작품 이상을 발표할 정도로 다작을 했는데, 그의 라이벌 조아키노 로시니Gioacchino Rossini가 〈세빌리아의 이발사〉를 2주 만에 작곡했다는 이야기를 듣고 친구들에게 "그건 로시니가 게으름뱅이라서 그런 거야"라고 얘기할 정도로 빠른 필력을 구사했다고 한다.

고향을 떠나 10년 가까이 이탈리아 전역을 떠돌며 활발한 작곡 활동을 했던 도니제티는 1830년 12월 26일 밀라노의 카르카노 극장에서 초연된 오페라 〈안나 볼레나〉를 통해 처음으로 국제적인 성공을 거두게 된다. 그 과정을 살펴보면 1830년 8월 카르카노 극장에서 공연할 신작 오페라를 계약했는데, 대본 작가는 당대 가장 인기가 있던 펠리체 로마니가 맡았다. 이탈리아 제노바 출신의 로마니는 무려 90편 이상의 오페라 대본을 집필했고, 특히 빈첸조 벨리니와 궁합이 잘 맞는 파트너로 널리 알려져 있었다. 당시에는 유명 대본가의 동일 작품을 두고 여러 명의 작곡가들이 곡을 쓰기도 했는데, 로마니의 〈리미니의 프란체스카〉는 사베리오 메르카단테Saverio Mercadante를 비롯해 11명의 작곡가들이 앞다투어 작곡하기도 했다.

　로마니의 권유로 영국 튜더 왕조의 비극적인 이야기에 관심을 기울인 도니제티는 이폴리토 핀데모테Ipolito Pindemote와 알렉산드로 페폴리Alessandro Pepoli가 이전에 완성한 같은 소재의 연극 대본을 면밀히 검토했다. 그해 10월, 그는 9년 만에 고향 베르가모로 금의환향해 가족들과 스승인 시몬 마이어와 반가운 재회를 했지만, 신작 오페라 작업 때문에 오래 머물 수는 없었다. 한편 로마니의 대본은 9월에 완성될 예정이었지만 도니제티의 손에 들어온 것은 11월 10일이었다. 매우 촉박한 일정이었지만, 나중에 이 오페라의 타이틀을 맡은 당대 최고의 소프라노 주디타 파스타Giuditta Pasta가 도니제티를 코모 호수 가의 자신의 별장으로 초대해 작업실을 제공해 주었다. 덕분에 도니제티는 코모 호수의 한가로운 풍경을 눈에 담으며 빠른 속도로 작업을 이어갈 수 있었다. 마침내 12월 10일, 밀라노로 돌아온 도니제티의 손에는 리허설을 위해 완성된 〈안나 볼레나〉의 악보가 들려 있었다. 로마에 남아있던 그의 아내 비르지니아는 남편의 작업이 걱정스럽고 궁금했지만, 워낙 예민한 성격이라는 것을 알았기에 베르가모에 있는 시아버지에게 편지를 써서 작업 경과를 알려달라고 했다. 그러나 〈안나 볼레나〉의 성공에 도취된 도니제티는 비르지니아에게 직접 편지를 썼다.

> 존경하고 사랑하는 아내에게
>
> 당신의 사랑스럽고 유명한 남편은 이곳에서 최고의 환대를 받았어요. 공연이 끝나고 관중들은 미친 듯이 열광했고, 나는 너무 기쁜 나머지 눈물을 흘리고 말았어요. 그 순간에도 오직 당신만을 생각했답니다. 캐스팅, 오케스트라, 그리고 공연을 보러 온 많은 이들에게 좋은 평가를 받으리라는 확신이 있었지만, 처음 15분간은 천국과 지옥 사이에 있는 느낌이 들었어요. 그러나 나는 지금 천국에 있고 그 행복은 표현할 수 없을 정도예요. 당신의 키스만 부족하네요.
>
> 빨리 돌아가도록 할게요. 당신이 사랑하는 위대한 거장이 환영받을 만한 준비를 해주세요.

초연은 언급한 대로 타이틀 롤은 주디타 파스타가 맡았고, 퍼시 역에는 당대 최고의 테너로 찬사를 받은 조반니 바티스타 루비니 Giovanni Battista Rubini가 출연했다. 《밀라노 가제타》를 비롯한 여러 언론에서도 찬사가 뒤따랐다. 이 작품은 유럽 전역에서 큰 호응을 얻으며 1830년부터 1834년까지 이탈리아 각지에서 공연되었고, 이

칼 브륄로프, 〈안나 볼레나 역의 주디타 파스타〉, 1830

후 1840년대까지 여러 유럽 수도에서 자주 상연되었다. 런던에서도 1831년 7월 8일 초연하며 유럽에서의 인기를 이어갔다.

〈안나 볼레나〉는 벨칸토 스타일의 대표적 예로, 당시 벨칸토의 정수를 보여준다. 도니제티는 이 오페라에서 멜로디의 아름다움과 가창력에 대한 극단적인 기교를 결합시켰다. 오페라의 주요 아리아들은 주로 긴 호흡과 화려한 트릴(서로 다른 두 음을 빠르게 번갈아 연주하는 것), 멜리스마(한 음절에 여러 개의 음표를 사용해 노래하는 기법), 스타카토 등을 포함해 성악가들에게 고난이도의 기술을 요구한다. 특히 주인공 안나의 아리아인 '사랑하는 고향에 보내주오'와 '잔인한 사람들'은 벨칸토의 아름다움을 극대화하며, 여주인공의 감정선을 깊이 있게 표현한다. 도니제티는 〈안나 볼레나〉에서 안나의 내면 갈등과 고뇌를 아리아와 합창, 그리고 다채로운 오케스트라 연주를 통해 드러내며 인물들의 심리 변화를 음악으로 잘 표현했다. 예를 들어 안나가 느끼는 배신과 절망을 표현하는 곡들은 단순한 감정 묘사에서 벗어나 복잡한 음악적 구성을 통해 그 감정의 진폭을 확장시켰다. 이는 오페라가 단순한 이야기 전달의 매체에서 벗어나, 음악을 통해 감정의 심리를 더욱 정교하게 표현하는 예로 볼 수 있다.

도니제티는 오페라에서 악기의 역할을 이전과 다르게 확장시켰다. 전의 오페라들은 오케스트라가 주로 반주 역할에 그쳤다면, 〈안나 볼레나〉에서는 오케스트라가 인물들의 감정을 지원하고 강조하는 중요한 역할을 맡았다. 특히 2막 처음 부분의 안나와 조반나의 이중창 '내 마음을 아시는 주님'의 서주를 연주하는 호른 앙상블의 교묘한 사용은 긴장감을 끌어올리며, 관객에게 더 큰 감동을 전달한다.

〈안나 볼레나〉는 또한 19세기 중반 오페라의 전환기를 대표하는 작품으로, 벨칸토 스타일에서 후에 이어질 '리얼리즘' 오페라로 가는 다리 역할을 했다. 도니제티는 이전의 경쾌한 분위기와 달리 〈안나 볼레나〉에서 보다 어두운 감정과 깊이를 다루면서, 오페라의 감정적 범위를 확장시켰다. 이러한 감정적 깊이는 후에 베르디와 푸치니 같은 작곡가들이 오페라에서 더욱 중요하게 다루게 될 주제들과 이어지게 된다.

튜더 왕조 헨리 8세의 굴곡진 삶

사실 도니제티가 튜더 왕조에 관심을 가진 것은 이번이 처음이 아니었다. 1829년 도니제티는 빅토르 위고의 원작과 외젠 스크리브 Eugène Scribe의 대본에 의한 〈케닐워스의 성〉을 작곡했는데, 이 작품 역시 엘리자베스 1세 시대를 배경으로 했다. 1834년에는 스코틀랜드의 여왕 메리 스튜어트와 엘리자베스 1세의 대결을 그린 〈마리아 스투아르다〉, 엘리자베스 1세가 총애했던 에식스의 백작 로

베르토 데브뢰Roverto Devereux의 이야기를 오페라화한 〈로베르토 데브뢰〉가 1837년 완성되었다.

튜더 왕조의 창시자 헨리 7세는 랭커스터 가문의 후손으로, 장미 전쟁의 절정인 보즈워스 전투에서 요크 가문의 리처드 3세를 물리치며 왕위에 올랐다. 그는 자신의 왕권을 공고히 하기 위해 리처드 3세의 몰락으로 남겨진 혼란을 수습하고, 자신과 경쟁할 수 있는 세력을 철저히 억눌렀다. 또한 요크 가문의 엘리자베스와 결혼해 두 가문의 갈등을 화해시키고 새로운 통합 왕조로 튜더 왕조를 선언했다. 헨리 7세는 철저히 현실적인 통치자였다. 그는 국가 재정을 안정시키기 위해 세금을 효율적으로 거두고, 왕실 권위를 높이는 데 주력했다. 그러나 야사에서는 그를 매우 절약가로 묘사하는데, 심지어 궁전의 촛불 비용까지 아낄 정도로 검소했다고 전한다. 그는 상업을 장려하며 잉글랜드를 경제적으로 번영시키는 데 크게 기여했다.

헨리 8세는 1491년 헨리 7세와 엘리자베스 요크 사이에서 태어났다. 형인 아서 왕자가 요절하면서 헨리가 왕위 계승자가 되었고, 1509년 열여덟의 나이로 왕위에 올랐다. 그는 라틴어와 프랑스어에 능통했고, 문학과 음악에도 조예가 깊었다. 초기 통치 시기에는 전형적인 르네상스 군주로서 교양 있고 카리스마 있는 모습을 보여줬다.

헨리는 체격이 뛰어나고 스포츠와 예술을 즐기는 다재다능한 인

한스 홀바인, 〈헨리 8세의 초상〉, 1540~1547

물이었으며, 탁월한 교육을 받아 학문과 언어에도 능통했다. 초기 그의 통치는 화려한 궁정 문화와 국제적 야망을 특징으로 했다. 헨리 8세는 왕위에 오르자마자 아버지의 신중한 통치 스타일과는 차별화된 모습을 보였다. 그는 군사적 야망을 드러내며 잉글랜드의 위상을 유럽 무대에서 높이고자 했다. 특히 프랑스와의 전쟁에서 승리해 자신의 군사적 능력을 입증하려 했으며, 1513년 스퍼스 전투에서 승리하며 프랑스 북부 도시 테루안을 점령하기도 했다. 이러한 군사적 성공은 헨리의 초기 통치를 상징하는 요소였다.

헨리는 또한 종교적 신앙에 깊은 관심을 가졌으며, 가톨릭 교회와 긴밀한 관계를 유지했다. 초기에 그는 로가 가톨릭의 충실한 지지자로서 당시 종교 개혁을 주도하던 독일의 마르틴 루터를 비판하는 글 《일곱 성례전의 수호》를 저술해 고황 레오 10세로부터 '신앙의 수호자 Fidei Defensor'라는 칭호를 받기도 했다. 이 시기 헨리는 교회의 전통을 존중하며 잉글랜드 내 가톨릭 질서를 유지하려 했다.

정치적으로 헨리 8세는 아버지 시절 축적된 부를 활용해 궁정을 화려하게 꾸몄다. 그는 잉글랜드의 궁정 문화를 르네상스 스타일로 탈바꿈시켰으며, 외국 사신들을 초청해 성대한 연회를 열었다. 궁정은 음악·미술·연극 등 예술적 활동으로 활기를 띠었는데, 이는 헨리가 후원한 학자들과 예술가들 덕분이었다. 헨리 자신도 음악에 관심이 많아 몇몇 곡을 작곡했다고 전해지며, 야사에서는 그가 〈푸른 옷소매〉의 작곡자일 수도 있다는 이야기가 전해진다.

즉위 후 헨리 8세는 형의 미망인이었던 아라곤의 캐서린과 결혼했다. 다만 이 결혼은 형수와의 결혼을 금지하는 성경 구절로 인해 교황청의 특별 승인을 받아야 했다. 어려운 상황에도 불구하고 결혼을 강행한 헨리는 결혼 초반 캐서린이 유산과 사산을 거듭하자 후계자에 대한 걱정이 점점 커져 갔다. 결국 그가 결혼한 지 20년이 지나도록 아들을 얻지 못하자, 헨리는 결혼 무효를 주장하며 교황청과 충돌하게 된다.

교황이 캐서린과의 결혼 무효를 허락하지 않자, 그는 1534년 수장법Act of Supremacy을 통해 잉글랜드 교회를 로마 가톨릭 교회에서 독립시키고, 자신을 교회의 최고 수장으로 선언했다. 이 과정에서 헨리는 수도원 재산을 몰수해 국가 재정에 편입시켰다. 이는 왕실의 부를 크게 늘렸지만 종교적 갈등과 반발을 초래했다. 당시 많은 수도원이 헨리의 명령으로 해체되었는데, 야사에 따르면 수도사들이 저주를 퍼부으며 떠난 수도원에는 이후 유령이 출몰한다는 이야기가 전해졌다고 한다. 그런데 사건의 배경에는 당시 캐서린 왕비의 시녀였던 앤 불린과 노퍽 가문이 있었다.

앤 불린의 사랑과 몰락

앤 불린은 1501년 또는 1507년경 잉글랜드 노퍽의 블릭링 홀에서 태어났다. 그녀의 아버지 토머스 불린 경Sir Thomas Boleyn은 잉글랜드 유력 귀족 가문 출신으로, 외교관과 정치인으로서 헨리 8세의 신임을 받던 인물이었다. 어머니 엘리자베스 하워드Elizabeth Howard는 명망 높은 하워드 가문의 일원으로, 앤은 귀족 사회의 정점에 위치한 가문에서 태어나 궁정 생활에 익숙한 환경에서 자랐다.

앤은 주로 블릭링과 헤버성에서 어린 시절을 보냈다. 그녀는 철저한 교육을 통해 프랑스어, 라틴어, 음악, 춤, 궁정 예절을 배웠다. 이러한 교육은 그녀가 이후 궁정에서 두각을 나타내는 데 중요한 밑거름이 되었다.

화가 미상, 〈앤 불린의 초상〉, 1584~1603

1520년대 초, 앤은 아버지의 외교 업무와 관련해 유럽 대륙으로 보내졌다. 그녀는 프랑스 궁정에서 마리 튜더(헨리 8세의 여동생)와 프랑수아 1세의 아내인 클로드 왕비의 시녀로 일했다. 이곳에서 앤은 르네상스 문화의 영향을 깊이 받았으며, 프랑스어와 라틴어에 능숙해졌고 세련된 예술 감각을 익혔다. 그녀는 프랑스 궁정의 자유로운 분위기 속에서 지성과 매력을 갖춘 여성으로 성장했다. 프랑스 궁정에서 배운 세련된 행동과 매너, 그리고 유럽식 패션 감각은 앤을 잉글랜드 궁정에서도 돋보이게 했다. 특히 프랑스식 베일을 이용한 독특한 스타일과 소박하면서도 세련된 옷차림은 당시 유행을 선도하며 그녀를 매력적인 여성으로 부각시켰다.

1522년, 앤은 잉글랜드로 돌아와 헨리 8세의 첫 번째 왕비인 아라곤의 캐서린의 시녀로 궁정 생활을 시작했다. 그녀는 외모와 세련된 행동으로 궁정에서 주목받았으며, 특히 검은 눈동자와 짙은 머리칼은 당대의 미의 기준에서 이국적인 매력을 발산했다.

이 시기 앤은 오페라 〈안나 볼레나〉의 주요 등장인물인 헨리 퍼시Henry Percy라는 귀족과 연애를 시작했다. 두 사람은 서로 깊은 애정을 나누었으나 퍼시는 이미 약혼한 상태였고, 앤과의 관계는 울지Wolsey 추기경의 개입으로 강제로 끝이 났다. 이 사건은 앤에게 큰 상처를 남겼고, 그녀는 이후 자신의 삶에서 더 강력한 목표와 야망을 품게 되었다.

헨리 8세는 1525년경 앤을 처음 보고 그녀에게 매혹되었다. 당시 헨리는 앤의 언니 메리 불린Mary Boleyn과도 관계를 맺었으나, 앤은 언니와는 달리 처음에는 헨리의 구애를 강하게 거부했다. 그녀는 헨리에게 자신이 단순한 정부가 아니라 왕비로서의 자격을 갖춘 여성임을 강조했다. 헨리 8세는 앤에게 푹 빠졌고, 그녀를 차지하기 위해 캐서린 왕비와의 결혼을 무효화하려는 결심을 하게 된다. 그러나 캐서린은 헨리와의 결혼이 정당하다는 주장을 고수했으며, 당시 교황 클레멘스 7세는 이혼을 허락하지 않았다. 이로 인해 헨리와 앤의 관계는 잉글랜드 역사에서 가장 중요한 사건 중 하나인 영국 종교개혁의 도화선이 되었다.

교황 레오 10세에게 한때 신앙의 수호자라고 칭송받은 헨리

루카스 드 히어, 〈헨리 8세의 가족〉, 1572

8세는 로마 가톨릭으로부터 잉글랜드 교회를 분리하는 결단을 내리고, 자신이 잉글랜드 교회의 최고 권위자가 되었다. 그리고 1533년, 헨리와 앤은 비밀리에 결혼식을 올렸다. 이어서 캐서린 왕비와의 결혼은 무효화 되었으며, 앤은 공식적으로 잉글랜드의 왕비로 즉위했다. 그리고 같은 해 앤은 딸 엘리자베스(훗날 엘리자베스 1세)를 출산했다.

앤은 왕비로서 정치와 종교 개혁에서 중요한 역할을 했다. 그녀는 개혁주의 신학을 지지하며 헨리에게 개혁을 추진하도록 설득했고, 성경을 영어로 번역해 보급하는 데 기여했다. 또한 헨리의 곁에서 잉글랜드의 정치적 변화를 주도하며 왕실 내외에서 강력한 영향력을 행사했다. 그러나 앤의 삶은 그녀를 둘러싼 정치적 갈등과 헨리의 변덕으로 인해 점차 어두워졌다. 그녀는 왕비로서 많은 적을 만들었으며, 특히 캐서린 왕비의 지지자들과 외가 쪽인 하워드 가문 내에서도 반발에 직면했다. 무엇보다 앤이 캐서린과 마찬가지로 아들을 낳지 못한 것은 헨리에게 큰 불만이었다. 헨리는 왕위 계승 문제로 점점 더 앤에게 냉담해졌고, 제인 시모어Jane Seymour라는 새로운 궁녀에게 관심을 기울이기 시작했다. 결국 앤은 1536년 간통, 근친상간, 반역죄 등의 혐의로 체포되었다. 당시 재판은 부당하게 진행되었으며, 대부분의 증거는 조작된 것이었다. 하지만 헨리는 이미 앤을 제거하기로 결심한 상태였다. 그녀는 런던탑에서 최후의 순간까지 자신의 결백을 주장했다.

  1536년 5월 19일, 앤 불린은 런던탑에서 처형되었다. 그녀는 처형대에 올라 침착하게 "왕의 명령은 신의 명령이다"라며 자신의 운명을 겸허히 받아들였다. 그녀의 죽음은 잉글랜드 궁정과 역사에 큰 충격을 주었으며, 이후 비극적인 왕비로 기억되었다. 앤 불린은 생전에 잉글랜드의 종교와 정치에 깊은 영향을 미쳤으며, 그녀의 딸 엘리자베스 1세는 튜더 왕조의 황금기를 이끈 위대한 군주로 성장했다. 엘리자베스는 어머니의 명예를 회복해 앤의 업적을 기리고자 했으며, 앤은 잉글랜드 역사에서 독립적이고 강인한 여성의 상징으로 자리 잡았다.

앤의 삶은 단순히 헨리 8세의 사랑과 배신의 이야기가 아니라 잉글랜드의 종교개혁과 궁정의 권력 다툼 속에서 한 여성이 어떻게 자신의 자리를 만들어 갔는지 보여준다. 그녀의 삶은 비극적으로 끝났지만, 그 영향력은 그녀의 죽음 이후에도 잉글랜드 역사에 지속적으로 남아 있다.

헨리 8세의 말년과 튜더 왕조의 부흥

앤 불린이 처형된 1536년 5월 19일 이후, 헨리 8세의 인생은 정치적·종교적·개인적으로 극적인 변화와 복잡함이 뒤섞인 시기로 전개되었다. 앤 불린의 처형 후 불과 11일 뒤, 헨리 8세는 제인 시모어와 결혼했다. 제인은 앤 불린과 정반대의 성격을 가진 여인이었다. 그녀는 온순하고 조용하며 헨리의 기분을 상하지 않도록 세심하게 행동했다. 헨리는 앤과의 불행했던 결혼 생활과 대조적으로 제인을 '진정한 아내'로 여기며 특별한 애정을 보였다.

1537년 10월 12일, 제인은 헨리의 첫 번째 적법한 아들이자 왕위 계승자인 에드워드 6세를 낳았다. 헨리는 아들의 탄생에 무척 기뻐하며 큰 축제를 열었지만, 제인은 출산 후 감염으로 인해 10월 24일 사망했다. 그녀의 죽음은 헨리에게 큰 충격을 주었고, 이후에도 그는 그녀를 평생 동안 사랑했던 유일한 아내로 기억했다. 그는 죽을 때 제인의 곁에 묻히길 원했을 정도로 그녀를 특별히 여겼다.

앤 불린의 사망 이후에도 헨리의 종교 개혁은 멈추지 않았다. 헨리는 1534년 잉글랜드 교회의 수장이 되었으며, 교황의 권위를 부정했다. 그는 가톨릭 교회의 수도원들을 해체하고 그 재산을 몰수해 왕실의 재정으로 흡수했다. 1536년부터 1541년까지 진행된 수도원 해체는 잉글랜드 전역에 걸친 대규모 사회적·경제적 변화를 초래했다. 헨리는 수도원 해체로 얻은 재산으로 잉글랜드의 국고를 풍부히 했고, 이를 통해 군사와 궁정을 강화할 수 있었다. 그러나 이 과정에서 많은 사람들이 삶의 터전을 잃었고 잉글랜드 내 종교 분열은 심화되었다.

제인 시모어의 죽음 이후 헨리는 외교 동맹을 위해 새로운 왕비를 찾기 시작했다. 그는 독일의 클리브스 공작 가문과의 정치적 연합을 목적으로 클리브스의 앤Anne of Cleves과 결혼하기로 결정했다. 그런데 1540년 1월 앤이 잉글랜드에 도착하자, 헨리는 그녀의 외모에 크게 실망하며 결혼 생활에 흥미를 잃었다. 그는 앤을 '플랑드르의 암말'이라고 비꼬기도 했다. 결국 헨리는 1540년 7월 앤과의 결혼을 무효화했다. 앤은 헨리의 결정을 받아들이며 왕실의 명예로운 손님으로 남았다. 그녀는 '왕의 여동생'이라는 칭호를 부여받았고, 잉글랜드에서 비교적 평온한 삶을 누렸다.

클리브스의 앤과의 결혼이 무효화된 후, 헨리는 젊고 아름다운 캐서린 하워드Catherine Howard와 결혼했다. 캐서린은 헨리의 다섯 번째 왕비로 결혼했을 당시 열일곱 살이었으며, 헨리는 마흔아홉 살이었다. 그녀의 젊음과 활력은 헨리에게 새로운 활기를 불어넣었지만 캐서린은 헨리와의 결혼 생활 중 불륜을 저질렀다. 1541년, 캐서린의 불륜 사실이 발각되자 헨리는 배신감에 휩싸였다. 결국 그는 캐서린을 궁정에서 추방하고 1542년 2월에 반역죄로 처형했다. 캐서린은 처형 전날까지도 자신이 저지른 죄에 대해 후회하며 눈물을 흘렸다고 전해진다.

헨리의 여섯 번째이자 마지막 왕비는 캐서린 파Katherine Parr였다. 그녀는 헨리와 결혼했을 당시 두 번의 결혼을 경험한 미망인이었으며, 지적이고 신중한 성격으로 헨리의 신뢰를 얻었다. 캐서린 파는 헨리와 그의 자녀들, 특히 메리와 엘리자베스 공주의 관계를 회복시키는 데 중요한 역할을 했다. 그녀는 헨리의 건강을 보살피며 헌신적인 아내로 남았다.

헨리의 말년은 건강 악화로 고통스러운 시기였다. 비만과 다리 궤양으로 인해 거동이 불편해졌고, 이러한 신체적 고통은 그의 기분과 성격을 더욱 변덕스럽고 폭력적으로 만들었다. 그는 종교 정책과 정치 문제를 놓고 측근들과 갈등을 빚었으며, 자신의 권력을 유지하기 위해 계속해서 잔혹한 방법을 사용했다. 그러다 1547년 1월 28일, 헨리는 쉰다섯 살의 나이로 세상을 떠났다. 그는 죽기 전 자신의 시신을 제인 시모어의 곁에 묻어 달라 요청해 그의 유언에 따라 윈저 성의 세인트 조지 예배당에 안장되었다.

화가 미상, 〈캐서린 파의 초상〉, 1545

헨리 8세는 잉글랜드 역사에서 가장 상징적인 군주로 평가된다. 그는 종교개혁을 통해 잉글랜드 교회를 독립시켰으며, 왕권을 강화하고 국가의 중앙집권화를 이루었다. 그러나 그의 문란한 사생활과 폭정은 왕국에 큰 상처를 남겼으며, 이는 후계자들이 감당해야 할 큰 짐으로 남았다.

헨리의 딸 엘리자베스 1세가 즉위하면서 잉글랜드는 튜더가의 황금기를 맞이했지만, 헨리의 통치는 여전히 논쟁적이고 복잡한 유산으로 평가받고 있다.

20세기에 부활한 〈안나 볼레나〉

〈안나 볼레나〉의 줄거리는 이러하다. 헨리 8세의 변덕으로 인해 안나는 불행에 빠진다. 그녀는 자신의 첫사랑을 떠올리며 쓸쓸함을 토로하지만, 제인 시모어의 등장으로 점점 왕의 사랑이 그녀를 떠나가고 있음을 실감한다. 헨리 8세는 제인에게 왕비 자리를 약속하며 그녀를 유혹한다. 한편 안나의 옛 연인 퍼시는 안나의 오빠 로슈포르 경을 만나서 안나를 다시 볼 수 있기를 기대한다고 말한다. 왕과 안나 앞에 나타난 퍼시는 여전히 그녀를 사랑한다고 고백하지만, 왕의 의심을 사며 갈등이 고조된다.

궁중의 시동 스메톤은 안나의 초상화가 있는 펜던트를 훔쳤다가 돌려주려 하지만, 퍼시와의 만남에서 오해를 산다. 헨리 8세는 이를 계기로 안나와 그녀의 동료들을 배신자로 몰아 지하 감옥으로 보낸다. 안나는 자신에게 닥친 운명을 받아들이며, 헨리의 배신과 제인의 야망을 한탄한다.

스메톤은 왕의 계략에 빠져 안나를 고발하고, 퍼시는 자신과 안나가 이미 천국에서 맺어진 관계라며 저항한다. 헨리는 의회에서 안나와 공범들에게 사형을 선고하며 냉혹한 태도를 보인다. 제인은 안나의 죽음에 대해 죄책감을 느끼며 헨리에게 자비를 요청하지만 거부당한다.

감옥에서 퍼시와 로슈포르는 사형을 받아들이기로 결심한다. 안나는 광기에 사로잡혀 자신의 결혼식을 상상하며 퍼시와 함께했던 어린 시절을 그리워한다. 스메톤은 그녀를 고발한 자신의 잘못을 고백하며 용서를 구하지만, 안나는 이미 정신이 혼미한 상태다. 이후 대포 소리가 들리고, 안나는 왕과 제인이 결혼했다는 사실을 듣고 절망 속에 기절한다. 마침내 교도관들이 죄수들을 처형장으로 이끈다.

도니제티의 〈안나 볼레나〉는 유럽에서의 인기를 바탕으로 미국까지 진출해 1839년 11월 12일 뉴올리언스에서 프랑스어 버전으로, 뉴욕에서는 1850년 1월 7일 이탈리아어로 초연되었다. 이후 19세기 동안 유럽 25개 도시에서 상연되었고, 1881년 이탈리아 리보르노에서 다시 공연되었다. 그러나 이탈리아에서 베리스모Verismo 오페라*의 유행이 광풍과 같이 휩쓸면서 이 작품은 점점 무대에서 보기 힘들어졌다. 20세기 초반에는 거의 상연되지 않아 도니제티의 사장된 작품으로만 알려졌다. 그러다 제2차 세계대전 후인 1947년 12월 30일, 바르셀로나의 리세우 대극장에서 극장 설립 100주년 기념으로 상연되었으며 안나 역에 사라 스쿠데리Sara Scuderi, 제인 시모어 역에 줄리에타 시미오나토Giulietta Simionato, 헨리

---

* 1890년경부터 20세기 초까지 이탈리아를 중심으로 유행했다. 주로 귀족이나 상류층의 삶을 소재로 한 오페라에 반발해 젊은 작곡자들이 하층민의 삶을 보여주고자 했던 시도가 바탕이 됐다. 적나라한 현실을 무대 위에서 미화하지 않고 보여줘 관객에게 충격을 주었다.

1952년의 사라 스쿠데리 ⓒ J. D. Noske

8세 역에 체사레 시에피Cesare Siepi가 출연했다.

〈안나 볼레나〉의 진정한 부활은 1957년 라 스칼라 극장에서 마리아 칼라스Maria Callas를 위해 루치노 비스콘티Luchino Visconti가 연출한 호화로운 프로덕션이 큰 성공을 거두면서 이루어졌다. 칼라스는 제인 시모어 역의 줄리에타 시미오나토와 함께 공연했으며, 이듬해 재공연에서는 체사레 시에피가 헨리 8세로 합류했다. 사실 이 작품이 자주 공연되지 않은 이유가 성악 파트의 난도가 높기 때문인데, 칼라스의 라 스칼라 공연은 완벽한 벨칸토의 재현이라는 큰 찬사를 받았다. 칼라스는 이 작품을 통해 당시 최고의 소프라노로서의 입지를 확고히 다졌고, 이 공연은 그녀의 예술적 역량을 여실히 보여준 순간이었다. 안나 볼레나는 격정적이고 감정적으로 복잡한 역할로, 칼라스는 그 안에서 안나의 내면적인 갈등과 고뇌를 뛰어난 가창력과 연기력으로 표현했다. 특히 그녀의 목소리와 감정 표현은 관객을 압도했다. 칼라스는 이 작품을 통해 자신의 음악적 깊이와 드라마틱한 연기력을 결합시키며 관객들에게 큰 감동을 선사했다.

마리아 칼라스의 〈안나 볼레나〉 공연은 단순히 예술적인 성취뿐만 아니라 그녀의 개인적인 삶과도 밀접한 연관이 있었다. 당시 칼라스는 공공의 이미지와 그녀의 사생활 사이에서 많은 갈등을 겪고 있었다. 특히 그녀의 개인적인 위기와 감정적인 격동은 그녀의 연기에 더 큰 깊이를 부여했으며, 이는 안나 볼레나 역할에 더욱 몰입할 수 있는 동기가 되었을 것이다. 공연 중 그녀는 주연으로서의 중압감과 내면적인 감정을 담아내기 위해 극도의 집중을 해야 했다.

이 공연은 또한 그녀가 프리마 돈나로서 라 스칼라 극장에서 큰 성공을 거둔 이후, 다시 한 번 세계 각국의 오페라 무대에서 큰 주목을 받게 되는 기회를 제공했다. 1957년의 〈안나 볼레나〉 공연은 그 후 여러 차례 재공연 되었고, 칼라스는 매번 이 작품을 통해 전 세계 오페라 팬들뿐만 아니라 비평가들에게도 찬사를 받았으며, 새로운 예술적 성취를 이뤄냈다. 〈안나 볼레나〉는 칼라스의 가장

〈안나 볼레나〉 공연 장면 ⓒ 라벨라 오페라단

위대한 승리 중 하나로 역사에 남았다.

〈안나 볼레나〉는 도니제티의 음악적 혁신을 잘 보여주는 작품으로 그의 스타일이 한층 더 성숙해졌음을 알 수 있다. 그는 이전의 오페라에서 보였던 단순한 멜로디와 직선적인 구조에서 벗어나 더 복잡한 화성과 음색의 조화를 사용하며 인물의 감정을 세밀하게 묘사하는 방법을 발전시켰다. 또한 도니제티가 벨칸토의 아름다움뿐만 아니라 극적인 효과를 극대화할 수 있는 능력을 가지고 있음을 증명했다. 벨칸토 오페라의 정수를 보여주는 작품이면서도 감정적 깊이와 오케스트라 사용의 혁신을 통해 19세기 오페라의 중요한 전환점을 마련했다고 평가받는 이유다. 이 작품은 도니제티가 단순히 아름다운 선율을 만들어내는 작곡가를 넘어 감정과 드라마를 깊이 탐구하는 예술가로서 자리매김하는 데 중요한 역할을 했다.

함께하면 좋은 추천 음반과 영상

〈안나 볼레나〉는 주디타 파스타가 타이틀 롤을 노래한 밀라노 초연의 대성공 이후 잠시 인기를 끌었다가 사멸해 버리고 말았다. 사람들의 기억 속에서 사라진 작품을 부활시킨

마리아 칼라스 음반

공로는 단연 20세기 최고의 디바 마리아 칼라스에게 있다. 1957년 라 스칼라 극장 공연 실황(EMI, CD 7243 5 66471 2 1, 1957)은 그 역사적인 순간을 고스란히 기록하고 있다. 정상적인 라이브 녹음이 아니기에 아쉬운 점은 있지만, 당시 무대의 뜨거운 열기는 아직까지도 그대로 전해진다. 또한 줄리에타 시미오나토, 지안니 라이몬디Gianni Faimondi, 니콜라 로시-레메니Nicola Rossi-Lemeni 등 당대 최고의 벨칸토 가수들이 펼치는 화려한 가창의 향연이 귀를 즐겁게 한다.

칼라스의 뒤를 이어 벨칸토 레퍼토리로 큰 성공을 거둔 조

안 서덜랜드는 전성기가 살짝 지난 후에야 이 작품을 녹음(Decca, CD 421 096-2, 1987)했다. 그러나 안나 볼레나의 내면 갈등을 더욱 심도 있게 표현했으며, 사무엘 레이미Samuel Ramey가 노래한 엔리코는 타의 추종을 불허한다.

다음 추천 음반은 많이 알려지지 않은 엘레나 술리오티스Elena Souliotis가 타이틀을 노래한 데카 음반(Decca, CD 482 8779, 1970)이다. 술리오티스는 칼라스의 재래라고 불릴 만큼 벨칸토 레퍼토리에서 뛰어난 가수였지만, 20대부터 너무 무거운 배역을 맡아 목소리가 일찍 소진되었다. 〈안나 볼레나〉 역시 20대에 녹음한 것으로 마릴린 혼Marilyn Horne, 존 알렉산더John Alexander, 니콜라이 기아우로프Nicolai Ghiaurov 등 당당한 캐스팅의 진용과 술리오티스의 드라마틱한 해석이 일품이다.

영상물로는 21세기의 대표적인 디바 안나 네트렙코Anna

빈 슈타츠오퍼 실황 영상물

Netrebko와 엘리나 가란차Elina Garanca의 연기 대결이 볼만한 빈 슈타츠오퍼(국립 오페라 극장) 실황(DG, DVD 00440 073 4725, 2011)을 먼저 감상할 것을 권한다.

QR코드를 스캔하면 미국 뉴욕 메트로폴리탄 오페라 극장에서 열린 마르코 아르밀리아토(지휘), 메트로폴리탄 오페라 극장 오케스트라(연주) 영상을 볼 수 있다.

Chapter 5

대서양을 뒤흔든 스페인의 무적함대와
베르디의 〈돈 카를로〉

지중해 패권을 잡아라

지중해는 고대부터 인류 문명 발전에서 중요한 위치를 차지했다. 세계 4대 문명 중 메소포타미아 문명과 이집트 문명은 지중해를 배경으로 탄생했고, 그리스·로마 역시 지중해의 풍요로운 햇살 아래 전성기를 구가했다. 중세 이후부터는 아시아와 북아프리카, 남부 유럽의 활발한 교역이 시작되면서 신항로 개척 이전까지 가장 중요한 교역로이기도 했다. 중세 후기로 접어들면서 이탈리아의 해양 국가들인 베네치아, 제노바, 아말피, 안코나, 피사 등이 주도권을 잡았는데, 그 세력은 제노바와 베네치아로 집약되었다. 특히 십자군 전쟁을 적극 후원하던 베네치아가 지중해 동부 연안의 많은 섬들을 식민지화했으며, 지중해 서부는 아라곤 왕국의 지배를 받기도 했다. 한편 점점 서쪽으로 세력을 넓혀온 오스만 세력은 1453년 콘스탄티노플을 함락시키고 동로마 제국을 멸망시키면서, 지중해의 새로운 강자로서의 면모를 과시했다. 특히 콘스탄티노플 함락으로 오스만 제국은 유럽 전체에 큰 위협이 되었고, 오스만은 막강한 해군을 바탕으로 지중해에서도 자신들의 세력을 확장해나갔다.

한편 8세기 이후 이베리아 반도 남부를 지배하던 아랍 왕국이 1492년 스페인 왕국과 카스티야 왕국 연합에 의해 멸망하면서 오스만의 유럽 정복을 향한 열망에 더욱 불이 붙었다. 지중해의 요충지로 서유럽 세력과 오스만의 알력 다툼이 가장 심했던 로도스 섬은 제1차 십자군 전쟁에서 베네치아가 탈환한 뒤로 베네치아의 지배를 받아왔고, 14세기 초에는 성 요한 기사단이 정착해 요새화했다. 그러나 로도스 섬마저 1522년 오스만 제국의 총공세에 무너져버렸다. 성 요한 기사단은 수적인 열세에도 불구하고 끝까지 섬을 봉쇄하며 오스만 제국에 저항했지만, 결국 쉴레이만 1세의 무자비한 공격에 무릎을 꿇을 수밖에 없었다. 많은 전사자로 로도스 섬 해안이 피바다가 될 정도로 치열한 전투였다.

쉴레이만 1세는 섬 점령 후에 남은 기사단의 기사들을 약속한 대로 예우를 갖추어 섬을 떠날 수 있도록 했고, 성 요한 기사단은 신성로마제국 카를 5세의 도움으로 본거지를 몰타로 옮길 수 있었다. 로도스 섬 점령 후 몇 년 되지 않은 1529년에는 쉴레이만 1세가 다시 헝가리에 대한 지배권을 확보하기 위해 30만 명에 이르는 대군을 이끌고 육로를 통해 빈의 성벽까지 침공해 그 위세를 과시했다. 비록 빈 점령에는 실패했지만, 동 지중해뿐 아니라 동유럽까지 오스만 제국의 세력이 날로 확장되자 서유럽 국가들은 서둘러 대책을 마련하기에 전전긍긍했다. 반면 오스만 제국이 등장하기 전에 지중해의 패권을 잡고 있던 베네치아는 유럽 국가들과 오스만 제국이 적대시 하던 시기에도 해상 무역을 구실로 오스만과의 대화 창구를 열어 놓

화가 미상, 〈쉴레이만 1세의 초상〉, 1530년경

고 있었다. 그러나 베네치아의 양동 정책은 1570년 7월 오스만의 키프로스 섬 침공으로 어이없이 깨지고 말았다. 키프로스 섬은 베네치아에게는 동방 무역의 중요한 전초기지이자 지중해 패권 유지에 중요한 거점이었기에 베네치아의 충격은 너무나 컸다. 궁지에 몰린 베네치아는 교황 비오 5세에게 도움을 청했다. 비오 5세가 종교 재판소의 수장을 맡았던 전력을 잘 알고 있었던 베네치아는 이도교들의 세력이 더 이상 서진하지 못하도록 신성 동맹의 필요성을 피력했다. 이를 받아들인 비오 5세는 당시 유럽에서 막강한 세력을 자랑하던 스페인의 펠리페 2세에게 연합함대 구성을 제안했다. 그러나 서 지중해의 세력 확장에만 관심이 있었던 펠리페 2세는 스페인 해군의 출동을 지연시켰고, 교황의 재촉을 받고서야 함

대를 출항시켰다. 이런 상황에서 오스만 군대는 1570년 9월 키프로스의 수도 니코시아를 점령했다. 이 소식을 접한 연합함대는 키프로스의 진군과 회군을 놓고 오랜 시간 토론한 끝에 결국 회군하는 쪽으로 의견이 모아져, 전투 한번 없이 허망하게 각국으로 흩어지게 되었다. 그러나 이러한 배경에는 이 전쟁에서 얻을 것이 없다고 판단한 펠리페 2세가 연합함대의 출동을 지연시키고, 당시 사령관이던 안드레아 도리아Andrea Doria에게 회군을 강력히 지시했다는 이야기가 전해져 내려온다.

지중해 최대의 격돌, 레판토 해전

스페인의 펠리페 2세가 키프로스 섬의 출정을 앞두고 연합함대 사령관에게 회군을 지시한 배경에는 복잡한 사정이 있었다. 우선 지중해 무역이 스페인에게는 더 이상 관심거리가 아니었다. 이미 눈을 돌려 신대륙의 황금과 벨기에, 네덜란드의 모직물 무역에 열을 올리던 스페인으로서는 동 지중해가 자신들의 삶터였던 베네치아와는 입장 차이가 컸다. 더구나 신 무역 항로에서 해적들의 약탈로 골머리를 앓고 있던 스페인은 해군력을 굳이 동 지중해에 쏟아 부을 이유가 전혀 없었다. 반면 수세에 몰린 베네치아는 필사적이었다. 그래서 이슬람 교도와의 성전이 첫째 목표였던 교황 비오 5세를 앞세워 펠리페 2세를 다시 설득했다. 북아프리카 영토에 대한 야심을 갖고 있던 펠리페 역시 연합함대를 조직해서 지중해까지 점령하기 위해서는 베네치아 해군력이 반드시 필요했다. 1571년 이러한 이해관계를 중심으로 다시 반 오스만 연합함대가 가까스로 구성되었다. 연합함대는 베네치아와 스페인을 비롯해 교황청과 나폴리, 시칠리아, 사르데냐 등과 몰타 기사단이 참여했다. 총사령관 인선에는 서로 유리한 사람들을 천거해 1차 협상이 결렬되었지만, 카를 5세의 사생아이자 펠리페 2세의 이복동생인 돈 후안Don Juan을 추천한 스페인의 2안을 베네치아가 받아들임으로써 간신히 타결되었다. 당시 스물여섯의 나이였던 돈 후안은 원래 성직자가 될 운명이었으나, 군사 부문에 큰 관심을 기울여 펠리페가 알제리 전투의 사령관을 맡기기도 했다. 해전에는 경험조차도 없었던 돈 후안이 총사령관 자리에 오르자 베네치아 측 장군들 사이에서는 불만의 목소리도 높았지만, 베네치아로서는 찬밥 더운밥 가릴 처지가 아니었다.

 7월 초 교황군과 베네치아 해군이 시칠리아의 메시나에 집결해 돈 후안의 스페인 함대를 기다렸다. 하지만 6월 마드리드를 떠난 스페인 함대는 펠리페 2세의 명령으로 독일 합스부르크가 왕족 두 사람을 제노바까지 배웅하느라 8월 말이 되어서야 메시나에 도착할 수 있었다. 이 사이에 키프러스 섬의 마지막 보루였던 파마구스타가 오스만 군대에게 함락되었고, 성의 수비 대장이었던 마칸토

화가 미상, 〈1571년 레판토 해전〉, 16세기 후반

니오 브라가딘Marcantonio Bragadin은 산채로 살가죽이 벗겨지는 모진 고문 끝에 처참한 죽음을 당했다.

큰 키에 창백한 피부, 금발의 신성 동맹 총사령관 돈 후안을 다른 연합군 사령관들은 못미더워 했다. 일정보다 거의 두 달이나 늦게 도착한 이유도 있었지만, 그의 전무한 해전 경험이 항상 문제가 되었다. 가까스로 8월 말 시작된 작전회의에서도 스페인군과 베네치아, 교황군 사이에 이견이 있었으나 정찰선 파견에 합의를 이루어 본격적인 전투 준비가 시작되었다. 사실 돈 후안의 곁에는 펠리페 2세의 뜻을 대변하는 측근이 스페인의 국익에 대해 그에게 귀가 따가울 정도로 설교 아닌 설교를 하고 있었다. 펠리페 2세의 의중은 최대한 출정을 미루고, 여차하면 신성 동맹군의 뱃머리를 북아프리카로 돌려 서 지중해의 해상권을 획득한다는 것이었다.

9월 초, 정찰선이 돌아와 200여 척의 갤리선으로 이루어진 오스만의 해군이 그리스 레판토에 집결하고 있으며, 무기의 수준은 신성 동맹에 한참 떨어진다고 보고했다. 이어서 이루어진 신성 동맹 연합 열병식에서 돈 후안은 갤리선 200여 척에서 자신을 향해 보내는 함성을 듣고 빠른 출정을 결심했다. 펠리페 2세가 심복까지 보내 자신의 뜻이 관철 되도록 애를 썼지만, 명예욕에 불타는 청년의 마음은 이미 돌아서 있었다. 결국 작전회의에서 출정을 미루자는 스페인 측 용병 대장 안드레아 도리아의 의견을 묵살한 채 9월 16일을 역사적인 출정 날짜로 결정했다.

양측의 전력으로는 신성 동맹이 갤리선 206척, 갈레아차 6척, 선원 4만 명과 군인 3만 명이었고, 오스만 제국은 갤리선 220척, 소형 갤리선 120척, 선원 5만 명과 군인 2만 7000명으로 고대 그리스가 페르시아를 물리친 살라미스 해전(기원전 480년) 이후 서양사에서 가장 큰 규모의 해전이었다. 언뜻 보기에는 오스만 제국의 전력이 월등한 것으로 보이나, 베네치아의 갈레아차 6척은 범선과 갤리선을 조합한 형태인 큰 규모의 군함으로, 기동성과 대포로 무장한 전투력을 겸비했다. 더구나 양 진영의 가장 큰 차이는 화력에 있었다. 신성 동맹의 전투병들은 화승총이나 머스킷 총으로 무장되었지만, 오스만 측은 아직도 궁수들에게 의존하고 있었다.

그리스 지명으로 나우팍토스라고 알려진 레판토는 코린트 만의 북쪽 해안에 위치한 작은 어촌으로, 15세기까지 베네치아의 지배하에 있었다. 레판토 역시 베네치아에서 붙인 이름으로, 코린트 만의 중요한 해양 거점 역할을 했다. 그러나 1499년 오스만이 점령한 이후에는 오스만 해군 기지로 활용되었기에 이곳에 오스만 군대가 집결했다. 당시 오스만 해군의 총사령관은 알리 파샤Ali Pasha로, 술탄 셀림 2세의 두터운 신임을 받아 막중한 자리에 임명되었다. 또한 해적 두목 출신으로 알렉산드리아와 알제리의 총독인 마호메트 시로코Mahomet Sirocco와 울루지 알리Uluj Ali 역시 사령관으로 참전했다. 신성 동맹의 우익은 스페인의 용병으로 참전한 안드레아 도리아가, 좌익은 베네치아 함대가 주로 맡았으며, 중앙은 총사령관 돈 후안과 베네치아의 노장 세바스티아노 베니에르Sebastiano Venier가 포진했다. 신성 동맹군의 좌익과 대결할 오스만군의 우익은 마호메트 시로코, 좌익은 울루지 알리가 각각 맡았고, 알리 파샤는 10월 7일을 기해 전 함대가 레판토를 출항해 신성 동맹군을 괴멸한다는 명령을 내렸다.

한편 파르라스 만과 코린트 만을 잇는 좁은 해협의 입구에서 오스만 군을 기다리던 신성 동맹군은 10월 7일 해협을 빠져나와 진영을 갖춘 오스만 군과 드디어 마주하게 되었다. 전투 초반에는 한때 작은 갤리선으로 빠르게 공격하던 울루지 알리에게 안드레아 도리아의 군선들이 밀리는 듯 했지만, 베네치아 갈레아차 군함의 무자비한 공격으로 차츰 우세를 되찾았다. 이윽고 갤리선에 승선한 전투병들이 적군의 배에 올라 육탄전이 벌어졌다. 술탄의 근위

화가 미상, 〈레판토 해전을 승리로 이끈 3인〉(왼쪽부터 돈 후안, 마르칸토니오 콜로나, 세바스티아노 베니에르), 1575

대 예니체리Janissary 군단이 소문대로 용맹한 공격을 퍼부었지만, 수세에 몰린 울루지 알리는 패주하고 결국 총사령관 알리 파샤가 생포 후 참수되었다. 참수된 알리 파샤의 머리가 높은 창끝에 달리자 오스만 군대의 사기는 순식간에 저하되었다. 예니체리 군단은 최후까지 항전했지만 오스만 군의 패색이 짙어지면서 역사적인 전투는 오후 4시쯤 결판이 났다. 오스만 군은 전투 도중 도망한 울루지 알리의 함선 몇 척을 제외하고 거의 모든 함선을 잃었으며, 그중 120척의 갤리선은 신성 동맹군에게 나포되었다. 오스만 군의 갤리선은 대부분 기독교 국가에서 잡혀온 노예들이 노를 저었는데, 전투 중 이들 대부분이 신성 동맹군에 투항해 결과적으로 오스만 패전에 큰 몫을 했다. 그날 밤 돈 후안의 배에 모여든 신성 동맹 지휘관들은 피 묻은 갑옷을 입은 채 그날의 승리를 축하했다. 1453년 오스만 제국에 의해 콘스탄티노플이 함락된 이후 오스만군의 계속된 위협에 제대로 싸워보지도 못하고 굴복했던 기독교 세력이 처음으로 얻어낸 값진 승리였다. 이 승전으로 사기충천해 키프로스는 물론 콘스탄티노플까지 탈환하자는 목소리를 높였던 신성 동맹은, 불과 얼마 지나지 않아 서로의 이해관계로 제각각 흩어져 버렸다. 그러나 예니체리 군단을 비롯해 숙련된 군인을 거의 잃어버린 오스만 제국은 지중해에서의 세력이 약화되면서 서서히 쇠퇴의 길을 걷기 시작했다.

펠리페 2세의 무적함대

레판토 해전은 유럽 기독교 연합군이 오스만 제국을 상대로 거둔 중요한 승리였다. 이 전투에서 승리한 연합군은 지중해 해상 패권을 유지하며 자신감을 얻었고, 특히 스페인은 유럽 전역에서 해상력을 확장할 발판을 마련했다. 그러나 오스만 제국은 패배 후 큰 타격에도 불구하고 전력을 재정비하며 지중해에서 세력을 유지하려 했고, 스페인은 이들 세력에 대항하면서도 대서양과 북유럽으로도 영향력을 넓히고자 했다. 사실 펠리페 2세는 레판토 해전 참전에 그다지 적극적이지 않았지만, 이 큰 승리를 통해 유럽의 패권을 잡을 수도 있겠다는 확신을 했다. 더구나 신의 의지에 따른 역사적인 대승이라는 종교적 열정에 사로잡힌 그는, 가톨릭 신앙을 지키고 오스만 제국의 침공을 막아냈다는 데 큰 자부심을 느꼈다. 덕분에 자신이 해전에서 얻은 승리를 더욱 강조하고, 이를 기독교 세계에 과장되게 포장하며 서유럽에서 더 큰 야망을 꿈꾸었다.

 펠리페 2세는 레판토 해전 이후 자신의 근사적 전략과 능력에 자신감을 얻었고, 해상에서의 승리가 스페인 제국의 위상에 얼마나 중요한지를 실감하게 되었다. 그는 이후 스페인 해군의 강화를 위한 많은 자원을 투입했다. 이전과는 달리 해상 전투를 보다 중요한 전략적 수단으로 활용하려는 의지를 보였으며, 이러한 변화는 특히 잉글랜드와의 갈등에서 더욱 두드러지게 나타났다.

 신대륙에서 막대한 은을 수입해 경제적 기반을 확고히 다진 스페인은 유럽에서 패권국으로서의 위상을 강화하려 했다. 이에 펠리페 2세의 시선은 가톨릭에 맞서 개신교를 지지하고 있던 잉글랜드로 향했다. 엘리자베스 1세는 성공회를 국교로 삼아 잉글랜드를 개신교 국가로 만들었고, 스페인과 잉글랜드는 종교적 갈등을 빚기 시작했다. 펠리페 2세는 엘리자베스 1세와의 결혼을 통해 평화를 유지하려 했으나, 결혼이 성사되지 않으면서 잉글랜드와의 관

조지 가워(추정), 〈잉글랜드의 엘리자베스 1세〉, 1588

계는 악화일로를 걷게 되었다. 더구나 잉글랜드는 유럽 전역에서 스페인의 적국을 지원했고, 특히 스페인령 네덜란드에서 발생한 독립운동을 공개적으로 지지하면서 네덜란드를 신대륙 무역의 중요 거점으로 삼았던 스페인과의 긴장을 더욱 고조시켰다.

잉글랜드의 해적 행위도 펠리페 2세의 분노를 사기에 충분했다. 엘리자베스 1세는 프랜시스 드레이크Francis Drake와 같은 해적들에게 스페인의 상선을 약탈하도록 허가해 스페인의 금과 은이 잉글랜드로 흘러 들어갔다. 펠리페 2세는 엘리자베스의 이러한 행위를 도발로 간주하고, 이제 더 이상 외교적 해결이 어렵다고 판단했다. 그의 결단은 잉글랜드 침공을 통해 가톨릭의 영광을 되찾고 개신교를 물리치는 것이었다. 그리하여 펠리페 2세는 '무적함대'라는 대규모 함대를 결성하게 된다. 무적함대는 약 130척의 대형 전함과 2만 명 이상의 병력을 포함한 초대형 전력이었으며, 단순한 군사적 승리를 위한 수단이 아니었다. 펠리페 2세는 이 함대에 가톨릭 신앙의 수호자이자 제국의 왕으로서의 의무를 담아 자신의 권위와 신의 이름으로 잉글랜드에 상륙해 개신교를 제압하고자 했다. 무적함대는 그 자체로 가톨릭 신앙의 방패이자 펠리페 2세의 야망을 상징하는 존재였으며, 스페인의 막대한 자금과 자원이 투입된 결정체였다.

그러나 1588년 7월 29일, 무적함대의 잉글랜드 원정은 기대와는 달리 난항을 겪었다. 무적함대가 잉글랜드에 상륙하지 못한 이유는 여러 가지가 있었다. 가장 큰 이유는 영국 해군의 전략적 우위와 자연적 요인들이 결합되어 펠리페 2세의 계획을 완전히 좌절시켰기 때문이다.

첫째, 영국 해군의 기동성이 중요한 역할을 했다. 무적함대는 대형 선박들로 구성되어 있었기 때문에 무겁고 기동성이 떨어졌다. 반면 영국 해군은 상대적으로 빠르고 민첩한 소형 선박들로 이루어져 있어 무적함대의 큰 전함에 비해 훨씬 기동적이었다. 이 점은 특히 해전 초반, 무적함대가 영국 해군의 공격을 피하기 어려운 이유가 되었다. 영국 해군은 빠른 선박을 이용해 무적함대의 기동을 방해하고, 적의 후방과 측면을 지속적으로 공격할 수 있었다.

둘째, 폭풍우와 악천후가 무적함대의 전진을 방해했다. 무적함대는 잉글랜드 해협에 도달했지만, 이곳에서 영국 해군과 교전하기 전에 불리한 기상 조건에 시달렸다. 영국 해군의 기동성을 고려했을 때 폭풍우와 같은 자연적 장애물은 무적함대에게 치명적인 문제가 되었다. 스페인 함대는 대형 전투선들이기 때문에 빠르게 방향을 바꾸거나 유연하게 대응하는 데 한계가 있었다. 폭풍우가 강하게 불면서 스페인 함대는 제대로 된 공격을 펼칠 수 없었고, 대형 함선들은 기동에 어려움을 겪었다. 이때의 폭풍우로 81척의 스페인 전투선이 침몰했다.

셋째, 상륙 작전에 문제점이 있었다. 펠리페 2세의 계획은 무적함대가 잉글랜드 해안을 정복한 후 해상에서 상륙해 군대를 잉글랜드 내로 진입시키는 것이었다. 하지만 이를 실현하려면 무적함대가 영국 해군을 물리친 후 안전하게 영국 해안에 다가가야 했다. 그러나 영국 해군은 무적함대가 상륙을 시도할 수 있도록 허용하지 않았다. 그들은 무적함대가 상륙지점으로 접근하기 전에 계속해서 괴롭혔고, 그 과정에서 무적함대의 전선은 흐트러졌다.

넷째, 지원군의 부재도 문제였다. 무적함대는 원래 펠리페 2세의 계획에 따라 네덜란드에서 병력을 지원 받을 예정이었다. 그러나 스페인과 네덜란드 간의 상황은 복잡했으며, 네덜란드는 자신들의 독립 운동을 돕던 잉글랜드로 이미 마음이 기울어 있었다. 이런 상황에서 스페인의 패배를 바라던 네덜란드로부터의 지원은 생각할 수 없는 상황이었다. 결국 무적함대는 기동성 부족, 자연적 장애물, 해상 전투에서의 불리함, 상륙 작전의 실패로 인해 자멸하고 말았다.

스페인으로 돌아온 무적함대는 출정 병력의 절반 이하였고, 남은 병사들마저 지치고 쇠약해져 있었다. 이로써 펠리페 2세의 가톨릭 확장과 잉글랜드 정복이라는 원대한 계획은 실패로 끝나고 말았다. 이 패배는 스페인에 큰 충격을 안겼고, 이전의 영광을 유지하기 어려운 상황에 처하게 된다. 펠리페 2세가 꿈꾸던 유럽의 가톨릭 패권은 이후 흔들리기 시작했으며 해상 패권은 서서히 영국과 네덜란드로 넘어갔다.

저주받은 가족사와 실러의 원작

펠리페 2세의 아들이자 막강한 스페인 제국의 왕세자였던 돈 카를로Don Carlo에 대한 역사 기록은 얼마 남아있지 않다. 다만 펠리페 2세의 궁정화가로 당시 왕족들의 초상화를 담당했던 알론소 산체스 코엘료Alonso Sánchez Coello가 그린 돈 카를로의 초상화를 통해 창백한 혈색에 일그러진 왼쪽 얼굴과 어딘가 불편해 보이는 왼

알론소 산체스 코엘료, 〈돈 카를로스의 초상〉, 1564

쪽 다리, 그리고 한없이 공허해 보이는 눈빛을 볼 수 있다. 당연히 본 모습보다 미화해 그린 초상화임에도 어딘가 부자연스럽게 보이는 것이 사실이다.

돈 카를로는 펠리페 2세의 사촌이자 첫 번째 왕비인 포르투갈의 마리아 마누엘라Maria Manuela와의 사이에서 낳은 외동아들이었다. 왕비는 왕세자 출산 4일 만에 과다 출혈로 세상을 떠나고 말았다. 어머니 없이 성장한 돈 카를로는 심각한 정신 이상 증세를 보이기 시작했다. 그것은 당시 왕족끼리의 근친혼에서 오는 부작용이라 할 수 있었는데, 왕세자가 이러한 증세를 보이자 펠리페 2세는 처음에는 다정하게 대하면서 아들의 치유를 위해 백방으로 노력했다.

돈 카를로는 기행을 일삼기로 궁정에서도 유명했다. 토끼를 산

채로 구워버리고, 마구간의 말 20여 마리를 한꺼번에 죽이는 끔찍한 일들을 저질렀음에도 펠리페 2세는 인내심을 가지고 아들을 감싸주었다. 그러나 돈 카를로가 10대에 접어들자 그에게 왕권을 물려주어야 된다는 생각에 좀 더 엄격하게 대하기 시작하면서 비극이 시작되었다. 1564년 펠리페 2세는 당시 가장 신임하던 신하인 알바 공작Fernando Álvarez de Toledo에게 보낸 편지에 아들의 저지능과 정신 장애에 대해 한탄하는 내용을 적어 보내기도 했다.

이러한 상황에서 부자 사이를 더욱 악화시킨 사건이 벌어지게 되는데, 돈 카를로의 왕세자비로 정해졌던 프랑스 국왕 앙리 2세의 딸 엘리자베스 드 발루아Elizabeth de Valois가 아버지 펠리페 2세의 세 번째 왕비로 책봉된 것이다. 어떠한 연유에서 이러한 일이 벌어졌는지는 확실하게 밝혀지지 않았지만, 이미 두 사람 사이에 감정적인 교류가 있었던 후에 발표된 일이라 당사자들이 크게 당황했음은 쉽게 상상해 볼 수 있다. 이 일은 아슬아슬한 부자 관계에 불을 붙인 결과가 되었고, 돈 카를로의 기행은 더욱 심해졌다. 펠리페 2세는 왕세자를 플랑드르(네덜란드) 원정군에 보내 환경의 변화를 주고자 했지만, 돈 카를로는 오히려 반란군들을 도와 그곳의 왕이 되려는 음모를 꾸미기도 했다. 이후 레판토 해전의 총사령관이었던 숙부(돈 후안)에게 아버지의 암살을 도와달라고 했다가 발각되는 사건이 벌어지자 펠리페 2세의 인내도 한계에 도달했다. 1568년 1월, 결국 돈 카를로를 창문에도 못질을 해 낮에도 칠흑같이 어두운 탑에 가두어 유폐시켰다. 그는 이곳에 갇혀 6개월을 생활하다가 의문의 죽음을 맞이했고, 왕비가 된 이후에도 왕세자와 사이가 좋았던 엘리자베스 역시 3개월 후에 왕자를 사산한 뒤 후유증으로 세상을 떠나고 말았다.

독일의 대표 극작가 프리드리히 실러Friedrich Schiller의 《돈 카를로스》는 역사적 사실을 바탕으로 여러 가지 창의적 변형을 가미해 드라마틱한 비극을 만들어 냈다. 실러는 이 작품에서 펠리페 2세를 독재적이고 냉혹한 인물로 묘사하며, 그의 아들 돈 카를로와의 관계에서 발생한 갈등을 중심으로 이야기를 전개한다. 실러는 돈 카를로를 이상주의적인 인물로 그리면서 그가 가진 인간적 갈망과 정치적 신념을 강조한다. 그러나 펠리페 2세는 이를 전혀 용납하지 않으며, 그의 권위와 힘을 유지하기 위해 아들을 억압하려 한다. 돈 카를로는 자신이 추구하는 이상적인 세상과 아버지의 현실적인 정치적 이익 사이에서 갈등하며, 결국 비극적인 결말을 맞이하게 된다.

실러의 《돈 카를로스》에서 중요한 점은 단순히 아버지와 아들의 갈등을 그리는 것에 그치지 않고, 스페인 왕국의 권력 구조와 정치 현실을 비판적으로 조명하는 데 있다. 실러는 펠리페 2세가 가진 절대적 권력의 부패와 억압을 문제 삼으며, 이를 통해 권력의 남용이 인간의 자유와 도덕성을 어떻게 파괴하는지 탐구했다. 실러의 작품에서는 정치적 이상과 현실 사이의 긴장감이 중심이 되는데,

특히 돈 카를로의 비극은 개인의 자유와 이상이 절대 권력에 의해 억압되는 모습을 통해 더욱 뚜렷하게 드러난다. 또한 엘리자베스와 돈 카를로의 사랑 이야기는 당시 사회와 정치적 제약 속에서 개인의 감정과 자유를 추구한 갈등을 드러내고 있다. 엘리자베스는 자신의 의지와는 상관없는 정략결혼을 하게 되면서 개인의 감정과 국가의 이익 사이에서 갈등하게 된다. 이 비극적인 로맨스는 그 시대 여성들이 겪었던 제약과 사회적 역할에 대한 비판적인 시각을 내포하고 있다. 즉 《돈 카를로스》는 역사 속 인물을 바탕으로 한 비극적인 이야기지만, 실러의 문학적 해석과 창작은 이를 인간 존재와 자유, 권력과 억압에 대한 깊은 철학적 성찰로 이끌어간다. 펠리페 2세와 돈 카를로의 관계는 단지 부자간의 갈등을 넘어 당시 유럽의 정치 상황과 절대주의 정치에 대한 비판적 논의를 촉발하는 중요한 기초가 된다.

진정한 마에스트로의 탄생

위대한 오페라 작곡가 주세페 베르디는 1813년 10월 이탈리아 파르마 근교의 론콜레라는 작은 마을에서 태어났다. 볼로냐와 밀라노를 잇는 중요한 도로에 위치한 마을에서 베르디의 아버지는 여행자들을 위한 작은 여인숙을 운영했다. 베르디는 음악하고는 전

조반니 볼디니, 〈주세페 베르디의 초상〉, 1886

혀 상관없는 환경에서 자라났지만, 부세토의 재력가 안토니오 바레치Antonio Barezzi를 만나 그의 도움으로 밀라노로 유학했다. 아이러니하게도 지금은 자신의 이름을 학교 이름으로 사용하고 있는 밀라노 국립 음악원의 입학시험에서 나이가 많다는 이유로 불합격해 개인 레슨만 받았지만, 이 시기 오페라에 대한 열정이 베르디의 일생을 결정지었다.

공부를 마치고 바레치의 딸 마르게리타와 결혼해 부세토와 밀라노에서 신혼 생활을 시작한 베르디는 미래에 대한 큰 희망에 부풀어 있었다. 자신의 첫 오페라인 〈오베르토〉가 당시 라 스칼라 극장의 매니저였던 바르톨로메오 메렐리Bartoloemeo Merelli의 눈에 들어 그 역사적인 극장에서 초연을 하게 된 것이다. 초연은 큰 성공을 거두어 라 스칼라 극장과의 계약이 이어졌고, 베르디는 무명 작곡가에서 이탈리아가 주목하는 신진 스타 작곡가로 거듭나게 되었다. 그러나 두 번째 오페라 〈하루 동안의 임금님〉을 작곡하는 와중에 이미 병으로 세상을 떠난 두 아이의 뒤를 이어 사랑하는 아내 마르게리타마저 허무하게 세상을 하직했다. 절망한 베르디는 제대로 필력을 발휘하지 못했고, 결국 오페라는 대실패를 맛보게 된다.

장인을 볼 면목이 없어 부세토로 돌아가지도 못하고 밀라노에 쓸쓸히 남은 베르디는 폐인과 같은 생활을 했다. 이발과 면도도 안 한 허름한 행색으로 저녁이면 밀라노 시내를 유령처럼 헤매는 그의 모습이 자주 친구들에게 목격되던 어느 날, 남루한 행색의 베르디를 만난 라 스칼라 지배인 메렐리는 그의 처지를 매우 안타깝게 생각하며 만류하는 그에게 시간 날 때 한 줄이라도 좋으니 읽어보라는 말과 함께 반강제로 대본집 하나를 안겨주었다. 집으로 돌아온 베르디는 대본집을 책상 위에 아무렇게나 던져 놓았다. 그러다 며칠 후, 우연히 책상 위로 시선이 간 베르디는 무심코 펼쳐진 히브리 노예들의 합창 첫 가사가 눈에 들어왔다. "가라 내 상념이여! 황금빛 날개를 타고!" 베르디는 그 가사를 본 순간 홀린 듯 책상 앞에 앉아 대본집을 찬찬히 읽어보고 다시 작곡을 시작했다. 이렇게 탄생한 오페라가 베르디의 세 번째 작품이자 그를 진정한 오페라 작곡가의 반열에 오르게 한 1842년 작 〈나부코〉다. 초연에서 여주인공 아비가엘레를 노래한 소프라노는 당대 최고로 인정받던 주세피나 스트레포니Giuseppa Strepponi였는데, 그녀는 베르디의 일생의 반려자 겸 소중한 동료이자 친구가 되었다. 베르디는 그 후 10년 동안 매년 한두 작품을 작곡했다. 1850년대에 접어들면서 그의 대표작이라 할만한 〈리골레토〉, 〈라 트라비아타〉, 〈일 트로바토레〉를 완성했는데, 이 작품들은 베르디의 면밀한 인물 분석이 음악 안에 고스란히 담겨 진정한 거장으로서의 면모가 느껴진다.

비바 베르디!

1860년대의 베르디는 이미 이탈리아뿐만 아니라 유럽에서도 널리 명성을 얻었으며, 그의 이름은 국가의 애국적 상징이 되었다. 이탈리아 오페라의 중심 인물로 떠오른 그는 이탈리아의 통일 운동과 독립 열망이 최고조에 달한 시대 상황 속에서 예술적·사회적 변화를 추구하는 민중의 정서를 담아내려 노력했다.

1859년에 이탈리아 북부에서 독립운동이 활발히 전개되고 사르데냐 왕국이 중심이 되어 통일 운동을 추진하면서, 이탈리아 전역의 민중은 자유와 독립을 열망하게 되었다. 당시 이탈리아는 오스트리아, 프랑스, 교황령의 정치적 영향력 아래 여러 소국으로 분열되어 있었는데, 통일을 통해 독립국으로서의 정체성을 세우고자 하는 열망이 날로 고조되고 있었다. 베르디는 이러한 운동에 깊이 공감하며, 민족주의적 감정을 오페라를 통해 전달하고자 했다. 그의 작품들은 이탈리아인의 자긍심과 독립 열망을 고양시키는 역할을 했고, 베르디는 음악을 통해 민족의 혼을 일깨우는 예술가로 자리 잡았다.

베르디의 이름이 애국심을 상징한 것은 '비바 베르디Viva Verdi'라는 구호를 통해서였다. 이 구호는 단순히 그를 찬양하는 것이 아니라 "Viva Vittorio Emanuele Re D'Italia"라는 문구의 약자로, "이탈리아의 왕 비토리오 에마누엘레 만세"를 의미했다. 이탈리아의 독립운동을 지지하는 민중은 베르디의 이름을 사용해 구호를 대중화했고, 이를 통해 독립운동의 상징이 되었다. 그의 음악은 예술을 넘어 이탈리아 민족 정체성을 대변하는 역할을 했으며, 베르디는 작곡가뿐만 아니라 이탈리아 통일 운동의 영감이 되는 존재로 많은 이들에게 영향을 미쳤다.

1861년 비토리오 에마누엘레 2세가 통일 이탈리아의 초대 국왕이 되면서 비로소 이탈리아인들의 염원이 이루어졌다. 당시 재상의 중책을 맡은 카밀로 카보우르Camillo Cavour는 초대 국회 총선거가 이루어지기 직전에 베르디에게 출마를 권유했고, 그가 이를 받아들여 국회의원으로서 정치에도 관여하게 되었다. 베르디는 1865년까지 5년 동안 국회의원으로 활동했는데, 주로 이탈리아 오페라 극장의 예산 증액과 각 도시 음악원의 재정적인 지원 등 문화 분야의 진흥에 많은 노력을 기울였다.

이러한 시대적 배경 속에 베르디는 프랑스 파리 오페라로부터 새로운 오페라 작곡 의뢰를 받게 된다. 당시 파리 오페라는 유럽 오페라계에서 가장 화려하고 웅장한 무대를 자랑하는 장소로, 특히 프랑스 대중은 긴 구성과 장대한 스케일의 5막짜리 그랑 오페라 장르에 익숙해 있었다. 베르디는 이미 〈시칠리아의 저녁 기도〉를 통해 그랑 오페라 형식을 시험해본 바 있었기에, 이번에는 보다 드라마의 치밀함과 인물들의 갈등이 돋보이는 소재를 찾았다. 세

세바스티아노 드 알베르티스, 〈테아노에서 가리발디를 만난 비토리오 에마누엘레 2세〉, 1870

익스피어의 《리어왕》을 비롯한 여러 가지 극본을 검토한 베르디는 최종적으로 실러의 희곡 《돈 카를로스》를 선택했다.

실러의 희곡은 펠리페 2세와 돈 카를로, 그리고 엘리자베스 사이의 비극적 사랑과 갈등을 다루며, 스페인의 독재와 종교적 억압을 배경으로 삼고 있었다. 베르디는 원작에 담긴 정치·종교 갈등과 개인의 고뇌를 더욱 심화해 이 작품을 단순한 사랑 이야기 이상의 심오한 메시지로 확장했다. 대본은 조셉 메리Joseph Mery와 카미유 뒤 로클Camille du Locle이 작업했는데, 그들은 실러의 원작을 그대로 옮기기보다는 오페라 형식에 맞게 재구성해 파리 오페라의 요구에 부응할 수 있도록 했다. 파리 오페라는 웅장한 무대 장치와 군중 장면을 요구했기에 극적 요소가 그랑 오페라 형식에 잘 녹아들

〈돈 카를로〉 속 한 장면 재구성 ⓒ DALL·E

도록 심혈을 기울였다. 그 결과 〈돈 카를로〉는 5막으로 이루어진 대작으로 탄생하게 되었고, 이후 이탈리아에서 여러 번 개정되어 4막 버전과 5막 버전으로 각각 공연되었다. 베르디는 프랑스 관객의 취향을 고려해 파리 오페라가 요구하는 웅장한 스케일과 극적 요소를 충실히 반영하면서도 자신의 음악적 개성을 잃지 않고 작품을 완성해냈다. 이러한 작업 과정은 베르디에게 상당한 피로와 부담을 주기도 했다. 그러나 〈돈 카를로〉를 통해 그는 기존의 이탈리아 오페라의 틀을 넘어서는 새로운 음악적 탐구를 하게 되었다.

파리에서 초연되었을 때 〈돈 카를로〉는 열광적인 반응을 얻지는 못했지만, 시간이 지나면서 점차 걸작으로 인정받기 시작했다. 베르디가 추구한 자유와 인간 존엄성에 대한 깊은 메시지를 담아낸 이 작품을 통해 베르디는 단순한 오페라 작곡가가 아닌 시대정신을 담아내는 예술가로서 자리매김했다. 〈돈 카를로〉는 그의 음악적 성숙함과 그가 품고 있던 이탈리아 민중에 대한 깊은 애정을 반영한 작품으로, 오늘날에도 오페라 사상 가장 정치적이면서도 인간적인 작품 중 하나로 평가받고 있다.

함께 살고, 함께 죽으리라

〈돈 카를로〉의 내용은 다음과 같다. 극중 돈 카를로는 스페인의 왕 펠리페 2세의 아들이다. 그는 프랑스에서 만난 엘리자베타 공주와 사랑에 빠지지만, 엘리자베타는 정치적인 상황으로 펠리페 2세와 결혼하게 되면서 두 사람은 슬픈 이별을 하게 된다.

로드리고는 돈 카를로의 오랜 친구이자 최근 플랑드르 전쟁에서 돌아온 기사로, 돈 카를로가 겪고 있는 고통을 이해하고 있다. 그는 돈 카를로에게 플랑드르를 돕자고 제안하고, 돈 카를로는 이를 받아들여 플랑드르 지방을 해방시키기로 결심한다.

그러던 어느 날, 우연히 수도원 정원에 돈 카를로와 왕비만 남게 된다. 돈 카를로는 다시 한 번 왕비에게 사랑을 고백하지만, 왕비는 이를 거절한다. 얼마 후 돈 카를로는 정원에서 비밀리에 어떤

여인과 만남을 갖게 된다. 그는 그
녀가 왕비라고 생각해 재차 고백하
지만, 사실은 왕비와 옷을 바꿔 입
은 공작부인 에볼리였다. 에볼리를
엘리자베타로 오해한 돈 카를로의
고백에 에볼리는 질투심을 느끼게
되고, 그의 감정을 이용하려 한다.

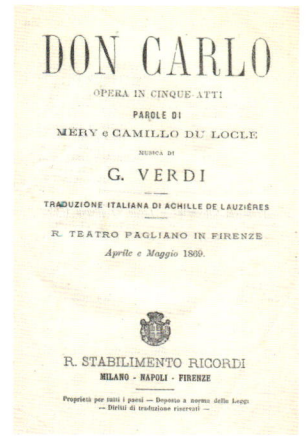

〈돈 카를로〉 공연 포스터

이단자들의 화형식이 거행되는
아토차Atocha 성모 대성당 광장에서
돈 카를로는 플랑드르의 해방을 위
해 왕 앞에서 칼을 빼들게 되고, 로드리고는 그를 말린다. 펠리페
는 아내에겐 사랑받지 못하고 이제 아들로부터 도전받는 상황에
깊은 슬픔에 빠진다. 이때 종교 재판장이 등장해 돈 카를로와 로드
리고를 반역자로 지목하며 처벌을 요구하고, 펠리페는 로드리고
를 처형하라는 명령을 내린다.

한편 플랑드르로 떠나기 전, 돈 카를로는 할아버지인 선왕 카를
로스 5세의 묘지 근처에서 엘리자베타에게 이별을 고한다. 이들의
밀회 장소에 나타난 펠리페는 이들의 만남을 보고 질투심에 불타
돈 카를로를 죽이려 하는데, 그 순간 선왕의 유령이 나타나 돈 카
를로를 저승으로 데려가며 긴박한 결말로 막이 내린다.

베르디는 이 작품에서 등장인물들의 감정과 갈등을 음악적으로 매우 정교하게 풀어냈다. 특히 복잡한 내면을 세밀하게 표현하기 위해 각 캐릭터에 맞는 독특한 음악적 어휘를 사용했다. 예를 들어 돈 카를로와 엘리자베타는 아리아보다 중창에서 그들의 사랑과 갈등을 깊고 감동적으로 표현했다. 펠리페 2세와 로드리고, 에볼리 등의 캐릭터도 각자의 내면을 반영하는 음악을 사용한다. 펠리페 2세는 내적 갈등과 고뇌를 겪는 인물이기에 그를 표현하는 음악은 어두운 음색과 느리고 고통스러운 선율을 특징으로 한다. 그의 주요 아리아인 '그녀는 나를 사랑하지 않아'에서 보듯, 고독과 좌절을 담아내는 깊은 음향을 사용해 감정의 복잡성을 강조한다. 〈돈 카를로〉는 아리아와 합창, 중창 등 다양한 형태가 잘 결합되어 있으며, 음악이 이야기의 전개와 감정선을 지원하는 방식을 통해 베르디의 뛰어난 극적 감각을 엿볼 수 있다. 각 장면마다 음악적 전환과 대조를 통해 긴장감을 고조시키며, 클라이맥스에서 큰 감정의 폭발이 이루어진다. 돈 카를로와 로드리고의 이중창은 두 캐릭터 간의 우정과 갈등을 잘 드러낸다. 특히 2막(5막 버전)에서 펼쳐지는 '함께 살고, 함께 죽으리라'는 감정의 깊이를 잘 표현하며, 두 사람의 목소리가 아름답게 얽히면서도 각자의 갈등을 명확하게 드러낸다. 돈 카를로의 절박함과 로드리고의 평온한 신념이 대비되면서 두 사람 간의 관계는 더 복잡해지고, 그들의 운명 또한 암시된다.

　엘리자베타의 아리아 '세상 덧없음을 아는 신이시여'는 그녀의

1884년 라 스칼라 극장에서 공연한 〈돈 카를로〉 묘사화

내면의 고통과 갈등을 깊이 있게 표현한다. 엘리자베타는 남편 펠리페 2세와의 결혼에서 비롯된 정치적 책임과 개인적인 감정 사이에서 고뇌한다. 이 아리아는 그녀의 내면적 갈등을 드러내는 중요

한 순간이다. 베르디는 엘리자베타의 감정을 서정적이고 고요한 선율로 표현하면서, 그녀의 비통함과 자아를 찾으려는 절박한 모습을 잘 전달한다. 그녀는 왕비로서의 역할에 충실하지만 사랑에 대한 갈망을 억누르며, 그 갈등은 음악을 통해 절정에 달한다.

이 오페라의 또 다른 특징은 베르디가 극적인 전환을 위해 오케스트라를 매우 효과적으로 활용한 점이다. 오케스트라는 단순한 반주를 넘어서 감정의 고조와 인물들의 심리 변화를 표현하는 중요한 역할을 한다. 또한 캐릭터 간의 대립과 결정을 강조하며, 인물들의 운명이 드러나는 순간마다 중요한 역할을 한다.

〈돈 카를로〉는 베르디의 음악과 극적인 표현력이 완벽하게 결합된 작품으로, 음악적으로 절정에 달한 걸작이다. 특히 음모와 사랑, 충성, 배신 등이 얽혀 있는 극적 구조는 베르디의 깊은 이해와 뛰어난 음악적 직관을 보여주어 베르디의 작품 중에서도 중요한 위치를 차지한다.

함께하면 좋은 추천 음반과 영상

각 등장인물의 심리묘사가 뛰어난 이 작품은 일단 테너, 소프라노, 메조 소프라노, 바리톤, 베이스 등 각 파트의 뛰어난 성악가들을 캐스팅하는 것이 큰 관건이

헤르베르트 폰 카라얀 지휘 음반

다. 이러한 관점에서 헤르베르트 폰 카라얀Herbert von Karajan 이 지휘한 음반(EMI, CD CMS 7 69304 2, 1978)은 적재적소에 화려한 라인업을 갖추었다. 나중에 개정된 4막 버전으로 돈 카를로의 복잡한 심리 상태를 나약하면서도 섬세하게 표현해낸 호세 카레라스와 불행한 운명의 엘리자베타를 담담하게 노래해 더욱 심금을 울리는 미렐라 프레니Mirella Freni, 그 외에도 아그네스 발차Agnes Baltsa, 피에로 카푸칠리, 니콜라이 기아우로프에 이르기까지 한 세대 명가수들이 총망라되었다.

프랑스어에 의한 5막 초연 버전으로는 클라우디오 아바도

Claudio Abbado가 라 스칼라 오케스트라를 이끌고 녹음한 음반(DG, CD 415 316-4, 1985)이 연주의 수준이나 고증 면에서 가장 추천할 만하다. 각종 음반과 영상물에서 타이틀 롤을 여러 번 노래했던 플라시도 도밍고와 베르디아나(베르디 오페라에 적합한 소프라노)로 명성을 떨친 카티아 리치아렐리가 엘리자베타를 노래했다.

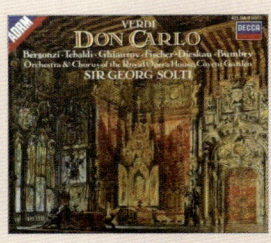

게오르그 솔티 지휘 음반

〈돈 카를로〉의 여러 버전 중에 이탈리아어 5막 버전 음반이 가장 많은 편인데, 게오르그 솔티 Georg Solti의 강직한 지휘와 레나타 테발디 Renata Tebaldi, 카를로 베르곤치, 니콜라이 기아우로프, 그레이스 범브리 Grace Bumbry, 디트리히 피셔-디스카우 Dietrich Fischer-Dieskau 등 카라얀 음반에 뒤지지 않는 초호화 캐스팅이 돋보이는 데카 음반(Decca, CD 421 114 2, 1966)과 각 등장인물의 내적 표현에 중점을 둔 카를로 마리아 줄리니의 녹음(EMI, CD 5 099996 685020, 1971)이 추천할 만하다.

영상물로는 전통적인 무대로 제임스 레바인 James Levine이 지휘하고 플라시도 도밍고, 미렐라 프레니, 니콜라이 기아우로프가 캐스팅된 1978년 메트로폴리탄 오페라 극장 버전

제임스 레바인의 메트로폴리탄 오페라 극장 버전 영상물

(DG, 00440 073 4085, 1983)과 안토니오 파파노Antonio Pappano가 지휘하고 로베르토 알라냐Roberto Alagna, 카리타 마틸라Karita Mattila, 토마스 햄슨Thomas Hampson, 호세 반 담José Van Dam이 열연한 5막 프랑스어 오리지널 버전으 파리 샤틀레 오페라 극장 영상(Warner, 2453188, 1996)을 우선 언급할 수 있겠다.

QR코드를 스캔하면 이탈리아 나폴리 산 카를로 극장에서 열린 유라이 발추하(지휘), 산 카를로 극장 오케스트라(연주) 영상을 볼 수 있다.

Chapter 6

러시아의 차르 시대와
무소륵스키의 〈보리스 고두노프〉

러시아 5인조의 탄생

19세기에 접어들면서 프랑스 대혁명의 여파가 유럽 대륙을 휩쓸고 있었지만, 러시아는 전통적인 왕정 체제를 굳건히 지키며 변화를 크게 경계했다. 18세기 말부터 19세기 초에 이르기까지 러시아는 유럽에서 가장 보수적인 국가 중 하나로 남아 있었고, 황제와 귀족을 중심으로 한 중앙집권적 왕정 체제를 유지했다. 당시 러시아 황제들은 자유와 평등을 주장하는 혁명적 사상이 퍼질 경우 러시아의 기존 질서가 흔들릴 것을 우려해 강력한 통제와 검열을 시행했다. 이러한 정치적 통제는 사회 전반에 걸쳐 자유주의와 개혁 사상이 확산되는 것을 억제했으며, 특히 러시아의 지식인들과 예술가들에게 엄격한 제한을 가했다. 이로 인해 러시아는 다른 유럽 국가들에 비해 상대적으로 고립된 상태로 남아 있었고, 변화와 혁신보다는 보수적이고 전통적인 질서를 유지하려 했다. 그 결과 문화적인 면에서 러시아는 퇴보할 수밖에 없었는데, 음악 분야에서 그러한 경향이 두드러졌다. 러시아 황실은 궁정 작곡가를 주로 이탈리아나 독일에서 초빙해 음악 전반에 관한 업무를 맡겼다. 따라서 독일, 이탈리아의 오페라와 교향곡 형식이 러시아에 주요한 영향을 미쳤고, 많은 러시아 작곡가들은 이들 서유럽 국가들의 기법을 따르며 작품을 만들어갔기에 러시아 전통적 특성과는 상당히 동떨어져 있었다.

 19세기 중반에 접어들면서 러시아에서도 자국의 색채를 지닌 음악을 만들려는 움직임이 있었다. 그 선봉에 선 작곡가가 미하일 글린카Mikhail Glinka였다. 그는 유럽의 고전음악과 러시아의 민속적인 요소를 결합하려 했다. 그가 작곡한 오페라 〈이반 수사닌〉과 〈루슬란과 류드밀라〉는 서구 오페라 양식과 형식 안에서 러시아 민속 음악의 선율과 리듬을 적극적으로 사용했다. 특히 〈이반 수사닌〉은 민속적인 주제를 다루면서도 음악적 구성에서 유럽의 고전 기법을 넘어서고자 했다는 점에서 중요한 의미를 지닌다. 이러한 시도는 후술할 러시아 5인조에게 많은 영향을 주었고, 그들이 창조한 음악의 독창성에 큰 기여를 했다. 글린카는 러시아의 역사·문화를 반영하는 음악을 통해 러시아 음악이 서구의 영향을 받으면서도 독립적인 길을 걸을 수 있다는 가능성을 열었다. 이러한 기조가 러시아 5인조에게 전해져 민속적인 요소를 더욱 강조한 음악을 만들게 된 것이다.

 러시아 5인조는 19세기 중반, 글린카의 음악적 유산을 이어받아

일리야 레핀, 〈오페라 〈루슬란과 류드밀라〉를 작곡하는 미하일 글린카〉, 1887

러시아 음악의 독립성을 더욱 확고히 하려 했던 작곡가 그룹이다. 이 시기는 차르 알렉산드르 2세의 즉위 후 사회 전반에 걸쳐 러시아의 정체성 확립과 개혁에 대한 새로운 바람이 불던 시대였다. 이러한 시대적 배경을 바탕으로 러시아 5인조의 목적은 단순히 러시아적 요소를 음악에 반영하는 것뿐만 아니라, 서구 음악의 규범에서 벗어나 새로운 음악 언어를 창조하는 것이었다. 이들의 리더 역할은 밀리 발라키레프 Mily Balakirev였으며, 모임은 1856년 밀리 발라키레프와 세자르 큐이 César Cui의 만남으로 시작되었다. 그 후에 모데스트 무소륵스키 Modest Mussorgsky, 니콜라이 림스키코르사코프

Nikolai Rimsky-Korsakov, 알렉산드르 보로딘Alexander Borodin이 참여하면서 5인조 그룹이 완성되었다. 특이하게도 이들은 발라키레프를 제외한 나머지 인원 모두 아마추어 작곡가로 음악가 경력을 시작했는데, 심지어 초창기에는 이들 모두가 발라키레프에게 작곡을 배우기도 했다. 서유럽의 음악 교육을 받지 않은 것은 오히려 이들의 국민주의적 특성을 확립하는 데 도움이 되었다. 5인조의 활발한 활동은 러시아 음악이 독립적인 길을 걸을 수 있음을 보여주었고, 그들의 음악적 유산은 후에 많은 러시아 작곡가들에게 영향을 미쳤다.

서유럽 영향에서 벗어나 독창성을 키우다

러시아 5인조 중에서도 무소륵스키가 차지하는 위치는 특별했다. 모데스트 무소륵스키는 1839년 3월 21일, 러시아 제국 프스코프주의 카레보 마을에서 태어났다. 그의 가문은 대대로 러시아 귀족으로 아버지는 지주였고, 어머니는 교양 있는 피아노 연주자였다. 이러한 가정환경은 무소륵스키의 성장에 중요한 토대가 되었다. 어린 시절부터 음악적 재능이 두드러졌던 무소륵스키는 어머니로부터 첫 피아노 교육을 받았다. 여섯 살 때 이미 간단한 피아노곡들을 연주할 수 있었으며, 일곱 살 무렵엔 작은 피아노 작품들을 작곡하기 시작했다. 아홉 살이 되었을 때는 상트페테르부르크에

일리야 레핀, 〈모데스트 무소륵스키의 초상〉, 1881

서 열린 공개 연주회에서 리스트의 피아노곡을 연주해 청중들을 놀라게 했다. 그러나 당시 귀족 자제가 음악가가 되는 것은 드물었기에, 러시아 귀족 가문의 전통에 따라 1852년 근위보병학교에 입학했다.

이곳에서 군사 교육을 받으면서도 그는 음악에 대한 열정을 잃지 않았다. 학교 동료들과 함께 실내악 연주회를 열기도 했으며, 미하일 글린카와 알렉산드르 다르고미시스키Alexander Dargomyzhsky의 작품을 접하면서 러시아 음악에 대한 관심이 깊어졌다. 사관학교 졸업 후에는 장교로서 군복무를 했는데, 이 시기 많은 작곡가와 교류가 있었다. 특히 상트페테르부르크 병원에서 군의관으로 일하던 보로딘과 발라키레프, 큐이 등과 알게 되면서 러시아 5인조 그룹에 합류했다. 고르데예바Gordeyeva, Ye가 편집한 무소륵스키의 서간집《M. P. Musorgsky: Letters》에는 당시 보로딘이 그를 처음 만났을 때의 인상을 기록한 내용이 있다.

> 그는 말끔하게 단정한 제복을 입었고, 머리는 매끈하게 정돈되어 기름이 발라져 있었다. 손은 귀족처럼 잘 관리되어 있었으며 태도 역시 우아하고 귀족적이었다. 그의 말투 또한 그러했는데, 약간 이를 악문 채 프랑스어 표현을 섞어가며 다소 세련되게 말하곤 했다. 다소 과시적인 기질이—아주 절제된 수준이었지만—느껴졌다. 그의 예의와 매너는 탁월했으며, 숙녀들은 그를 애지중지했다. 그는 피아노 앞에 앉아 손을 애교 있게 들어 올리며 〈일 트로바토레〉, 〈라 트라비아타〉 등의 오페라를 매우 감미롭고 우아하게 연주했다. 그의 주변에는 "매력적이야, 너무 멋져!" 같은 감탄사가 합창처럼 울려 퍼졌다. 나는 이렇게 포포프의 집에서 모데스트 무소륵스키를 서너 번 만났는데, 직무 중에나 병원에서도 그를 본 적이 있었다.

이 내용에서 볼 수 있듯이 그는 매우 섬세하고 감성적인 인품을 지녔으며, 다소 소극적이면서도 자신감에 넘쳐 있던 청년이었다. 한편 5인조 그룹에 들어가기 전부터 무소륵스키는 발라키레프의 지도하에 본격적인 작곡 공부를 시작했는데, 발라키레프는 그에게 러시아 민속 음악의 중요성을 일깨워주었다. 이는 후에 서유럽 영향에서 벗어나 러시아만의 독자적인 음악 어법을 발전시키고자 했던 그의 스타일 형성에 결정적인 영향을 미쳤다.

1858년은 그에게 큰 전환점이 된 해로, 군대 제대 후 본격적으로 작곡가로 활동할 결심을 한 시기다. 무소륵스키는 러시아의 민속 음악을 적극적으로 수집하고 연구해 농민들의 노래, 교회 음악, 민요 등을 자신의 음악에 녹여냈다. 특히 러시아어의 자연스러운 억양과 리듬을 음악에 반영하려는 시도는 그의 성악곡과 오페라에 독특한 특징으로 나타났다. 초기 작품인 관현악곡 〈민둥산의 하룻밤〉부터 특유의 음악 어법을 구사한 무소륵스키는 서유럽 작곡가들이 보기에는 투박하고 다듬어지지 않은 면이 많았지만, 이러한 특징은 오히려 그가 5인조 가운데서도 가장 독특한 영역을 개척하는 요소가 됐다. 그의 음악에서 찾아볼 수 있는 혁신적인 시도로는 전통적인 화성 진행에서 벗어난 과감한 불협화음 사용, 러시아 민속 선율의 창의적 활용, 독특한 악기 조합을 통한 새로운 음색 창출, 음악적 요소와 묘사적 기법의 결합 등을 언급할 수 있다. 그의 음악은 전통 화성학과 대위법(두 개 이상의 독립적인 선율을 조화롭게 배치하는 작곡 기법)에 기초한 양식미를 추구하지 않고 특정한 내용이나 드라마, 또는 인상을 음악으로 그대로 표현해냈다. 이러한 어법은 19세기 후반 프랑스 인상주의 작곡가들에게도 큰 영향을 미쳤다.

　그가 가장 심혈을 기울이고 전념을 다해 작곡한 장르는 오페라와 가곡이었다. 특히 오케스트라와 피아노 반주가 그저 단순한 반주가 아닌 독자적인 역할을 수행하며 성악 선율과 대등하도록 그 중요성을 강조했으며, 러시아 전통과 민중의 삶을 담아내려 노력했다. 무소륵스키의 대표작인 연가곡 〈죽음의 노래와 춤〉을 살펴보면 이러한 특징을 잘 느낄 수 있다. 〈자장가〉, 〈세레나데〉, 〈트레팍〉, 〈사령관〉의 총 네 곡으로 구성된 이 작품은 죽음이라는 무거운 주제를 다양한 각도에서 조명했다. 그중 〈자장가〉에서는 죽어가는 자식을 품에 안은 어머니의 처절한 심정을 가슴 아프게 표현했고, 〈트레팍〉에서는 러시아 전통 춤을 차용해 죽음의 춤을 묘사했다. 다른 연가곡 〈해 없는 곳에서〉는 러시아 민중의 고단한 현실을 적나라하게 보여주었다. 이 작품에서 무소륵스키는 불협화음을 과감하게 사용해 삶의 고통을 표현했고, 민요적 요소를 현대적으로 재해석했다. 단순히 민족주의적 표현에 그치지 않고 인간의 보편적 감정과 삶의 진실을 담아내는 데 성공했다고 할 수 있겠다.

　사실 그의 오페라에 대한 열정은 일찌감치 시작되었다. 스무 살 때 글린카의 〈이반 수사닌〉을 보고 열광한 후, 1863년 상트페테르부르크로 돌아가 다시 공무원으로 취직하면서 오페라를 작곡하기 시작했다. 무소륵스키는 1861년 러시아의 농노해방으로 가문의 재산이 반 이상 박탈당하면서 경제적으로 많은 어려움을 겪게 되어 하급 공무원으로 취직해 생계를 유지할 수밖에 없었다. 그가 처음 관심을 가진 소재는 프랑스 작가 귀스타브 플로베르Gustave Flaubert의 소설 《살람보》였다. 대본은 자신이 직접 작업했으며, 원작 외에 아폴론 마이코프Apollon Maykov 등 러시아 시인의 시를 참고했다. 이후 6개 정도의 곡을 작업했지만, 갑

콘스탄틴 마코프스키, 〈알렉산드르 다르고미시스키의 초상〉, 1869

자기 흥미가 떨어져 결국 미완성으로 남게 되었다.

무소륵스키는 5인조 동료 외에도 알렉산드르 다르고미시스키와 친분이 있었는데, 그는 푸시킨의 희곡에 의한 돈 후안의 이야기 〈석상의 손님〉을 오페라로 작업하고 있었다. 이 작품은 러시아어 뉘앙스를 그대로 살려 아리아와 레치타티보 구분이 없어진 음악 표현으로 화제가 되었으며, 무소륵스키 역시 이러한 작풍에 동화되어 다시 오페라 작곡에 대한 열정에 불이 붙었다. 이번에 선택한 대본은 니콜라이 고골Nikolai Gogol의 희곡 작품 《결혼》이었다. 이 소재를 선택한 데는 다르고미시스키의 조언도 큰 몫을 했다.

1868년 한 해 동안 작업해 1막이 완성되었는데, 완성 직후 세자

르 큐이의 저택에서 열린 비공식 낭송 공연에서 무소륵스키가 주인공 포드콜료신을 노래했을 정도로 이 작품에 애정이 있었다. 그러나 무소륵스키는 이내 다른 소재에 한눈을 팔게 되어 다음 작업을 이어나가지 않아 오페라 〈결혼〉 역시 1막만 있는 미완성 작품으로 남게 되었다.

최고의 권력을 손에 쥔 남자

〈결혼〉 1막을 완성한 1868년 가을, 역사학자이자 푸시킨 연구의 권위자인 블라디미르 니콜스키Vladimir Nikolsky가 무소륵스키에게 푸시킨 희곡으로 오페라를 작곡할 것을 권유했다. 이 작품이 바로 《보리스 고두노프》로, 무소륵스키는 작품을 읽자마자 매료되고 말았다. 그가 관심을 기울인 것은 보리스 고두노프Boris Godunov라는 실존 인물과 당시 러시아 민중의 힘들고 피곤한 삶이었다.

보리스 고두노프는 러시아 역사에서 대단히 중요한 군주이자 논쟁적인 인물로 평가된다. 그가 권좌에 오른 때는 정치적 혼란이 극심했던 시기로, 후대에 '대동란 시대'로 불리게 될 혼란의 징조가 있었다. 귀족 출신으로 정치적 재능과 야심을 지닌 보리스는 러시아 황실에 가까운 외척으로, 특히 이반 4세(이반 뇌제)의 아들 표도르 1세 이바노비치Fyodor I Ivanovich와 혼인 관계를 맺은 누이 이리나

N. 네크라소프, 〈아들의 학업을 감독하는 보리스 고두노프〉, 19세기

Irina 덕분에 권력의 중심으로 나아갈 수 있었다.

이반 뇌제의 아들이자 정신적으로 불안정했던 차르 표도르가 즉위한 후, 보리스는 실질적인 섭정으로 통치하게 되었다. 당시 러시아는 표도르의 통치력이 부족해 귀족회의와 실권자들의 정치적 영향력이 강했는데, 보리스는 그 틈에서 효율적인 행정과 외교 감각을 보여주었다. 이러한 능력을 바탕으로 보리스는 표도르의 치세 동안 러시아 궁정에서 막대한 권력을 장악했으며, 표도르가 후계자 없이 사망하고 다음 왕위 계승자였던 드미트리 역시 의문의 사고로 사망하자 자연스럽게 차르 자리에 오르게 되었다. 러시아 역사상 처음으로 투표에 의해 선출된 차르라는 점에서 보리스는 러시아 왕실과 역사에서 주요한 전환점을 이룬 인물로 평가된다. 그러나 드미트리의 의문의 죽음을 주도한 음모자라는 소문은 그가 죽을 때까지 쫓아다녔다.

 보리스 고두노프는 즉위 후 사회적 안정과 경제 발전을 목표로 다양한 개혁을 시도했다. 그는 농민을 위한 토지 개혁을 시행하고 잉글랜드, 한자 동맹 등 서유럽과의 무역을 장려하며 상공업과 교육 발전에 힘썼다. 또한 서유럽의 교육 제도에 큰 관심이 있어 모스크바에 대학을 세우려고 계획했으나, 성직자들의 반대로 무산되고 말았다. 대신 18명의 청년을 서유럽 대학에 유학 보내 그곳의 문물을 적극적으로 수용하고자 했다. 특히 그는 러시아 정교회의 자립성을 강화하기 위해 모스크바 총 대주교제를 설립해 교회를 통한 민중 통합을 꾀했다. 보리스의 이러한 개혁 정책은 모두 러시아를 강대국으로 만들기 위한 포석이었으나, 다양한 장애에 부딪히게 된다. 특히 민중의 반발이 큰 문제로 대두되었는데, 그 원인 중 하나는 앞에서 언급한 황태자 드미트리의 의문사였다. 이 사건은 그를 둘러싼 음모와 권력 남용에 대한 비난을 불러일으켰고, 민중의 불신이 커지게 되었다. 일부 기록에서는 드미트리가 우발적으로 사고를 당했다고 하지만, 많은 사람은 보리스가 왕위를 차지하기 위해 드미트리를 제거했다고 믿었다. 이로 인해 보리스의 정치적 정당성과 권위는 계속해서 도전을 받았다.

보리스 고두노프는 권력을 쥐었지만 양심과 죄책감의 무게에 시달렸다. 문헌과 연극에서 그려지는 그의 모습은 권력을 얻기 위해 범죄를 저지른 사람으로서의 내적 갈등을 고스란히 드러낸다. 보리스 고두노프의 통치 후반부는 반란과 정치적 위기로 점철되었다. 1601년에서 1603년 사이 러시아를 강타한 기근은 보리스의 통치에 큰 타격을 입혔고, 수많은 농민이 굶주림과 질병으로 사망하면서 민중의 불만이 폭발하기 시작했다. 당시 모스크바에서만 10만 명 이상이 굶어 죽었고, 절망에 빠진 민중은 약탈을 일삼았다. 보리스는 식량 배급과 공공사업 등 다양한 대응책을 마련했지만 민중의 신뢰는 이미 크게 흔들린 상태였다.

이 시기에 수도사 출신의 그리고리 오트레피예프Grigory Otrepyev가 자신이 살해된 황태자 드미트리라고 주장하며 반란을 일으켰다. 그는 수도사 생활을 견디지 못하고 가짜 드미트리가 되기로 결심 후 수도원을 떠나 가짜 황태자 역할을 하고 다니면서 사람들을 선동했다. 이 같은 사실이 알려지자 당국에서는 대대적인 체포령을 내렸고, 가짜 드미트리는 리투아니아를 거쳐 폴란드로 도주

했다. 그는 크라쿠프(폴란드) 국왕을 만나 자신을 도와주면 러시아를 로마 가톨릭으로 개종시키겠다는 약속을 하지만, 국왕은 선뜻 그에게 군사를 내어 주지는 않았다. 그러나 그는 러시아의 가톨릭 개종이라는 명분을 다시 내세워 예수회(오페라에서 예수회 승려 랑고니로 대표된다)의 지지를 얻어 군사 지원을 약속받았다. 자신의 약속을 증명하려는 듯 폴란드 유력 귀족의 딸 마리나 므니제치Marina Mniszech와 약혼하고 스스로 가톨릭으로 개종하기도 했다. 1604년, 가짜 드미트리의 무모한 계획은 성공을 거두어 1500여 명의 군사를 이끌고 러시아를 침공했다. 그의 반란은 러시아 민중과 귀족 사이에서 큰 지지를 얻었고, 보리스의 통치 기반은 점점 약화되었다. 가짜 드미트리는 보리스 정권을 붕괴시키는 중요한 역할을 했으며, 보리스에게는 치명적인 정치적 도전이었다. 결국 1605년 보리스가 사망하고 그의 아들 표도르 2세가 즉위했으나, 가짜 드미트리 세력에 의해 곧 살해당했다. 이렇게 고두노프 가문이 몰락하면서 러시아는 다시 권력 공백 상태에 빠졌고, 대동란의 시대로 접어들게 된다.

이때 폴란드의 지원을 받은 가짜 드미트리가 모스크바에 입성해 차르로 즉위했다. 그는 자신을 이반 4세의 차남 드미트리로 주장하며 차르 자리를 차지했으나, 러시아의 전통과 문화를 무시하고 폴란드의 문화를 강요해 백성들의 반발을 샀다. 결국 1606년 5월 고두노프의 대신이었던 바실리 슈이스키Vasili Shuisky가 이끄는 반란

카를 베니히, 〈제1차 가짜 드미트리의 마지막 순간〉, 1879

군에 의해 가짜 드미트리는 살해되었고, 그의 통치는 1년 만에 끝났다. 그 후 슈이스키가 차르로 즉위했지만 그의 통치도 안정적이지 못했다. 이후 혼란은 계속돼 심지어 제2차 가짜 드미트리가 등장했으며, 농민들의 반란이 이어지고 폴란드와 스웨덴의 내정 간섭도 심해졌다. 1610년부터 1613년까지 러시아는 실로 극심한 혼란에 빠졌다. 폴란드는 모스크바를 점령하고, 스웨덴은 노브고로드를 차지했으며 도적 떼와 전염병, 기근이 발생하고 정교회의 권위도 크게 약화되었다. 결국 1613년, 귀족들은 미하일 로마노프Mikhail Romanov를 새로운 차르로 선출했다. 미하일은 로마노프 왕조의 첫 번째 차르가 되었고, 그의 즉위는 동란의 시대의 끝을 알렸다. 그는 중앙집권적인 통치를 점진적으로 회복하고 폴란드·스웨덴과 평화 협정을 체결해 외적의 간섭을 줄였으며, 농민들의 상황을 안정시키고 정교회의 권위를 회복하는 데 힘썼다. 그의 통치 아래 러시아는 서서히 안정을 되찾았다. 이후 로마노프 왕조는 강력한 왕권과 중앙집권체제를 바탕으로 러시아를 통치하게 되었다. 대동란의 시대는 혼란의 시간이었지만, 그 과정에서 러시아는 중요한 변화를 겪으며 강력한 왕권을 확립하게 되었다.

보리스 고두노프는 오늘날에도 논쟁의 중심에 있는 인물이다. 그는 강력한 개혁가이자 행정가로서 다양한 정책을 추진하며 정치·문화 발전에 깊은 발자취를 남겼으나, 권력의 절정에서 그를 둘러싼 음모와 의혹의 그림자에서 벗어나지 못했다. 보리스의 생애와 통치는 권력과 인간의 복잡한 내면을 탐구하게 하는 중요한 역사적 사건으로, 푸시킨의 작품에서는 문학적 상상력을 통해 더욱 생동감 있게 묘사되었다. 또한 그의 이야기는 오늘날에도 권력의 본질과 인간의 양심을 성찰하게 만드는 중요한 상징으로 남아 있다.

카람진과 푸시킨

러시아의 저명한 역사학자이자 시인인 니콜라이 카람진Nikolay Karamzin은 12권으로 된 《러시아 연대기》를 집필해 러시아 역사 연구에 중요한 문헌을 남겼다. 카람진의 《러시아 연대기》와 푸시킨의 《보리스 고두노프》는 보리스 고두노프라는 역사적 인물을 다룬 것은 동일하지만, 그를 해석하는 관점과 방식은 크게 다르다. 두 작품은 각각 다른 목표와 시각에서 보리스 고두노프를 그리고 있어 그의 성격, 행동, 처한 상황이 독자들에게 매우 다르게 전달된다.

카람진의 《러시아 연대기》는 러시아의 정치·사회사를 체계적으로 정리한 역사 기록물이다. 그는 역사적 사실을 전달하는 데 중점을 두었으며, 그의 기록에는 보리스 고두노프가 부정적이고 냉혈한 음모가로 묘사된다. 카람진에 따르면 보리스는 권력을 얻기 위해 황태자 드미트리를 살해한 교활한 인물이었다. 권력을 위해서는 수단과 방법을 가리지 않았고, 자신의 야망을 실현하기 위해 정적을 제거하는 데도 주저하지 않았다. 카람진은 보리스가 백성의 지지를 얻기 위해 거짓된 자선을 베풀었다고 적었는데, 이를 위선적인 행위로 평가했다. 보리스의 최후 역시 이런 부정 행위의 결과로 그려진다. 죄책감과 불안 속에서 스스로를 몰락의 길로 몰아넣으며 결국 비참한 죽음을 맞이하는 악인의 전형적인 모습을 보였다는 것이다.

그러나 푸시킨의 희곡에서는 보리스를 훨씬 복잡하고 인간적인 인물로 다룬다. 이 작품은 단순히 역사적 사실을 재현하는 데 그치지 않고, 인간 내면의 갈등과 권력의 본질을 탐구한다. 푸시킨의 보리스는 단순한 악인이 아니다. 그는 러시아의 번영을 진심으로 바라는 지도자로, 백성을 위해 선정을 베풀려 노력하는 모습을 보인다. 그러나 동시에 권력을 유지하기 위해 저지른 과거의 죄에 대해 끊임없이 괴로워하며, 이러한 내면 갈등이 그의 행동과 선택을 지배한다. 푸시킨은 황태자 드미트리의 죽음에 대한 보리스의 양심의 가책을 상세히 묘사한다. 그는 죄책감에 시달리며 스스로를 고립시키고, 불안과 두려움 속에 점점 몰락해 간다. 이처럼 푸시킨은 보리스를 단순히 권력욕에 사로잡힌 야심가로 그리지 않고 인간적인 약점과 갈등을 가진 입체적인 인물로 그린다.

또한 푸시킨의 작품에서는 민중의 역할이 중요하게 다뤄진다. 민중은 단순한 배경이 아니라 보리스의 지지자에서 비판자로, 최종적으로는 그를 버리고 가짜 드미트리를 지지하는 존재로 변화한다. 이를 통해 푸시킨은 권력의 허상과 민중의 변덕스러움을 보여준다. 민중의 이러한 태도 변화는 권력자의 고독을 강조하면서도, 민중의 책임을 묻는 질문을 던진다. 또한 드미트리의 부활을

일리야 레핀, 〈리체이 시험장에서의 푸시킨〉, 1911

주장하는 수도사 그리고리 오트레피예프의 등장은 작품에 극적 긴장감을 더한다. 수도사 출신인 그는 자신이 살해되었다고 알려진 황태자 드미트리라 주장하며 반란을 일으키고, 보리스의 몰락을 가속화한다. 이 과정에서 푸시킨은 진실과 거짓, 권력과 책임, 인간의 탐욕과 두려움 같은 보편적 주제를 탐구한다.

즉, 카람진의 《러시아 연대기》는 보리스를 권력욕에 사로잡힌 음모가로 그리며 그의 몰락을 도덕적 응징으로 해석한다. 반면 푸시킨은 권력과 인간성, 죄와 양심의 갈등을 깊이 있게 다루며 보리스를 복합적인 인물로 그려낸다. 두 작품은 같은 인물을 기반으로 하지만 역사와 문학이라는 서로 다른 영역에서 보리스 고두노프

의 다면성을 조명하며, 그가 러시아 역사와 문학에서 차지하는 중
요성을 보여준다.

두 가지 버전

푸시킨의 작품은 사실 실제 무대에서 공연하는 것을 목표로 했다
기보다 낭송을 위해 만든 작품이었다. 1831년 완성되어 출판했지
만, 러시아 황제가 주인공이라는 이유 때문에 1866년까지 검열관
에 의해 상연 허가가 나지 않았다. 대중을 위한 공연은 1870년이
되어서야 상트페테르부르크의 마린스키 극장에서 이루어졌다. 푸
시킨은 이 희곡을 쓰면서 카람진의 《러시아 연대기》와 셰익스피어
의 역사극 중 특히 《헨리 4세》를 참고했다. 등장인물의 묘사와 플
롯을 조합하는 스킬은 셰익스피어에게 많은 영향을 받았다. 무소
륵스키가 니콜스키의 소개로 푸시킨의 희곡을 접한 후 이러한 점
에서 전율을 느꼈으리라 생각된다.

한편 무소륵스키 주변에서 많은 응원이 있었는데, 글린카의 여
동생 루드밀라 셰스타코바Lyudmila Shestakova는 무소륵스키의 계획을
알게 되자 그에게 푸시킨의 대본집을 선물했다. 1868년 10월부터
대본 작업에 들어간 무소륵스키는 모두 25개의 장면으로 이루어
진 푸시킨의 희곡 중에서 가장 연극적인 장면을 효과적으로 각색

마린스키 극장 내부 ⓒ Oleg Bkhambri

했다. 대본 작업은 순조롭고 빠르게 진행되었다. 그는 작곡을 시작하면서 당대의 이탈리아 및 독일 오페라들이 주로 추구하던 낭만적인 미적 감각과 멜로디 중심의 구조보다는 더욱 사실적이고 민중적인 서사를 지향했다. 그의 접근은 오페라의 고전적인 극적 구성보다 군중과 개인이 어떻게 역사 속에서 움직이는지를 그려내는 데 초점을 맞췄다. 그의 작품은 개인의 비극적인 운명뿐만 아니라 러시아 민중이 겪는 고통과 삶의 애환을 진솔하게 담아내며, 당시 러시아 사회를 통찰력 있게 반영하는 작품이 되었다.

오페라의 첫 장면에서는 러시아 차르의 자리가 공석이 되어 혼란스러운 상황이 펼쳐진다. 백성과 고관들은 보리스를 차르로 추대하기를 원하지만, 보리스는 처음에 이를 거절하는 척하며 망설

〈보리스 고두노프〉 속 한 장면 재구성 ⓒ DALL·E

인다. 그러나 그는 결국 왕관을 받아들이고 차르로 즉위하게 된다. 이때 보리스는 아리아 '슬픔에 찬 내 영혼, 주님은 아시나이다'를 노래하며 그의 죄책감과 고독을 표현한다. 한편 수도사 그레고리는 스승 피멘에게 보리스 고두노프의 왕위 찬탈에 대한 이야기를 듣는다. 그는 보리스의 죄를 기회 삼아 자신이 죽은 드미트리로 행세하며 반란을 일으킬 음모를 꾸민다. 그레고리는 폴란드 귀족들의 도움을 얻어 군대 규합 후 러시아로 진격할 계획을 가지고 국경을 넘는다. 보리스는 백성들의 지지를 얻어 차르로 올랐지만, 그레고리의 등장과 반란 소식으로 불안과 초조함에 시달리기 시작한다.

보리스는 차르로서 외세의 위협을 막아야 할 책임을 느끼지만 드미트리를 살해한 죄책감과 공포가 그를 점점 갉아먹는다. 이때 보리스가 애정을 쏟는 대상인 자녀들, 특히 아들 표도르의 장래를 지켜주고 싶지만, 자신이 저지른 죄가 아이들에게도 불행을 가져다줄까 두려워한다. 그는 점차 정신적으로 피폐해지며 과거 드미트리를 죽인 기억이 환영으로 떠올라 자신을 괴롭힌다. 이때 보리스의 아리아 '나는 최고 권력을 얻었다'를 노래하며 다시금 그의 죄와 고통을 마주하면서 정신적인 혼란에 빠져 점점 더 광기에 사로잡힌다.

폴란드로 건너간 드미트리는 황녀 마리나에게 사랑을 고백하고, 마리나는 승려 랑고니의 사주를 받아 드미트리에게 차르의 자리에 오르도록 종용한다. 궁정 내부는 반란군의 위협과 권력 다툼으로 혼란에 빠지고, 보리스의 통치가 흔들리면서 백성들도 점차 불안해한다. 이러한 상황은 보리스의 육체와 정신을 지치게 만들었고, 그는 점차 쇠약해지며 자신의 종말이 다가오고 있음을 느낀다. 결국 그는 생애 마지막 순간에 이르러 더 이상 버틸 수 없음을 깨닫고 아들 표도르에게 왕위를 물려주고자 한다. 마지막 장면에서 그는 '아, 나는 이제 떠난다'라는 아리아를 부르며 스스로의 한계를 인정하고 모든 것을 내려놓으며 죽음을 맞이한다. 이 장면은 보리스의 고뇌와 체념이 절정에 달하는 비극적 클라이맥스다.

1869년 무소륵스키는 〈보리스 고두노프〉의 첫 번째 버전을 완

1923년 드레스덴 국립 오페라 공연 당시 보리스 역과 아들 역의 배우 ⓒ Ursula Richter

성해 러시아 황실 극장에 제출했다. 황실 극장은 당시 러시아의 대표적인 문화 중심지로, 이곳에서 공연될 오페라는 대부분 서유럽의 관습을 따라야만 했다. 그러나 무소륵스키의 〈보리스 고두노프〉는 그런 관습에서 벗어난 작품으로, 전통적인 오페라의 미적 기준을 따르지 않는 혁신적인 작품이었다.

첫 번째 버전은 대본에서부터 독창적인 면이 두드러졌다. 알렉산드르 푸시킨의 희곡과 니콜라이 카람진의 역사서에 근거해 러시아 민중이 겪는 불안과 고통을 중심으로 당대의 비극적 현실을 그려냈다. 하지만 황실 극장은 이 버전에 대해 비판적이었는데, 거절 사유로는 여성 주연 캐릭터가 없다는 점과 지나치게 비극적인 결말이 거론되었다. 황실 극장 측에서는 이러한 요소들은 당대 대중의 기호와는 맞지 않는다고 여겨 더 극적인 전개와 대중적 요소를 추가해주길 요청했다.

당시 많은 오페라 작곡가들이 성공을 위해 극장의 요구에 맞춰 작품을 수정하는 경우가 흔했지만, 무소륵스키는 자신이 구상한 작품의 사실성과 진정성을 지키고자 했다. 황실 극장의 수정 요청 거절 이후 무소륵스키는 작품을 완전히 폐기하기보다는 처음 의도를 유지하면서도 작품을 보완하는 방향으로 나아갔다. 1871년부터 1872년 사이에 걸쳐 그는 오페라를 수정해 두 번째 버전을 완성했다. 이 버전에서 무소륵스키가 수정한 부분은 다음과 같다.

먼저 3막 1장과 2장의 폴란드 산도미에즈로 도망간 가짜 드미트리 황태자가 황녀 마리나를 만나는 장면이다. 여기에는 화려한 폴로네즈가 추가되었다. 그리고 4막 2장에서 보리스의 몰락 후에 민중이 귀족 흐루시초프를 사로잡아 조롱하고 가짜 황태자 드미트리의 군대가 크렘린으로 진격한다는 소식에 모두들 그를 맞이하러 나가는데, 유로디비(슬라브 정교회에서 바보나 미친 사람을 가장해 고행하는 자들을 지칭하는 말)가 앞으로 닥칠 러시아의 재앙을 슬퍼하는 노래를 부르는 내용을 추가했다. 한편 4막 1장의 모스크바 바실리 대성당 앞 광장에서 군중이 가짜 황태자 드미트리가 군대를 이끌고 모스크바로 온다는 사실에 웅성거리고, 유로디비가 군중 앞에 나타난 보리스에게 모스크바의 슬픈 운명을 예언하는 장면을 삭제했다. 또한 2막 크렘린 궁전의 테렘(차르의 주거지) 장면을 전폭적으로 수정했다. 이 장면이 첫 번째 버전에서 푸시킨의 희곡 내용을 충실히 따랐다면, 개정판인 두 번째 버전에서는 공주 크세니아의 노래와 황태자 표도르의 앵무새 이야기로 보리스를 위로하는 장면, 그리고 드미트리의 암살을 묘사하는 시계 소리로 보리스가 공포에 떠는 장면을 추가했다. 전체적으로 볼 때 개정판이 보리스의 보다 인간적인 면을 강조하고 있으며 자식들 간의 관계에서도 구체적인 에피소드로 극적인 완급을 잘 조절했다.

무소륵스키는 이러한 수정 작업을 통해 서구 오페라에서 주로 다루던 개인 서사를 넘어 집단의 심리와 역사적 사건을 음악적으로 구현하고자 했다. 서유럽의 오페라가 주로 화려한 무대 장치와 정형화된 형식에 의존했던 것과 달리, 그는 진솔한 인간 감정과 군중의 심리적 동요를 음악의 핵심으로 삼았다. 단순히 한 인물의 비극적인 이야기에서 벗어나 러시아의 현실을 반영하는 사회적 메시지를 담은 작품이 되게 한 것이다.

1874년 1월 17일, 마침내 완성된 오페라는 상트페테르부르크의 마린스키 극장에서 초연되었다. 당시 공연을 본 러시아 관객들은 커다란 충격을 받았다. 이 작품은 민중의 목소리와 그들의 감정, 러시아 현실에 대한 사실적인 묘사로 큰 반향을 일으켰으며, 기존의 서구 오페라에서 볼 수 없었던 진솔한 서사와 인간적 고뇌

일리야 레핀, 〈니콜라이 림스키코르사코프의 초상〉, 1893

를 마주하게 되면서 관객들은 깊은 감동을 받았다. 이에 무소륵스키는 무려 20여 차례의 커튼콜을 했고, 군중은 거리에서 오페라에 나오는 합창 멜로디를 흥얼거리며 다녔다. 그러나 열광적인 반응에도 불구하고 그의 생전에 단 21회만 재연되었다. 더구나 평론가들과 정부 관료들은 그의 작품에 그리 호의적이지 않았다. 그의 다음 오페라 〈호반시치나〉는 "무소륵스키의 급진적인 오페라는 한 편이면 된다"는 이유로 마린스키 극장 공연이 무산되었다.

오랫동안 묻혀있던 작품은 러시아 5인조의 막내격인 니콜라이 림스키코르사코프에 의해 다시 부활했다. 그는 5인조 가운데서 가장 오래 살아 동료들의 작품을 개작하거나, 미완성으로 남은 작품들을 완성시키기도 했다. 〈보리스 고두노프〉 역시 오케스트레이션을 새로 손봐 1896년 상트페테르부르크 음악원에서 초연했으며, 당시에는 투박한 무소륵스키 원본보다 세련되었다고 인정을 받아 1980년대까지도 림스키코르사코프의 버전이 주로 연주되었다. 그러나 1990년대부터 무소륵스키의 원본이 보다 러시아적인 힘이 느껴진다고 평가받아 지금은 주로 두 번째 버전인 1872년 버전이 자주 공연된다. 심지어 유럽 무대에서는 첫 번째 버전인 1869년 버전도 공연되는 추세다.

〈보리스 고두노프〉는 당시 러시아 사회에 대한 무소륵스키의 통찰을 잘 보여주는 작품으로, 권력과 인간성에 대한 근본적인 질문을 던지며 관객들에게 반성의 기회를 제공했다. 특히 러시아의 고통과 민중의 절망을 사실적으로 그린 군중 장면과 강렬한 오케스트라 표현이 인상 깊게 다가와 이후 러시아 민족주의 음악의 대표적인 예로 자리 잡게 되었다. 또한 무소륵스키가 생전에 이룬 가장 중요한 예술적 성과 중 하나로 평가받았으며, 이후 러시아 오페라의 발전에 큰 영향을 미쳤다. 무소륵스키의 음악은 단순히 오페라라는 장르를 넘어 당시 러시아 사회가 겪고 있던 고난과 갈등을 음악적 언어로 풀어낸 것이었다. 이는 러시아 관객들로 하여금 자신들의 현실을 예술을 통해 직시할 수 있게 했고, 러시아 국민주의 음악의 새로운 방향성을 제시한 중요한 성과로 남게 되었다.

오늘날에도 〈보리스 고두노프〉는 권력과 인간성에 대한 근본적인 질문을 던지는 작품으로 평가받으며 많은 관객들에게 깊은 울림을 주고 있다. 무소륵스키가 창조한 음악 세계는 러시아 국민주의 음악의 정수를 보여주며, 이후 작곡가들에게도 큰 영감을 주었다.

함께하면 좋은 추천 음반과 영상

1990년대 이전에는 주로 림스키코르사코프가 개정한 버전이 많이 녹음되었지만, 최근 들어서는 무소륵스키의 오리지널 버전으로 연주되는 추세다. 클

클라우디오 아바도 지휘 음반

라우디오 아바도가 베를린 필하모닉의 상임일 당시 러시아 음악에 관심이 많았는데, 소니에서 녹음한 음반(Sony, CD B000026136, 1993)은 드라마를 대하는 그의 신중한 자세와 감각이 잘 드러나 있다. 타이틀 롤을 노래한 아나톨리 코체르가Anatoly Kocherga의 진중한 표현력과 뛰어난 드미트리를 들려주는 세르게이 라린Sergej Larin, 마리나의 마리야나 리포프체크Marjana Lipovsek에 이르기까지 동구권을 중심으로 한 성악 진용 역시 훌륭하다. 아바도는 1872년 버전에 1869년 초판 4막 1장을 추가했다.

마린스키 극장을 중심으로 러시아 음악의 부흥기를 일구

어 낸 발레리 게르기예프Valery Gergiev는 1869년 버전과 1872년 버전을 모두 녹음(Philips, CD 462 230-2, 2006)해 그동안 베일에 싸였던 이 작품의 진가를 제대로 증명해 보였다. 림스키코르사코프 편곡 버전 레코딩은 무소륵스키의 투박함은 없지만, 화려한 오케스트레이션을 비롯해 타이틀 롤을 맡은 니콜라이 기아우로프가 돋보이는 헤르베르트 폰 카라얀의 녹음(Decca, CD 482 0801, 1970)과 전설적인 베이스 보리스 크리스토프Boris Christoff가 타이틀 롤과 피멘, 바를람까지 노래한 앙드레 클뤼탕스André Cluytens의 음반(EMI, CD 7243 5 67877 2 8, 1967)을 추천한다.

영상물로는 연출가 안드레이 타르콥스키Andrei Tarkovsky의 버전에 영국 베이스 로버트 로이드Robert Lloyd를 기용한 영상물(Decca, DVD 075 089-9, 1990)이 전통적인 무대로 작품의 본질을 가장 잘 그려냈다.

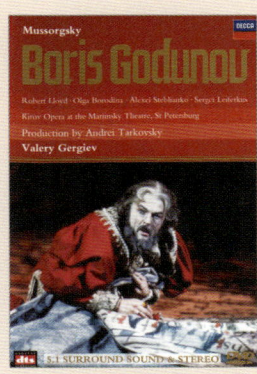

안드레이 타르콥스키 버전 영상물

QR코드를 스캔하면 러시아 모스크바 볼쇼이 극장에서 열린 보리스 하이킨(지휘), 볼쇼이 극장 오케스트라(연주) 영상을 볼 수 있다.

Chapter 7

국민 주권의 태동 프랑스 대혁명과
조르다노의 〈안드레아 셰니에〉

고풍의 도시에서 고전의 세계로

시인 앙드레 셰니에André Chénier는 1762년 10월 튀르키예의 이스탄불에서 태어났다. 그의 아버지 루이 셰니에Louis de Chénier는 프랑스 남부의 와인 생산지로 유명한 랑그독 출신으로, 레반트 지역에서 20년 동안 섬유 무역 일을 하다가 콘스탄티노플에 프랑스 영사 자격으로 건너왔다. 어머니 엘리자베스 산티-로마카Elisabeth Santi-Lomaca는 그리스의 유력 가문 출신이었다. 200여 년 전 유럽의 큰 위협이 되었던 오스만 제국은 이제 황혼기에 접어들고 있었지만, 이스탄불만큼은 지리적인 장점을 발휘해 동서양 교역의 중심지 역할을 톡톡히 했다. 셰니에의 아버지는 동서양을 잇는 매혹적인 도시에 매료되었으나, 불과 3년 남짓한 이스탄불에서의 생활을 뒤로하고 온 가족과 프랑스로 돌아갔다. 세 살까지 이스탄불에서 살았던 셰니에에게 이 화려한 도시의 기억이 없음은 후일 그가 고전적인 사상과 문학에 영향을 받은 것을 생각할 때 조금 아쉬운 느낌

오드 강이 흐르는 카르카손 풍경 ⓒ Lynx1211

이 들기도 한다. 그의 아버지는 파리로 돌아온 지 얼마 되지 않아 1768년 모로코 대사로 발령받아 다시 대륙을 건너가게 되었고, 셰니에와 그의 동생은 오드 주의 요새 도시로 유명한 카르카손의 친척 집에 맡겨진다.

    카르카손은 프랑스 최남단 랑그독-루시옹 주에 속한 도시로, 오드 강이 흐르는 미디 운하로 둘러싸인 중세 시대 성채가 고스란히 남아있는 고풍스러운 도시다. 지금도 프랑스에서 파리와 몽생미셸에 이어 가장 인기 있는 관광지인 카르카손은 기원후 200년대인 로마 시대부터 축성되었는데, 지금의 성채는 13세기 이슬람의 침입을 막기 위해 보강된 것으로 원형이 거의 그대로 보존되어 있다. 이 유서 깊은 도시에서 뛰놀며 유년기와 10대 시절을 보낸 셰니에는 자신의 문학적 상상력의 바탕을 이곳에서 마음껏 키워갔다. 카르카손에서의 많은 추억을 안고 파리로 돌아온 그는 나바르 대학교에서 고전 문학을 공부했지만, 스물한 살 때인 1783년 스트라스부르의 군부대에 입대했다. 그러나 군대가 그의 적성에 안 맞았는지 얼마 후 군대 생활을 포기하고 다시 파리로 돌아와 어머니의 살롱에서 다양한 저명인사들과 친분을 쌓을 기회를 얻게 된다. 당시 살롱에는 화학자 앙투안 라부아지에Antoine Lavoisier, 작곡가 장 프랑수아 르 쉬르Jean-Francois Le Sueur, 시인 클로드 조셉 도라Claude Joseph Dorat, 화가 자크 루이 다비드Jacques-Louis David 등이 드나들었다. 청년 셰니에는 파리의 저명인사들과 교류하면서 시인이 되기를 결심했는데, 당시 신 고전주의풍의 작품을 남기기도 했다.

1784년 셰니에는 일생에서 가장 중요한 기회를 얻게 되는데, 바로 오래전부터 동경했던 이탈리아의 로마, 나폴리, 폼페이 방문이었다. 그리스·로마 고전에 큰 관심을 가졌던 그는 약 3년 동안 가족 누구의 방해도 받지 않고 고대 시인들의 시를 면밀히 연구했다. 그가 특히 관심을 가졌던 인물은 사실성과 낭만성을 적절히 조화시킨 '목가'의 창시자이자 완성자로 불린 테오크리토스Theokritos와 신화시 〈아도니스 애도가〉로 유명한 목가 시인 스미르나의 비온Bion이었다. 그 외에도 그리스 목가와 시인들에 대한 연구를 계속했다. 이 시기에 그는 〈젊은 말로드〉, 〈바쿠스〉, 〈유프로시네〉, 〈젊

피에르-미셸 카즈, 〈안드레아 셰니에의 초상〉, 1763

은 아가씨 타랑틴〉 등의 작품을 구상하거나 집필했는데, 고전적인 신화와 개인적인 감정을 잘 묘사한 작품으로 인정받았다. 그는 자신의 작품 〈발명〉에서 '새로운 생각으로 고대의 시를 만들어 보자'는 자신의 견해를 피력하기도 했다. 셰니에의 일생 중에서 가장 행복한 시기라 할 수 있는 이탈리아에서의 생활은 청년으로 장성한 그가 고대 그리스와 로마 문명의 세례를 받으며 일생을 시인으로 살기로 결심하는 계기가 됐다. 나중에 프랑스 대혁명의 소용돌이 속에서 풍자 시인으로 명성을 떨치기도 했지만, 셰니에의 시인으로서의 본질적인 작품은 고대 시인들에 흠뻑 취했던 이 시기에 형성되었다.

 1787년, 셰니에의 가족과 전부터 친분이 있었던 슈발리에 드 라 루제른Chevalier de la Luzerne이 영국 대사로 임명되면서 셰니에에게 자신의 수행비서가 되어줄 것을 제안했다. 그는 자신의 인생에서 또 다른 전환점이 되리라는 기대에 부풀어 런던으로 출발했지만, 그곳에서의 생활은 기대 이하였다. 산업혁명이라는 거대한 파도가 시작된 당시 영국의 자본주의적 사고방식에 적응하기 힘들었던 순수 문학청년 셰니에는 토마스 그레이Thomas Gray의 서정시와 셰익스피어에 열중했다. 특히 〈시골 묘지에서 읊은 만가〉, 〈음유 시인〉 등으로 당대 최고의 서정 시인으로 찬사를 받던 그레이의 시는 셰니에에게 큰 영향을 주었으며, 일생을 유유자적하게 공상을 즐기고 살았던 그의 삶을 동경하게 되었다.

타오른 프랑스 대혁명의 불꽃

프랑스에서 시민혁명이 일어난 것은 역사적으로 불가피한 일이었다. 가장 큰 원인으로 손꼽히는 프랑스의 재정 파탄은 이전부터 공공연하게 알려진 소리 없는 시한폭탄으로, 그 누구도 해결할 수 없을 어마어마한 액수였다. 1774년 루이 16세가 즉위할 당시 선대 왕들에게 받은 빚은 이미 15억 루블에 달했고, 혁명이 일어난 1789년에는 45억 루블로 무려 세 배나 증가된 상황이었다. 특히 매년 늘어나는 국채 부담이 컸는데 국채 상환이나 이자 지불이 전체 지출의 50퍼센트 이상을 차지했다. 국채는 왕실의 사치스러운 생활과 미국 독립전쟁 지원금, 1788년 대흉작 등 국내외 여러 가지 문제가 더해지면서 그 액수가 천문학적으로 늘어갔다. 이러한 부채의 고통은 고스란히 무고한 백성에게 그대로 전가됐다. 대다수 농민과 시민은 비참한 생활고와 기아에 허덕였으며, 심지어 몇

몇 지방에서는 작은 규모의 폭동이 일어나기도 했다. 더구나 재무대신 샤를 알렉상드르 드 칼론Charles Alexandre de Calonne, 자크 네케르Jacques Necker의 개혁 정책이 실패로 돌아가면서 프랑스는 그야말로 한치 앞을 내다보기 힘든 상황이었음에도 루이 16세와 마리 앙투아네트 왕비는 초호화판 궁전 생활을 측근의 귀족들과 영위하면서 상황의 심각함을 외면했다. 1789년 5월 5일, 175년 만에 개최된 삼부회도 루이 16세와의 대립으로 인해 상황을 수습할 수 없었다. 더구나 7월 11일, 마지막 희망을 걸었던 재무대신 네케르의 해임은 프랑스 대혁명이라는 큰 사건을 촉발시키는 도화선 역할을 했다. 네케르 해임 다음날부터 술렁이기 시작한 파리 시내에는 시민군이 결성되었다.

"바스티유로! 바스티유로!"

7월 14일, 집결한 시민군은 흥분한 상태에서 당시 정치범 수용소였던 바스티유 앞으로 진격했고, 겁먹은 수비대가 시민들에게 발포하면서 100여 명의 사상자를 냈다. 이에 격분한 시위대는 수비대 대원들을 무참히 죽이고, 수비대장 베르나르 르네 주르당 드 로네Bernard-René Jourdan de Launay의 목을 창끝에 내걸었다. 그 후 파리는 그야말로 아비규환의 폭동의 연속이었고, 파리 시장을 비롯해 100여 명이 폭도들에 의해 사형을 당했다. 사흘 후 군대의 포위를 풀고 친히 파리를 방문한 루이 16세는 시민군이 임명한 새로운 파리 시장 장 실뱅 바이Jean Sylvain Bailly와 국민 방위대 사령관 라파예트

외젠 들라크루아, 〈민중을 이끄는 자유의 여신〉, 1830

후작Marquis de Lafayette을 승인함으로써 스스로 왕권의 추락을 보여주었다. 8월에는 국민의회에서 〈인권 선언〉을 통해 구정권의 타파와 자유, 평등, 우애를 슬로건으로 하는 국민 주권이 시작되었음을 선언했다.

제헌 국민의회가 시작되었음에도 루이 16세는 계속 거부권을 행사하면서 해결책을 찾고자 하는 노력을 보여주지 않았다. 더구나 10월 1일 베르사유 궁전에서 열린 플랑드르 용병 연대 환영 파티에서 혁명의 상징인 삼색휘장을 짓밟고 모욕했다는 소문이 퍼지면서, 파리에서는 혁명 주도 세력들이 왕궁으로 진군할 준비를 했다. 이윽고 10월 5일, 파리에서 굶주린 부녀자들이 빵을 요구하면서 시작한 시위에 국민 방위대가 가세하면서 7000여 명 이상이 6시간이 넘는 행진을 하며 베르사유에 도착했다. 이들은 국왕 루이 16세에게 〈인권 선언〉을 받아들이고 민중의 빵 문제를 해결하도록 요구했다. 결국 다음날 새벽, 시민군과 경비병 사이에 충돌이 더 커지는 것을 두려워한 루이 16세는 이들의 요구를 받아들이고 왕비와 함께 왕궁을 파리로 옮기는 데 동의했다. 이에 오후 1시 무렵 국민 방위대를 선두로 시위에 참가했던 여인들이 베르사유에서 탈취한 밀가루를 실은 수레와 함께 파리로 행진을 시작했다. 그 뒤로 왕과 가족들을 실은 마차가 뒤따랐다. 파리 중심부에 있는 튈르리 궁전에 거의 유폐되다시피 한 루이 16세는 비참할 정도로 자신의 권위가 추락한 것을 실감할 수 있었다. 한편 베르사유 시위 이후 힘을 얻은 국민 의회는 점점 급진파들에 의해 과격한 정책들로 탈바꿈해나가기 시작했다. 이들에 의해 헌법 개정의 필요성이 계속 강조되었고, 서로의 견해 차이에 따라 의회에서 여러 당파들이 생겨나면서 의회 연단을 중심으로 당파별로 자신들의 자리를 구분해 앉는 관행이 시작되었다. 그중에서도 나중에 혁명의 중심 세력에 서게 되는 자코뱅파는 지방에 450여 개의 지부를 두었고, 점차 2000여 개의 지부로 확산되었다.

근대 민주주의 헌법의 기초가 된 '인간은 태어나면서 자유로우며, 평등한 권리를 가진다'는 문장은 계몽주의 사상의 기본 원리를 천명한 것이다. 그러나 '모든 정치의 목적은 영원한 인간의 권리를 유지하는 데 있다'를 바탕으로 한 헌법의 기본 틀은 정해졌지만, 나머지는 당파들의 이견으로 난상 토론만 계속 됐다. 당시만 해도 반 혁명파, 입헌 군주파, 애국파 등으로 나뉘어 설전을 이어갔는데, 1791년 6월 파리를 깜짝 놀라게 한 하나의 사건으로 혁명의 판도가 급물살을 타고 빠르게 바뀌게 된다.

공포의 칼날, 시인을 삼키다

1791년 4월 2일, 그동안 왕과 의회를 오가며 루이 16세의 대변자 역할을 한 미라보Mirabeau 백작이 갑자기 사망하면서 국왕은 심적으로 의지할 사람을 잃었고, 차츰 신변의 불안을 느끼게 되자 최후 수단으로 극비리에 망명을 결심했다. 1791년 6월 20일, 한밤중에 루이 16세와 가족들이 하인 복장으로 신분을 숨기고 탄 마차가 튈르리 궁전을 몰래 빠져나갔다. 이들은 빠르게 말을 달려 동쪽 국경 근처까지 도착했으나, 마지막 검문에서 다급했던 왕이 자신의 초상화가 그려진 지폐를 헌병들에게 주는 바람에 도주 계획은 성공 직전에 실패하고 말았다. 파리에서 동쪽으로 200킬로미터 떨어진 바렌이라는 마을이었다. 두 달 전에 헌법의 모든 사항을 승인하고 이를 수호할 것을 다짐했던 루이 16세의 망명 실패 사건은 프랑스

토마스 팔콘 마샬, 〈루이 16세와 가족의 체포〉, 1854

민중에게 큰 실망을 안겼고, 인권 옹호를 목적으로 설립된 코르들리에 클럽은 샹 드 마르스 광장에 모여 왕의 폐위와 공화정 청원을 요구하며 대규모 시위를 벌였다. 루이 16세는 도주에 대한 정당한 해명을 하지 못한 채 '배신자'라는 낙인이 찍혀 결국 가족들과 함께 탕플 수도원에 연금되었다.

한편 런던에 체류 중이던 셰니에는 바스티유 사건 이후 프랑스의 상황에 대해 매우 민감한 반응을 보였다. 그의 남동생 마리 조제프Marie-Joseph Chénier가 정치 팸플릿과 극 작품으로 혁명을 선동한다는 소식을 들은 셰니에는 하루 빨리 프랑스로 돌아가고자 기회를 엿보았다. 1790년 4월, 드디어 런던을 출발한 그는 파리의 클레리 거리에 있는 부모님 집으로 돌아왔다. 런던에 체류하면서부터 혁명에 크게 동조한 셰니에는 혁명이 어느 정도 이루어졌다고 생각했고, 새로운 헌법 제정과 시행이 시급하다는 주장을 여러 매체를 통해 적극적으로 주장했다. 그의 정치적 견해는 온건했지만, 그가 쓴 글은 매우 급진적이었다. 1790년 8월 24일 발표한 〈프랑스 국민에게 고함〉은 테니스 코트 선언(정부가 의회장을 폐쇄하자 의원들이 인근 테니스 코트로 옮겨 헌법 제정을 요구한 사건)을 바탕으로 한 다소 선동적인 글로, 당시 셰니에의 정치적 견해를 엿볼 수 있다. 그의 글은 프랑스 정계뿐 아니라 민중에게도 큰 영향을 주었다. 그러나 셰니에는 막시밀리앙 드 로베스피에르Maximilien de Robespierre의 공포정치에 염증을 느끼게 되면서 급진적인 자코뱅파와 결별했다. 그는 입헌군주제를 옹호하면서《파리 저널》에 1791년부터 1792년까지 입헌군주제에 대해 많은 글을 기고했다. 하지만 1792년 8월 10일, 급진파들의 혁명을 통해 입헌군주제에 대한 실낱같은 희망이 끊어지자 그가 기고하던 신문은 가차 없이 급진파들의 공격을 받았고, 셰니에와 그의 동료들도 뿔뿔이 흩어져 쫓기는 신세가 되었다. 노르망디 지역으로 피신한 셰니에는 이후에도 왕을 변호하는 몇 개의 기사를 쓰면서 입헌군주제에 대한 자신의 신념을 굽히지 않았다.

1792년 프로이센과의 전쟁에서 승리한 프랑스는 왕정이 폐지

되면서 국민공회가 제1공화국을 선포했다. 외세와의 전쟁에서 승리하고 8월 혁명을 성공적으로 이끈 로베스피에르 등 자코뱅파는 국민공회를 시작하면서 바야흐로 공포정치 시대의 막을 열었다. 국민공회는 루이 16세를 인민의 소집 없이 재판하고, 1793년 1월 21일 단두대에서 처형했다. 왕의 처형 후 베르사유 인근으로 주거지를 옮긴 셰니에는 밤에만 외출을 하면서 시를 쓰는 등 1년여의 외로운 생활을 보냈다. 그러던 중 운명의 1794년 3월 7일, 마담 파스토레Madame Pastoret의 저택을 방문한 셰니에가 도망친 후작을 찾고 있던 공공안전위원회의 두 사람에게 귀족으로 오해받아 체포되었다. 이후 뤽상부르 궁전에서 생 라자르 감옥으로 이송된 셰니에는 그곳에서 많은 서정시를 썼다. 그의 가장 유명한 시 〈젊은 포로〉는 같이 수감되었던 에이미 드 쿠와니Aimèe de Coigny 공작부인으로부터 영감을 받아 만들어졌다. 오페라 4막에 나오는 즉흥시도 그가 생 라자르에 있을 때 쓰인 것으로 추측된다.

 140여 일의 수감 생활에도 불구하고 운명의 여신은 셰니에의 편이 아니었던 듯, 그가 《파리 저널》에 입헌군주제를 옹호한 기사를 쓴 사람이란 것을 알아본 로베스피에르에 의해 결국 사형을 구형받아 1794년 7월 28일, 형장의 이슬로 사라졌다. 그의 남동생 마리 조제프가 적극적인 구명 운동을 펼쳤으나 셰니에의 처형을 막을 순 없었다.

셰니에의 사형 장면 재구성 ⓒ DALL·E

절망 속에서 피어난 운명의 오페라

이탈리아 남서부 풀리아 지역은 풍요로운 평야지대에 위치해 있다. 포지아는 풀리아 지역의 교통 요지로, 인근 농산물의 집산지로도 예로부터 유명했다. 작곡가 움베르토 조르다노Umberto Giordano는 포지아에서 1867년 8월 28일 한 약사의 아들로 태어났다. 그는 어렸을 때부터 여러 악기에 재능을 보였지만, 자신의 직업을 이어받기를 원했던 아버지는 쉽사리 음악가가 되는 것을 허락하지 않았다. 그러나 조르다노는 자신의 뜻을 굽히지 않았고, 오랜 설득 끝에 결국 1880년 나폴리 국립 음악원에 입학할 수 있었다.

조르다노는 1890년까지 10년의 수련기간 동안 음악원에서 공부하는 이외에도 포지아의 다우노 극장에서 여러 가지 잡일을 도우며 오페라를 접할 수 있는 기회를 가졌다. 당시 이탈리아 음악계는 손초뇨 출판사의 단막 오페라 작곡 콩쿠르가 큰 화제였고, 이를 통해 배출된 피에트로 마스카니Pietro Mascagni, 루제로 레온카발로Ruggero Leoncavallo 등이 큰 인기를 얻고 있었다. 이들을 베리스모 작곡가로 칭했는데, 귀족이나 왕족이 아닌 일반 서민의 생활상과 모습을 사실 그대로 생생하게 무대에 반영시킨 작품을 주로 작곡했기 때문이었다. 마을의 흔한 치정 사건, 마을과 마을을 정처 없이 떠도는 순회 극단의 애환, 가난 때문에 아이를 어쩔 수 없이 고아원에 맡겨야 되는 어머니의 애처로운 심정 등이 베리스모 오페라의 단골 소재가 되었다.

조르다노는 1889년에 우연히 구한 대본으로 오페라 〈마리나〉를 완성해 손초뇨 출판사 작곡 콩쿠르에 응모했지만, 아쉽게도 6등에 그치고 말았다. 그러나 손

가에타노 에스포시토, 〈움베르토 조르다노의 초상〉, 1896

초뇨 측에서 조르다노의 감각을 알아보고 당시 작곡가들이나 극장 매니저 앞에서 그의 오페라를 피아노로 연주할 수 있는 좋은 기회를 제공했다. 이 시연회를 통해 조르다노는 손초뇨 출판사와 새로운 작품에 대한 계약을 하게 되어 〈하류 인생〉의 작곡에 착수했다. 그러나 이 작품은 당시 베리스모 오페라 중에서도 가장 어둡고 암울한 작품으로 평가받아, 나폴리 초연에서는 성공하지 못했다. 이에 조르다노는 대본 일부를 수정하고 곡의 구성을 손봐 〈일 보토〉라는 제목으로 발표했다. 차후 밀라노의 리리코 극장에서 공연되면서 어느 정도 성공을 거두어 작곡가로서 조르다노의 이름을 널리 알리는 계기가 되었다. 조르다노는 이에 힘입어 다음 작품 〈디아즈의 여왕〉을 야심차게 발표했지만, 또 다시 철저한 실패로 손초뇨 출판사와의 계약도 파기될 위기에 놓였다. 그러나 절망에 빠진 조르다노에게 운명의 신이 손을 내민 듯한 기적의 사건이 벌

어졌다. 밀라노에서 우연히 트램 사고가 발생해 조르다노는 한 신사를 구하게 되는데, 그는 당시 최고의 인기 오페라 작곡가 피에트로 마스카니였다. 마스카니는 자신의 목숨을 구해준 보답으로 손초뇨 출판사에 조르다노의 계약 연장을 간곡히 부탁했고, 손초뇨 역시 이를 받아들여 조르다노는 절망의 구렁텅이에서 벗어나 새로운 희망을 가지고 작품에 다시 몰두할 수 있었다. 손초뇨 출판사에서는 신작 대본 작가로 푸치니와 삼위일체를 이루었던 루이지 일리카Luigi Illica를 적극 추천했다. 그는 밀라노의 저널리스트 출신으로, 주세페 자코자Giuseppe Giacosa와 함께 푸치니의 유명한 작품들의 대본을 작업하고 있었다. 조르다노는 일리카와의 작업을 아주 만족스러워했고, 일리카는 자신의 친구였던 작곡가 알베르토 프란케티Alberto Franchetti를 위해 써놓았던 〈안드레아 셰니에〉의 대본을 조르다노에게 추천했다. 프랑스 대혁명이라는 격동의 시기에 파란만장한 삶을 살았던 셰니에의 생애에 완전히 매료된 조르다노는 프란케티에게 자신이 이 작품을 작곡할 수 있게 해달라고 적극적으로 설득했다.

무대 위에 되살아난 시대의 심장

오페라 〈안드레아 셰니에〉가 당시 이탈리아를 사로잡던 베리스모

운동에 적합한 소재라고 판단한 조르다노는 일리카와 협력해 대본의 디테일한 부분을 손보았다. 특히 여주인공 막달레나 드 쿠와니와 극의 중요한 역할을 하는 카를로 제라르는 일리카의 순수 창작으로 만들어졌다. 쿠와니 백작 가문은 실제 파리의 유명한 귀족으로 셰니에와도 여러 차례 왕래가 있었고, 백작의 딸인 에이미 드 쿠와니는 셰니에와 같은 생 라자르 감옥에 수감되기도 했다. 그러나 셰니에는 그녀와 사랑에 빠지지 않았고, 같은 날 단두대에 오르지도 않았기에 극 내용은 실제와 다르다.

일리카는 막달레나를 격동의 시대에 능동적으로 행동하는 여성으로 그려냈다. 집안이 몰락한 후 사랑하는 사람과 생사를 같이 하는 막달레나는 베리스모 오페라에 자주 등장하는 전형적인 여주인공의 모습이기도 하다. 특히 영화 〈필라델피아〉에서 에이즈에 걸린 주인공 톰 행크스가 삶에 대한 간절한 애착을 얘기하는 긴 독백에 배경음악으로 사용되기도 했던 막달레나의 아리아 '어머니를 죽게 했어요'는 베리스모 소프라노 아리아 중에서도 가장 극적이면서도 서정성이 돋보이는 곡이다. 특히 처절했던 프랑스 대혁명의 소용돌이 속에서 오직 사랑만을 갈구했던 그녀의 심정이 절절하게 표현되어 있다.

평소 작곡가와 좋은 협력 관계를 보여 왔던 일리카는 조르다노와도 순탄하게 작업해 1896년 1월에 작품이 완성되었고, 손초뇨 출판사에서의 악보 출간 역시 순조롭게 진행되었다. 마침내 3월

1896년 〈안드레아 셰니에〉 포스터

28일, 밀라노 라 스칼라 극장에서 역사적인 초연이 개최되었다. 작품에 대해 당시 저명한 평론가 아민토레 갈리Amintore Galli의 부정적 견해도 있었지만, 피에트로 마스카니의 전폭적인 지지와 밀라노 초연을 맡았던 성악가 주세페 보르가티Giuseppe Borgatti, 에벨리나 카레라Evelina Carrera, 마리오 삼마르코Mario Sammarco 등 초호화 캐스팅들의 열연으로 대성공을 거두었다. 특히 밀라노 관객들의 열화와 같은 성원은 이 작품이 세계 각지에서 공연되는 데 큰 힘이 되었다. 〈안드레아 셰니에〉는 토리노 같은 이탈리아의 다른 도시뿐만 아니라 뉴욕과 함부르크, 모스크바, 런던 등에서도 공연되었다. 지휘자로는 아르투로 토스카니니Arturo Toscanini를 비롯해 당시 함부르크 극장의 지휘자였던 구스타프 말러Gustav Mahler 등이 이 작품에 애정을 표현했고, 테너 엔리코 카루소Enrico Caruso의 단골 레퍼토리이기도 했다.

조르다노와 일리카는 전체를 4막으로 구성했다. 내용은 셰니에의 생애와 시를 기본 바탕으로 했지만, 대부분의 내용은 일리카의 창작으로 스토리를 꾸몄다. 사실 혁명이 일어난 1789년에 셰니에

〈안드레아 셰니에〉 공연 장면 ⓒ 라벨라 오페라단

는 런던에 있었지만, 오페라의 1막 배경은 1789년 파리 근교의 쿠와니 백작 저택에서 시작된다. 쿠와니 백작이 주최한 무도회에 참석한 셰니에는 자신의 순수한 예술 열정을 조롱한 백작의 딸 막달레나에게 회중 앞에서 즉흥시를 노래하며 귀족 사회를 비난하고, 참다운 사랑의 가치를 노래한다. 한편 그 집의 하인으로 막달레나를 흠모하던 제라르는 귀족들의 억압에 반항해 빈민들을 데리고 혁명에 가담하기로 결심한다. 프랑스 대혁명의 성공으로 로베스피에르가 정권을 잡고, 셰니에가 혁명정부로부터 사상적 의심을 받자 그의 친구 루셰르는 셰니에에게 가짜 여권을 만들어 주며 망명할 것을 권한다. 그러나 셰니에는 익명의 여인으로부터 받은 편지 이야기를 하며 운명의 상대인 그녀를 만나기 전에는 파리를 떠날 수 없다고 말한다. 결국 우여곡절 끝에 그 여인을 만나게 되고, 그녀가 혁명 이후 신분을 숨기고 도망 다니던 막달레나라는 것을 알게 된 두 사람은 재회를 기뻐하며 영원한 사랑을 약속한다. 그러나 그곳에 역시 막달레나를 찾던 제라르가 나타나자 셰니에는 막달레나를 도주시키고 체포된다. 셰니에는 곧 혁명 재판에 회부되고, 막달레나는 그를 구하기 위해 제라르를 찾아가 셰니에의 석방을 조건으로 그의 모든 요구를 들어주겠다고 제안한다. 이에 제라르는 그녀의 마음에 감동해 셰니에를 돕기로 약속한다. 재판에서 셰니에는 자신을 당당히 변호하고 제라르도 셰니에를 돕기 위해 노력하지만, 셰니에는 사형을 언도받는다. 생 라자르 감옥에 수감

된 셰니에를 제라르의 도움으로 찾아온 막달레나는 간수를 매수하고, 사형이 확정된 여죄수 대신 셰니에와 함께 단두대에 오른다.

일리카는 일류 작가인 만큼 이 작품에서도 대본을 다루는 그의 뛰어난 솜씨가 잘 드러난다. 특히 1막의 쿠와니 저택에서 무도회의 분위기를 고조시키는 바로크풍의 전원극과, 2막에서 시민들의 환영을 받으며 진행되는 로베스피에르를 비롯한 혁명정부 인물들의 광장 행진은 프랑스 대혁명의 명암을 극명하게 표현하며 극적인 대비를 이루고 있다. 3막은 혁명정부 법정으로, 공포정치 시기의 분위기를 잘 살려내어 베리스모 오페라다운 맛을 충분히 느낄 수 있다. 그리고 4막의 감옥 장면은 베르디의 〈일 트로바토레〉와 〈아이다〉, 푸치니의 〈토스카〉에서도 비슷한 장면이 연출되지만, 단두대에 오르기 전 두 사람이 노래하는 이중창은 죽음을 통한 사랑의 승리라는 당당하고 영웅적인 피날레로 마무리되며 감동을 준다.

일리카의 솜씨가 잘 드러난 또 하나의 포인트는 세 사람의 주역 외에도 많은 분량은 아니지만 존재감이 확실한 조역들에 있다. 막달레나의 하녀이자 그녀의 도피 생활을 돕는 베르시는 혁명의 소용돌이 속에서 자유로운 삶을 찬양하는 짧은 노래로 존재를 부각시키며, 로베스피에르의 밀정은 전면에 나오지는 않지만 당시 공포정치가 어떻게 이루어졌는지 보여준다. 그 외에 3막에 잠깐 등장하는 마데롱은 아들을 혁명의 소용돌이 속에서 잃고 손자마저 혁명군에 입대시키는 강인한 어머니로 깊은 인상을 남긴다. 그리고 당시 혁명에 동조한 파리 시민들의 전형적 인물로 그려진 마튀에를 비롯해 당시 실제 혁명정부 검사로서 공포정치의 상징이었던 푸키에 탱빌Fouquier-Tinville 역시 존재감이 뚜렷하게 묘사되어 있다.

감정의 파고와 어우러진 조르다노의 선율

조르다노는 이 오페라에서 셰니에의 아리아를 세 개 작곡했다. 특히 1막의 '즉흥시'와 4막의 '5월의 어느 아름다운 날처럼'은 실제 셰니에의 시를 기초로 일리카가 가사를 지었으며, 조르다노의 빼어난 선율 작법이 잘 드러난 곡이다.

> 5월의 어느 아름다운 날처럼
> 바람의 입맞춤과 햇살의 애무로
> 하늘에 사라져간 것처럼
> 한 구절의 입맞춤과 시의 애무로
> 나는 나의 인생의 정점에 올라선다.
>
> 모든 인생의 운명이 그러하듯
> 죽음의 시간은 이미 나에게 다가오고 있고,

내 마지막 구절이 완성되기도 전에

사형 집행인이

내 인생의 마지막을 알려줄 것이다.

시의 여신이여!

너의 시인에게 타오르는 영감과

눈부신 열정을 다시 주시오.

당신이 내안에 살아있어

내가 사라지더라도

영원히 남도록

  대표적인 베리스모 아리아로 손꼽히는 이 곡은 선율적이고 서정적인 전반부와 열정적인 후반부가 좋은 대조를 이루고 있어 테너들의 단골 레퍼토리이기도 하다.

  앞에서도 잠깐 언급한 막달레나의 아리아 '어머니를 죽게 했어요'는 당시 유행했던 아리오조(연극 대사를 말하는 듯한 레치타티보와 아리아의 중간 성격) 아리아로, 연극적인 표현과 극적인 감성이 잘 녹아들어 일반적인 벨칸토 가창보다 등장인물의 감정에 더욱 집중한 느낌을 준다. 베리스모 작곡가들은 감성을 끌어올리기 위해 이 기법을 많이 사용했는데, 푸치니의 〈라 보엠〉이나 〈토스카〉의 아리아들이 이러한 특징을 잘 나타내고 있다. 막달레나의 아리아 역시 앞부분은 말하는 듯한 레치타티보로 진행되다가 후반부 '그럼에도 살아야 한다! 나는 생명이란다'부터 선율다운 선율이 나오면서 클라이맥스를 향해 그 힘을 더해 간다. 이 형식은 3막 제라르의 아리아 '조국의 적인가!'에서도 동일하게 사용된다. 셰니에의 1막 아리아 '즉흥시'는 레치타티보와 아리아적인 요소가 서로 교차하는 형식을 취하고 있는데, 마치 시를 읊는 듯한 효과를 주고 있어 셰니에의 드라마적인 성격을 잘 표현해주고 있다.

한편 3막의 짧은 아리아 '나는 군인이었소'는 혁명 재판에 회부된 셰니에가 당당하게 자신의 신념을 밝히는 아리아로, 웅변적인 멜로디를 통해 분위기를 더욱 고조시킨다. 3막의 재판 장면은 전체 오페라 중에서도 조르다노의 오페라 작법이 가장 빛을 발한 부분이다. 방청석에 위치한 합창단은 일정한 음정 없이 말하듯 노래하는 기법을 통해 당시 민중의 성난 목소리를 대변하고 있으며, 여기에 혁명정부 검사 푸키에 탱빌은 엄숙한 음색으로 극적 효과를 더하고 있다. 실제 무대로 보면 당시 혁명 재판의 분위기를 느낄 수 있는데, 이러한 효과를 음악으로 표현한 조르다노의 작법이 놀랍기만 하다.

조르다노의 관현악 기법은 푸치니만큼 화려하지는 않지만 적재적소에 맞는 악기 배합으로 극을 힘 있게 이끌어 간다. 특히 목관악기의 활용이 뛰어난데, 각 아리아의 아리오조 부분에 극적인 효과를 살리기 위해 음색에 맞는 목관악기 솔로나 앙상블을 목소리와 잘 배합했다. 막달레나의 아리아 '어머니를 죽게 했어요', 제라르의 아리아 '조국의 적인가!'의 전반부에 이러한 특징이 잘 드러나 있다. 또한 비극의 중심으로 서서히 고조되는 오케스트레이션은 드라마틱한 에너지가 가득해 다

1907년 발매된 〈안드레아 셰니에〉 앨범

른 베리스모 오페라 작곡가와 차별되는 조르다노의 특징이라 할 수 있다.

시인 셰니에, 영원히 살다

1896년 라 스칼라 극장 초연 이후 이 작품은 세계 오페라 팬들의 열렬한 지지를 받으며 당당히 전 세계 오페라 극장에서 꾸준히 사랑을 받고 있다. 조르다노는 〈안드레아 셰니에〉의 후속작으로 오페라 〈토스카〉의 원작자로 유명한 빅토리앵 사르두Victorien Sardou의 희곡을 토대로 오페라 〈페도라〉를 작곡해 역시 밀라노에서 초연했다. 초연에는 엔리코 카루소가 출연해 화제가 되었다. 이 작품은 〈안드레아 셰니에〉만큼 성공을 거두지는 못했지만, 꾸준히 오페라 레퍼토리로 공연되고 있다. 이후 조르다노는 1903년에 〈시베리

1910년의 엔리코 카루소 ⓒ Laveccha Studio, Chicago

아〉, 1907년에 〈마르첼라〉 같은 작품을 꾸준히 발표했지만 크게 성공을 거두지는 못했다. 이러한 이유에서인지 1929년 〈왕〉이라는 작품을 마지막으로 1948년 세상을 떠날 때까지 오페라를 더 이상 작곡하지 않았다.

〈안드레아 셰니에〉는 프랑스 대혁명이라는 격동의 시기에 사랑과 열정을 위해 살아간 제각기 다른 신분을 지닌 세 사람의 운명을 드라마틱하게 그려내고 있다. 이러한 극적인 성격과 분위기를 통해 많은 오페라 팬의 사랑을 받았으며 마리오 델 모나코Mario Del Monaco, 프랑코 코렐리Franco Corelli, 레나타 테발디, 마리아 칼라스 등 명가수들이 노래해 오페라 극장을 뜨겁게 달구었다. 이들의 공연은 라이브나 스튜디오 녹음을 통해 지금까지도 그 실황이 전해지고 있다.

함께하면 좋은 추천 음반과 영상

〈안드레아 셰니에〉 음반은 전 세계 극장에서 공연되는 횟수에 비해 그리 많은 편이 아니다. 그중에서도 이탈리아 베리스모 오페라의 대표적인 테너 마리오 델 모나코의 음반(Decca, CD

마리오 델 모나코 음반

425 407-2, 1957)을 첫손에 꼽을 만하다. 모나코는 셰니에를 죽음의 단두대 앞에서도 당당한 영웅적인 모습으로 그려냈다. 1957년 라 스칼라 극장에서 이 타이틀 롤로 성공적인 데뷔 이후에 〈오텔로〉, 〈팔리아치〉와 더불어 그를 대표하는 레퍼토리가 되었다. 또한 품격 있는 레나타 테발디의 막달레나, 입체적인 성격 묘사로 드라마의 중심을 잘 이끌고 있는 에토레 바스티아니니Ettore Bastianini와 팽팽한 트라이앵글을 이루며 끝까지 엄청난 긴장감을 이어간다. 지아난드레아 가바체니Gianandrea Gavazzeni의 지휘 역시 노련한 오페라 전문가

답게 주역들을 잘 리드하면서 베리스모다운 표현력을 한껏 들려준다.

모나코의 라이벌이었던 프랑코 코렐리의 음반(EMI, CD CMS 5 65287 2, 1964)은 셰니에의 감성적인 면에 초점을 맞추었다. 특히 '5월의 어느 아름다운 날처럼'은 시적인 감성이 가득한 코렐리 가창의 특성이 잘 드러나 있다. 제라르 역을 노래한 마리오 세레니Mario Sereni의 다소 평면적인 표현이 아쉽지만, 안토니에타 스텔라Antonietta Stella의 스케일이 큰 가창은 코렐리와 환상의 앙상블을 일궈냈다.

모나코와 코렐리의 장점을 잘 버무려 표현한 성악가로는 플라시도 도밍고를 손꼽을 수 있는데, 옛 RCA에서의 녹음(RCA, CD 74321 39499 2, 1978)은 전성기 도밍고의 싱싱한 목소리와 서정적인 표현이 매우 설득력 있다. 또한 운명에

코벤트 가든 실황 영상물

굴하지 않는 당당한 레나타 스코토Renata Scotto와 내성적이지만 제라르의 고뇌를 섬세하게 표현한 셰릴 밀른스Sherrill Milnes 역시 뛰어나다. 제임스 레바인의 지휘는 스케일이 크다기보다는 매우 디테일해 듣는 맛이 있다.

  영상물로는 요나스 카우프만Jonas Kaufmann과 에바-마리아 웨스트브뢱Eva-Maria Westbroek의 열정적인 가창과 안토니오 파파노의 섬세한 지휘, 그리고 베리스모답게 드라마의 초점을 잘 잡아낸 데이비드 맥비커David McVicar의 연출이 빛나는 코벤트 가든 실황(Warner, DVD 43213004, 2015)을 추천한다.

QR코드를 스캔하면 영국 런던 로열 오페라 극장에서 열린 안토니오 파파노(지휘), 로열 오페라 극장 오케스트라(연주) 영상을 볼 수 있다.

Chapter 8

권력의 정점에 선 나폴레옹과
푸치니의 〈토스카〉

장난기 많던 소년, 작곡의 길에 들어서다

저녁 무렵 밀라노 중심부에 자리 잡고 있는 화려한 거리를 정처 없이 걷고 있는 한 청년이 있었다. 비교적 낡은 재킷과 바지에 중절모를 쓰고 콧수염을 기르고 있었지만, 앳된 얼굴은 20대 중반 정도로 보였다. 거리에 있는 카페를 기웃거리던 그는 마침내 친구들을 찾아서 카페 한 구석에 자리를 잡고 앉더니, 금세 주머니에서 독한 담배를 꺼내 입에 물고 친구들과 즐겁게 카드놀이를 시작했다. 그는 바로 루카에서 작곡 공부를 위해 밀라노로 유학 온 자코모 푸치니Giacomo Puccini였다.

푸치니의 고향 루카는 토스카나 지방의 주도인 피렌체 근교에 있는 도시로, 지금은 소박하고 작은 이미지이지만 16세기까지 피사, 시에나, 피렌체마저 위협하던 당당한 도시국가였다. 푸치니의 선조는 대대로 산 마르티노 대성당의 성당 음악가로 굳건히 자리를 잡고 있었고, 그의 아버지 역시 이 직책을 성실히 수행했다. 그러나 푸치니가 다섯 살 때 아버지가 세상을 떠나, 어머니가 가정을 책임져야 했다. 더구나 누나 네 명과 여동생, 그리고 유복자로 태어난 남동생까지 7남매인 집안을 꾸려가기는 만만치 않았다. 다행히 산 마르티노 대성당에서는 푸치니 가문의 업적을 인정해 푸치니가 음악가로서 성장하면 성당 음악가 자리를 그에게 물려주기로 결정했다. 어머니는 아들 푸치니를 음악가로 키워내겠다는 강한 의지를 가지고 있었다. 그래서 작곡가로 활동하던 자신의 친동생 포르투나토 마지Fortunato Magi를 루카로 불러들여 남편의 뒤를 이어 산 마르티노 대성당의 음악 감독 일을 맡기는 한편, 어린 푸치니를 지도하게 했다. 그러나 처음 외삼촌의 지도를 받은 푸치니는 음악에 흥미가 없는 듯 했다. 다행히 파치니 음악원의 교수이자 푸치니 아버지의 제자이기도 했던 카를로 안젤로니Carlo Angeloni에게 레슨을 받으면서부터 음악가 집안의 재능이 서서히 꽃피우기 시작했다.

한편 푸치니는 집안 살림을 돕기 위해 동네 펍에서 아르바이트를 하면서 성당 오르가니스트로도 활동했다. 일생을 애연가로 산 푸치니가 담배를 배우기 시작한 시기가 이즈음이었는데, 담배 값을 조달하기 위해 친구들과 성당 오르간 파이프를 떼어다 판 웃지 못할 사건을 벌이기도 했다.

첫 결실을 거두다

다른 소년보다 장난기 많은 유별난 사춘기를 보낸 푸치니는 안젤로니의 성실한 지도로 차근차근 성장했다. 특히 안젤로니는 당시 이탈리아 오페라의 열렬한 지지자로, 베르디를 푸치니에게 적극적으로 소개했다. 푸치니 역시 베르디의 〈라 트라비아타〉, 〈리골레토〉 등을 좋아해 미사 시간에 오르간을 연주하며 베르디 오페라의 유명 아리아 멜로디를 활용한 즉흥 연주를 즐겨하기도 했다. 그가 오페라 작곡가가 되기로 결심하게 된 계기는 10대 후반에 찾아왔다. 오랜 기간 동안 신작을 발표하지 않았던 베르디가 수에즈 운하 개통을 위해 작곡한 〈아이다〉가 초연 이후 엄청난 화제작이 되었는데, 1876년 어느 봄날 루카 근교의 피사에서 〈아이다〉 공연 소식을 들은 푸치니가 친구들과 피사까지 걸어가 공연을 생생히 목격하게 된 것이다. 푸치니는 이 놀라운 경험을 통해 자신의 길이 오페라 작곡가라는 것을 확신하게 되었고, 이제까지 목적 없이 시간을 허비하던 작곡 공부에 다시 박차를 가했다. 특히 오페라 작곡가가 되기 위해 필수였던 관현악법을 세밀히 연구하기 시작했다. 이후 푸치니는 자신의 꿈을 이루기에 루카는 너무나 작은 도시라고 생각해 당시 이탈리아 오페라의 메카였던 밀라노로 눈길을 돌렸다. 루카의 파치니 음악원에서 작곡과 10년 과정 중 7년을 마치면 주어지는 디플로미노를 마친 푸치니는 나머지 3년의 고등 과정을 밀라노에서 공부하길 염원했지만, 당시 그의 가정환경으로는 밀라노 유학을 꿈꾸기 힘들었다. 그러나 어머니의 자식을 위한 헌신이 또다시 빛을 발했다. 그녀는 오직 자식을 성공시키겠다는 일념으로 루카 시의회와 마르게리타 왕후에게 푸치니의 장학금을 요청하는 편지를 쓰며 도움을 호소했다. 루카 시의회는 냉담한 반응을 보였지만, 놀랍게도 마르게리타 왕후가 1년간 학비와 생활비를 지원한다는 약속을 해주어 푸치니의 밀라노 유학이 극적으로 성사되었다.

푸치니는 밀라노 유학 시절 마치 물 만난 물고기처럼 라 스칼라 극장과 학교를 오가며 오페라 작곡가의 꿈을 조금씩 이루어가기 시작했다. 그는 밀라노 음악원에서 처음에는 바이올린 곡을 많이 작곡한 안토니오 바치니Antonio Bazzini의 지도로 현악 4중주 등의 작곡 실습을 하다가, 당시 〈라 조콘다〉를 히트시켜 오페라 작곡가로 유명해진 아밀카레 폰키엘리Amilcare Ponchielli의 클래스에 합류하게 되었다. 이 클래스에는 오페라 〈카발레리아 루스티카나〉로 나중에 유명해진 피에트로 마스카니도 있었는데, 푸치니와 마스카니는 룸메이트로 한 집에 살면서 가난한 예술가들의 삶을 공유했다. 이러한 경험은 나중에 작곡한 오페라 〈라 보엠〉에 그 분위기가 고스란히 드러나 있다.

합이 잘 맞는 스승 밑에서 꼼꼼한 지도를 받은 푸치니는 1883년

여름 졸업 작품으로 〈교향적 기상곡〉을 발표했다. 당시 이탈리아의 저명한 평론가였던 필리포 필리피Filippo Filippi가 이 곡을 듣고 푸치니의 재능을 높이 평가했고, 이후에도 꾸준히 푸치니를 응원해 그가 오페라 작곡가로 성공하는 데 큰 몫을 했다. 그러나 푸치니가 성공하는 데 가장 큰 공을 세운 사람은 바르 스승인 폰키엘리였다. 당시 이탈리아의 가장 유명한 악보 출판사인 리코르디의 사장 줄리오 리코르디Giulio Ricordi에게 푸치니를 적극 추천하는 한편, 극작가이자 시인인 페르디난도 폰타나Ferdinando Fontana에게 푸치니에게 작곡시킬 대본을 직접 부탁했다. 마침 리코르디 출판사의 라이벌이었던 손초뇨 출판사에서 신인 작곡가 발굴을 위한 1막 오페라 작곡 콩쿠르가 개최될 예정이었기에, 스승과 제자는 여기에 응모하기로 했다.

당시 이탈리아에서는 베르디의 뒤를 이을 작곡가의 출현을 간절히 바라고 있었다. 폰타나는 푸치니에게 테오필 고티에Theophile Gautier 원작의 발레 〈지젤〉의 스토리를 채용한 〈레 빌리〉를 제안했고, 푸치니는 이를 흔쾌히 받아들였다. 의욕에 넘친 두 사람은 비교적 원활한 분위기에서 작업을 마쳤고, 푸치니는 내심 어느 정도 입상을 기대했다. 그러나 결과는 참담했다. 예선을 통과한 다섯 작품 안에도 들어가지 못하자 푸치니의 낙심은 컸다. 폰타나는 푸치니의 작품이 이대로 잊히는 것을 안타깝게 생각해 몇몇 동료들과 당시 음악계 명사들을 초청해 애송이 작곡가의 신작을 피아노 연주로 들려주기로 계획했다. 여기에는 줄리오 리코르디를 비롯해 당시 베르디와 〈오텔로〉를 협업 중이던 아리고 보이토Arrigo Boito, 푸치니를 지지했던 평론가 필리포 필리피도 있었다. 푸치니의 긴장된 연주가 끝나자 참석한 사람들은 이구동성으로 푸치니의 작품을 칭찬했고, 상연을 적극적으로 돕기로 합의했다. 이러한 동료들의 노력의 결과로 〈레 빌리〉는 1884년 5월 31일 밀라노의 달 베르메 극장에서 초연되었고, 큰 성공을 거두었다. 특히 줄리오 리코르디는 앞으로 2년 동안 푸치니의 생활비 일체를 후원하기로 하면서, 후속 작품의 출판도 약속했다. 밀라노 거리를 방황하던 애송이 작곡가에게 탄탄대로의 길이 열린 것이다.

베르디의 뒤를 잇는 푸치니의 부상

〈레 빌리〉의 성공은 푸치니에게 10대 후반부터 꿈꿔온 오페라 작곡가로서의 숙명을 활짝 꽃피울 수 있게 했다. 비록 초연 이후 푸치니를 적극 후원했던 어머니의 죽음이 한때 그를 절망하게 했지만, 1885년 1월로 예정된 라 스칼라 극장에서의 〈레 빌리〉 개정판 공연 준비를 해야 했기에 계속 슬픔에 빠져 있을 수만은 없었다. 개정판 공연은 라 스칼라에서 13회 공연되었는데, 신진 작곡가의 작품치고는 성공적으로 평가되었다. 공연 이후 한 신문에 실린 평론에서 푸치니의 오케스트라 비중이 너무 크다는 지적을 받기도 했지만, 오히려 푸치니는 이를 자신의 장점으로 만들어갔다. 몸이 달아 오른 줄리오 리코르디는 공연이 끝나자마자 다음 작품을 의뢰했고, 푸치니는 폰타나와 충분한 논의를 거쳐 알프레드 드 뮈세Alfred de Musset의 운문극 〈술잔과 입술〉을 바탕으로 한 〈에드가〉를 차기작으로 선정했다. 폰타나와의 작업은 〈레 빌리〉 때만큼 순조로웠지만, 〈에드가〉가 완성되는 3년 사이 푸치니는 개인적인 사정으로 정신이 없었다. 고향으로 돌아와 잠시 안정을 찾던 푸치니가 일생의 뮤즈가 된 엘비라 제미냐니Elvira Geminagni를 만나 불같은 사랑에 빠져버린 것이다. 다만 문제가 있다면 엘비라가 남편이 있는 유부녀였다는 점이다. 그녀의 남편인 루카 출신의 부유한 상인 나르치조 제미냐니Narciso Gemignani는 사업 관계로 집을 비우는 경우가 많았는데, 우연한 기회에 만남을 가진 두 사람은 빠른 속도로 사랑에 빠져들었다. 두 사람의 애정 행각은 점점 대담해졌고, 마침내 엘비라가 푸치니의 아이를 임신하면서 상황은 돌이킬 수 없게 되었다. 이에 어느 날 저녁, 두 사람은 사랑의 도피를 택해 밀라노행 기차에 몸을 실었다.

그러나 밀라노에서의 삶은 푸치니에게 만만치 않았다. 엘비라는 자주 이사를 해야 하는 상황에서 푸치니의 아들 안토니오를 낳았고, 가장으로서 가정을 이끌어야 하는 상황에 리코르디의 후원금만으로는 생활하기 부족했다. 이런 정신없는 상황에서도 푸치니

왼쪽이 엘비라 제미냐니, 가운데가 푸치니

는 〈에드가〉의 완성에 몰두해 1889년 4월, 라 스칼라 극장에서 초연이 성대하게 열렸다. 그러나 〈에드가〉는 관객들의 철저한 외면으로 대실패를 하고 말았다. 줄리오 리코르디는 빠르게 수습에 나섰는데, 투자자들의 결사 반대에도 불구하고 다음 작품까지 푸치니를 후원하기로 결정했다.

〈에드가〉의 실패에도 불구하고 푸치니는 오히려 작곡에 대한 자신감이 불타올랐다. 이에 차기작 구상을 위해 독일 바이로이트를 방문해 리하르트 바그너Richard Wagner의 오페라 〈뉘른베르크의 명가수〉와 〈파르지팔〉을 관람하고, 파리에 들러 여러 연극도 보았다. 고심 끝에 푸치니가 다음 오페라 대본으로 선정한 작품은 아베 프레보Abbe Prevost의 《마농 레스코》였다. 이 스토리는 이미 프랑스 작곡가 쥘 마스네Jules Massenet가 완성해 큰 인기를 끌고 있었기에 주변의 우려가 있었다. 그럼에도 불구하고 푸치니는 프랑스풍의 우아한 마스네 작품과는 정반대로 방향을 틀어 함축적인 스토리와 등장인물 묘사에 집중하기로 했다. 푸치니는 변덕스럽지만 열정적인 사랑을 위해 모든 것을 희생할 수 있는 마농의 캐릭터에 푹 빠져버리고 말았다. 문제는 대본이었다. 두 작품이나 함께 한 폰타나는 애초에 더 이상 푸치니와 작업하기를 원치 않았고, 줄리오 리코르디는 오페라 〈팔리아치〉의 작곡가이자 대본가로도 활동한 루제로 레온카발로를 불러왔지만 푸치니의 까다로운 주문으로 금방 손을 놓고 말았다. 그 외에도 마르코 프라가Marco Praga 등 당대 유명 대본 작가들이 총망라되었으나 푸치니의 요구에 다들 머리를 절레절레 흔들고 포기 선언을 했다. 하마터면 도든 계획이 수포로 돌아갈 상황에 줄리오 리코르디는 마지막 카드로 당시 저널리스트이자 극작가로 활동하던 루이지 일리카를 푸치니에게 소개했다. 푸치니는 일리카에게 대본을 아예 다시 쓸 것을 요구했고, 일리카는 그에게 가사의 운율이나 시적인 표현을 위해 시인 주세페 자코자를 소개했다. 오페라 역사에서 가장 빛나는 삼위일체가 탄생하는 순간이었다. 일리카와 자코자는 수많은 토론과 격론 끝에 푸치니의 요구를 수용했다. 최후의 배수의 진을 친 푸치니 역시 엘비라와 잠시 헤어져 고향 근처에 작은 오두막을 얻어 작곡에 매진했다.

〈마농 레스코〉의 초연은 1893년으로 결정되었다. 〈에드가〉의 실패를 의식한 줄리오 리코르디는 초연 장소를 토리노의 레지오 극장으로 정했다. 그러나 이러한 걱정에도 불구하고 초연은 대성공을 거둬 작곡가가 30번 이상 커튼콜을 할 정도로 관객들의 반응은 실로 뜨거웠다. 비로소 푸치니가 베르디의 뒤를 이어 이탈리아 오페라의 전통을 이어갈 작곡가로 인정받는 순간이었다.

인간의 심연을 조명해 대가의 반열에 오르다

〈마농 레스코〉의 대성공 이후 푸치니는 하루아침에 이탈리아에서 가장 유명한 인사가 되었다. 이 작품은 이탈리아뿐만 아니라 유럽은 물론 남미에서도 공연되었으며, 독일 함부르크 초연에서는 구스타프 말러가 지휘봉을 잡았다. 푸치니는 이탈리아 정부에서 수여하는 기사 십자훈장까지 받아 더욱 의기충천했다. 그러나 그는 성공의 달콤한 향기에만 빠져 있지 않았다. 앙리 뮈르제Henri Murger의 소설《보헤미안의 생활 정경》을 소재로 한 차기작 〈라 보엠〉의 준비를 차근차근 해나가기 시작한 것이다. 원래 이 소재는 루제로 레온카발로가 먼저 구상했지만, 푸치니의 작품이 보다 널리 알려져 있다. 〈마농 레스코〉에서 환상의 콤비를 보여준 자코자와 일리카는 푸치니의 잔소리와 끊임없는 짜증에 질린 상태였지만, 어쨌

든 훌륭한 결과물을 기대하며 모든 것을 참기로 했다.

　이런 여러 우여곡절 끝에 〈라 보엠〉의 초연이 1896년 2월로 결정되었다. 장소는 〈마농 레스코〉의 성공을 안겨준 토리노 레지오 극장이었으며, 지휘는 당시 주가를 한창 올리고 있던 토스카니니가 맡기로 했다. 초연은 〈마농 레스코〉 정도는 아니지만 관객의 호응으로 점차 상영 횟수를 늘려 갔고, 세계 유명 오페라 극장에서도 공연 목록에 포함시키기 시작했다.

일리카 : 사르두의 연극 〈토스카〉를 바탕으로 오페라 시놉시스를 완성했네.

푸치니 : 〈토스카〉?

일리카 : 그래. 자네가 이미 수년 전에 생각했던 대본 아니야?

푸치니 : 맞아. 그렇기는 하지. 그런데⋯.

일리카 : 알고 있어. 자네가 바로 포기했다는 것을. 그건 올바른 선택이 아니었어.

푸치니 : 그렇게 확신하나?

일리카 : 하여튼 내 시놉시스를 읽고 싶으면 리코르디 씨에게 들러 대본을 달라고 해. 읽어보고 자네의 생각을 얘기해주게.

　다음 작품인 〈토스카〉는 푸치니에게 친숙한 작품이었다. 이미 파리에서 당대 최고의 여배우 사라 베르나르Sarah Bernhardt가 출연한 빅토리앵 사르두의 원작을 감상했기 때문이다. 푸치니는 〈에드가〉와 〈마농 레스코〉를 작곡하면서도 〈토스카〉에 대한 구상을 하고 있었으며, 〈라 보엠〉의 성공 이후 밀라노에서 만난 일리카와의 회합에서 이에 대한 확신을 얻을 수 있었다. 더구나 일리카의 시놉시스는 원작을 더욱 드라마틱하게 재단해 푸치니의 이전 작품에서 볼 수 없었던 인간의 비열함과 악마적인 심성이 한껏 드러났다. 푸치니는 일리카의 대본을 보자마자 당장 작품에 사로잡혔고, 차기작으로 〈토스카〉를 작곡하기로 결심했다. 그러나 푸치니가 잠시 꾸물거리고 있는 사이 일리카의 대본은 줄리오 리코르디에 의해 알베르토 프란케티에게 넘어간 상황이었다. 푸치니로서는 매우 애석하게 되었지만, 〈토스카〉를 단념하는 수밖에 없었다. 그러나 신은 푸치니의 편이었던지 1막까지 완성한 프란케티가 일리카의 대본이 자신의 음악과 상반된다는 이유로 리코르디 측에 포기를 선언하고 말았다. 항간에는 푸치니를 위해 리코르디가 반강제로 프란케티에게 대본을 회수했다는 이야기도 있지만, 프란케티의 음악 스타일과 〈토스카〉의 대본이 잘 맞지 않은 것은 사실이었다. 빅토리앵 사르두의 대본은 잔인함과 폭력성으로 얼룩져 있었고, 5막 6장으로 구성된 복잡하고 정치적인 소재를 오페라로 함축하기에는 무리가 있는 것처럼 보였다. 그러나 푸치니는 이러한 특징을 당시 유행하고 있던 베리스모 오페라로 잘 녹여낼 수 있으리라는 자신감이 있었다. 하지만 첫 출발은 순탄하지 못했다. 1막 대

푸치니 박물관(토레 델 라고)에 전시된 〈토스카〉 의상 ⓒ Palickap

본에 대한 불평이 많았던 푸치니에게 자코자는 작업을 같이 못 하겠다는 포기 선언을 하고야 만 것이다. 언제나처럼 줄리오 리코르디의 중재로 겨우 작업을 이어갔지만, 여러 난항이 예상되었다. 그럼에도 푸치니는 〈토스카〉에 대한 의욕이 넘쳐 파리에서 원작자 사르두를 만나 여러 가지 얘기를 나누었고, 로마를 방문해 오페라의 무대가 되는 성당과 파르네세 궁전을 직접 견학했다.

일리카와 자코자, 푸치니 사이에 아슬아슬한 줄타기가 4년이라는 기나긴 시간 동안 계속되는 가운데 1899년 가을 마침내 〈토스카〉가 완성되었다. 초연 도시로는 당연히 오페라의 실제 배경이 된 로마가 일찌감치 선정되었고, 이듬해인 1900년 1월 14일 콘스탄치 극장에서 초연하는 것으로 확정되었다. 초연은 이탈리아의 왕족과 음악계 유명 인사, 푸치니의 팬들로 인산인해를 이루었다. 전작 〈라 보엠〉을 통해 젊은 예술가들의 애수가 가득한 낭만적인 삶에 매료되었던 오페라 팬들은 첫 오케스트라 총주부터 연속되는 트라이톤(증4도의 불협음정) 화음부터 놀라기 시작해 2막 마지막 스카르피아의 죽음에 이르러서는 아연실색했다. 그러나 3막 첫 부분 카바라도시의 아리아 '별은 빛나건만'이 끝나자마자 극장이 떠나갈 듯한 환호를 보냈으며, 푸치니가 무대에 모습을 나타내고서야 겨우 공연이 계속될 수 있었다. 평론가들은 대부분 끔찍한 폭력성을 음악에 고스란히 담아낸 푸치니의 새로운 변신에 부정적이었다. 그러나 평론가의 부정적 평가에 반하는 관객의 호평에 오히려 사람들은 궁금증을 더해 초연이 끝나자마자 이탈리아의 주요 극장뿐만 아니라 유럽과 북미, 남미에서도 매진 행렬이 이어졌다. 대부분의 관객은 〈라 보엠〉과는 180도 달라진 마치 가슴을 후벼 파는 듯한 푸치니의 음악에 열광했다. 그는 이 작품에서 긴장과 이완의 완급 조절을 기가 막히게 했다. 특히 2막의 숨 막힐 듯한 스카르피아의 죽음에 이르는 팽팽한 긴장감과 3막 첫 부분에 산 탄젤로 성을 배경으로 한 목가적인 정경의 대비는 푸치니가 이미 대가의 반열에 들어서고 있음을 증명해 보이는 순간이었다.

이야기는 1800년 6월 17일 프랑스와 오스트리아의 최후의 결전인 마렝고 전투 사흘 후의 시점에서 시작된다. 당시 나폴리 왕국의 왕당파와 프랑스 대혁명을 옹호하는 공화주의자 간의 사상적 대립이 첨예했던 로마에서 비밀경찰에 쫓기던 공화주의자 안젤로티가 산 탄드레아 델라 발레 성당으로 숨어든다. 우연히 그곳에서 작업하던 동료이자 화가 마리오 카바라도

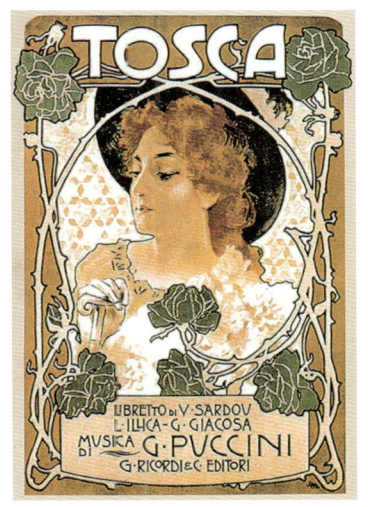

1900년 〈토스카〉 포스터

시는 자신을 찾아 성당으로 피신 온 친구를 숨겨준다. 한편 카바라도시는 당대 유명한 소프라노 플로리아 토스카의 연인이었는데, 악명 높은 비밀경찰 총감 스카르피아 역시 그녀에게 연정을 품고 있었다. 토스카의 질투심을 이용해 카바라도시를 함정에 빠뜨린 스카르피아는 그를 고문하고, 연인이 고문당하는 것을 괴로워한 토스카는 스카르피아에게 안젤로티의 은신처를 알려주고 만다.

스카르피아는 토스카에게 자신에게 한 번 안기면 카바라도시를 공포탄을 사용해 가짜로 처형하고 두 사람에게 자유를 주겠다는 조건을 제시한다. 그러나 부하들에게는 카바라도시를 진짜로 처형하도록 지시한다. 이를 알지 못했던 토스카는 스카르피아의 조건

〈토스카〉 공연 장면 ⓒ 국립오페라단

을 승낙하게 되고, 마침내 그가 덮치려는 순간 숨겨 놓았던 단도로 그를 찔러 살해한다. 이후 간수를 매수한 토스카는 사형 집행 전 카바라도시에게 자신의 계획을 일러주며 사형 집행이 공포탄으로 이루어질 것이라고 알려준다. 이윽고 산 탄젤로 성 옥상에서 총성이 울리며 사형이 집행되고, 토스카는 카바라도시에게 다가가지만 공포탄이 아닌 실탄이 발사되어 그가 숨을 거둔 것을 확인한다. 그때 스카르피아의 시신을 발견한 군인들이 토스카를 잡으러 다시 올라오고, 절망한 토스카는 결국 산 탄젤로 성에서 투신한다.

섬 촌뜨기에서 프랑스의 영웅으로

토스카에게 연인의 목숨을 담보로 협박한 스카르피아는 정치범 안젤로티가 숨은 곳을 알아내게 된다. 고문 중에 끌려 나온 카바라도시는 스카르피아의 부하 샤로네가 갑작스럽게 전해온 나폴레옹의 마렝고 전투 승전보를 듣고 "승리다, 승리!"라고 외친다. 이 장면은 푸치니의 오페라 중 가장 팽팽한 긴장감으로 가득한 〈토스카〉 2막의 클라이맥스 장면으로 유명하다. 카바라도시의 승리의 외침 다음에는 관객들의 박수가 이어지기도 하는데, 한때 테너들 사이에 이 고음(B 플랫)을 얼마나 길게 끌 수 있는가를 두고 경쟁이 붙기도 했다. 오페라 〈토스카〉에 극적인 단초를 제공한 이 장면은 유럽 역사에 있어서도 중요한 고비였다.

프랑스 대혁명 이후 왕정이 폐지되고 공화정이 수립되었지만, 지롱드파(온건파)와 자코뱅파(급진파)로 나누어진 프랑스는 여전히 갈등 국면을 벗어나지 못했다. 로베스피에르가 집권한 자코뱅파는 루이 16세를 처형하고, 반혁명 세력을 무참히 제거해버리는 공포정치 시대를 열어 그 갈등을 더욱 심화시켰다. 한편 국외에서는 루이 16세의 처형 이후 혁명 사상이 자국에 퍼지는 것을 두려워 한 주변 국가를 중심으로 제1차 대프랑스 동맹이 결성되었다. 영국과 네덜란드, 오스트리아와 프로이센을 중심으로 한 이 동맹은 결국 프랑스에 대한 선전포고와 함께 전 유럽을 전쟁에 몰아넣었다.

나폴레옹 보나파르트Napoléon Bonaparte라는 이름의 코르시카 섬 촌뜨기가 세상에 이름을 알린 것은 1793년이었다. 당시 프랑스 남부 마르세유 아래 툴롱이라는 도시에서 혁명군 대위로서 영국군을 상대로 작전을 벌이던 나폴레옹은 전투에서 큰 무공을 세우고 영국군을 몰아내는 데 성공했다. 이 무공을 인정받아 그는 스물넷의 나이로 이탈리아 국경 부대의 포병 장군이 되었다. 한편 로베스피에르의 실각 이후 그의 동생과 친했다는 이유로 파리에 소환된 나폴레옹은 잠시 투옥되기까지 했지만, 우여곡절 끝에 풀려나 아무 보직 없이 대기상태로 있어야만 했다. 그러나 운명의 신은 그의 편이었다. 1795년 왕당파에 의해 혁명정부를 반대하는 반란이 일어났고, 당시 집정관 5인 지도자 중 한 명인 폴 바라스Paul Barras가

루이 프랑수아 르죈, 〈마렝고 전투〉, 1802

전부터 친분이 있었던 나폴레옹에게 소요 사태를 진정시켜 줄 것을 부탁한 것이다. 후에 역사적으로 방데미에르 13일 사건으로 알려진 이 소요 사태 진압을 나폴레옹은 손쉽게 해냈고, 폴 바라스는 그가 권력 중심에 다가서는 것을 경계해 이탈리아 원정군 사령관으로 임명했다. 그러나 나폴레옹은 오스트리아를 상대로 한 이탈리아 전선에 투입되자마자 뛰어난 통솔력으로 18개월 동안 승리를 이어갔다. 그의 이탈리아에서의 무훈은 1797년 리볼리 전투로 절정에 이르렀다. 5000명이나 적은 병력으로 요제프 알빈치József Alvinczi 장군이 이끄는 2만 8000명의 오스트리아 군대를 절반 이상

궤멸시켜 버린 것이다. 이 전투로 하루아침에 제1차 대프랑스 동맹 전쟁을 종식시키면서 프랑스의 영웅으로 칭송받게 된다.

   프랑스의 영원한 라이벌이던 영국 해군조차 한때 발을 묶어버린 나폴레옹의 인기가 프랑스에서 점점 높아지자 이를 경계한 프랑스 정부는 그에게 이집트 원정을 명령했다. 나폴레옹 역시 이집트 원정을 통해 당시 영국의 돈줄이었던 인도와의 관계를 끊어 버리고, 더 나아가 인도 정벌의 발판으로 삼아 영국을 궁지에 몰아버릴 계획이었다. 나폴레옹은 이집트에서도 승승장구하며 승리를 이어 갔는데, 영국의 호레이쇼 넬슨Horatio Nelson 제독이 이끄는 영국 해군이 지중해권을 장악하면서 오스트리아와 다시 동맹을 맺어 프랑스는 위기에 직면하게 되었다. 1799년 10월, 큰 결심을 한 나폴레옹은 이집트에서 자신의 군대를 버리고 몰래 프랑스로 돌아왔다. 이후 당시 혁명정부 지도자였던 에마뉘엘 조제프 시에예스Emmanuel-Joseph Sieyès와 쿠데타를 공모한 나폴레옹은 정부의 의결기관인 500인회 의장이었던 동생 루시앙Lucien과 외무상 샤를모리스 드 탈레랑페리고르Charles-Maurice de Talleyrand-Périgord의 도움으로 쿠데타를 일으켜 500인회를 해산시키고, 자신을 제1통령으로 하는 3인 통령 체제를 1800년 2월 국민투표에 부쳐 비준받기에 이른다. 그는 확고한 결단력과 추진력을 통해 겨우 서른 살의 나이에 프랑스의 제1권력자 자리에 오르게 된 것이다.

전쟁에 살고 권력에 살고

통령 체제에 의한 프랑스 정부는 수많은 정치 문제를 해결해야 했다. 이 와중에 교육제도 개편과 프랑스 은행을 설립하는 등 국내 개혁에도 힘을 쓰면서 나폴레옹 법전을 편찬하기도 했다. 나폴레옹은 국내의 정치 문제를 밖으로 돌려 자신의 입지를 확고하게 하기 위해 다시 전쟁 길에 나섰다. 1800년 5월, 아직도 눈이 쌓여있던 알프스에서 세 번째로 높은 그레이트 세인트 버너드 패스로 프랑스군 5만 명을 비밀리에 이동시킨 나폴레옹은 오스트리아의 후방을 노린 공격을 감행했다. 나폴레옹하면 가장 먼저 떠오르는 자크-루이 다비드Jacques-Louis David의 〈생베르나르 고개의 나폴레옹〉은 이 사건을 모티브로 그려져 후대에 나폴레옹의 이미지를 알리는 데 큰 역할을 했다.

알프스를 넘어 피에몬테 지방의 알렉산드리아 근처에 진을 친 나폴레옹은 병력을 분산해 오스트리아의 장군 미하엘 폰 멜라스Michael von Melas가 항구 도시 제노바를 요새화시키는 것을 막고자 했다. 그러나 멜라스는 오스트리아군을 제느바로 후퇴시키는 척하다가 6월 14일 알렉산드리아 근처의 마렝고 평원에서 프랑스군을 기습 공격했다. 초반 전세는 프랑스군에 불리하게 돌아갔다. 제노바 봉쇄를 막기 위해 루이 샤를 앙투안 드제Louis Charles Antoine Desaix

자크-루이 다비드, 〈생베르나르 고개의 나폴레옹〉, 1801

장군이 나폴레옹의 명령을 받아 6000명 이상의 병력을 이끌고 제노바로 향하고 있었기 때문이다. 위기에 처한 나폴레옹은 전령을 보내 드제 장군을 다시 소환하는 한편, 총력을 기울여 오스트리아

군의 공격을 막아내고 있었다. 늦은 오후에는 프랑스군이 중요한 거점을 내주며 오스트리아군에게 승리를 내어주는 듯 했다. 멜라스 역시 승리를 확신하고 자신의 부상 치료를 위해 참모장에게 지휘권을 넘겨주고 마렝고 평원을 떠났다. 그러나 드제가 이끄는 주력 부대가 도착하자 전열을 가다듬은 프랑스군의 치열한 역공이 시작되었고, 날이 어두워지면서 전세가 뒤집어졌다. 프랑스군의 총공격을 막지 못한 오스트리아군이 8000여 명의 전사자를 내고 퇴각하기 시작한 것이다. 나폴레옹은 위기의 순간에도 냉철한 판단과 통솔력으로 전시 상황을 극적으로 반전시켰다. 하마터면 실각까지 이를 수도 있는 중요한 전투에서 빛나는 승리를 거둔 나폴레옹은 국내외로 자신의 입지를 확고히 했다.

프랑스는 나폴레옹의 승리에 열광했다. 마렝고 승전 이후 나폴레옹은 개선 행진을 생략하고 7월 2일 새벽에 파리로 몰래 돌아왔음에도, 그가 튈르리 궁전에 도착하자 엄청난 인파가 그를 환영했다. 흥분한 군중에 의해 나폴레옹은 그날 밤 여러 차례 모습을 나타내야 했다. 이 승전 축제는 프랑스 대혁명 기념일인 7월 14일까지 계속되었다. 마렝고 전투의 승리로 나폴레옹은 프랑스를 명실공히 유럽의 지도국 위치에 올려놓았다. 그 후 실각하기까지 자신의 권력을 바탕으로 유럽 국가들을 서로 분열시켰으며, 가까운 지인들을 점령한 나라의 총령으로 임명했다.

권력의 정점에 선 나폴레옹은 1804년 12월 2일 파리의 노트르

자크-루이 다비드, 〈나폴레옹 1세의 대관식〉, 1805~1807

담 대성당에서 황제 대관식을 거행해 나폴레옹 1세가 되었다. 프랑스 대혁명으로 국왕 루이 16세가 처형되고 공화정으로 전환된 지 불과 10년 만의 일이었다. 나폴레옹은 교황에게 왕관을 수여받지 않고 직접 왕관을 쓰는 방식을 택해, 대관식에 참석한 교황 피오 7세마저 초라하게 만들어 버렸다. 한편 베토벤은 나폴레옹이 프랑스 혁명의 자유민주주의 정신을 유럽 사회에 전파한다는 소식을 듣고 그에게 〈영웅 교향곡〉을 바치려고 작곡했다가, 스스로 황제가 되었다는 것을 알고 실망해 표지의 헌정사를 찢어버리고 말았다고 한다.

함께하면 좋은 추천 음반과 영상

리릭 소프라노(서정적이면서 감정적인 표현이 풍부한 소프라노)들에게 꿈의 배역인 푸치니의 〈토스카〉는 일단 마리아 칼라스의 음반을 논하지 않을 수 없다. 이 전설의 소프라노 역시 배

마리아 칼라스 음반

역에 큰 애정을 가지고 여러 차례 스튜디오 녹음과 실황 녹음을 남겼는데, 그중에서도 빅토르 데 사바타 Victor de Sabata 의 명쾌하고 색채적인 지휘와 서정성이 넘치는 주세페 디 스테파노 Giuseppe Di Stefano, 그리고 사악한 스카르피아를 완벽하게 연기한 티토 곱비 Tito Gobbi 와 함께 한 음반(Warner, CD 5099996681527, 1953)을 첫손에 꼽을 수 있다. 특히 칼라스와 곱비가 첨예하게 대립하는 2막은 여러 번 들어도 나도 모르게 숨죽이고 긴장할 정도로 살아있는 드라마를 들려준다.

헤르베르트 폰 카라얀은 탁월한 심포니스트 이전에 훌륭

한 오페라 지휘자였다. 중저음의 독특한 음색을 지닌 소프라노 레온타인 프라이스Leontyne Price와 주세페 디 스테파노, 그리고 다채로운 음색과 표현력으로 부파(희극적인 코미디를 중심으로 한 장르)와 세리아(진지한 내용과 비극적인 상황을 다루는 장르)에서 골고루 활동한 주세페 타데이Giuseppe Taddei라는 화려한 라인업으로 녹음한 음반(Decca, CD 452 620-2, 1962)은 카라얀의 오페라 지휘자로서의 장점이 잘 드러나 있다. 그는 오페라를 녹음할 때 자신의 수족과도 같은 베를린 필하모닉이 아닌 빈 필하모닉을 자주 기용했는데, 빈 필하모닉의 오페라 오케스트라로서의 능력을 보다 높이 평가했기 때문이다.

또 하나의 추천 음반으로는 젊은 시절의 혈기 넘치는 가창을 들려주는 호세 카레라스, 전성기의 화려한 음색의 몽세라 카바예, 그리고 티토 곱비나 주세페 타데이와는 다르게 직선적인 표현으로 설득력 있는 스카르피아를 들려준 잉바르 빅셀Ingvar Wixell이 함께한 콜린 데이비스Colin Davis의 코벤트 가든 음반(Philips, CD 438 359 - 2, 1976)이다.

〈토스카〉 역시 최근 영상물이 많지만, 파르네세 궁전이나 산 탄젤로 성 등 오페라의 무대가 된 실제 장소에서 촬영한 플라시도 도밍고, 라이나 카바이반스카Raina Kabaivanska, 셰릴 밀른스의 영상(Decca, DVD 0044007140291, 1976)과 리카르

도밍고, 라이나 카바이반스카 공연 영상물

도 무티Riccardo Muti의 전성기인 2000년대 초반에 녹화된 라 스칼라 극장 공연 영상물(TDK, DVD 4988026813438, 2003)을 우선 감상할 것을 권한다.

 QR코드를 스캔하면 미국 뉴욕 메트로폴리탄 오페라 극장에서 열린 에마뉘엘 비욤(지휘), 메트로폴리탄 오페라 극장 오케스트라(연주) 영상을 볼 수 있다.

Chapter 9

서양 열강의 식민지 침탈과 푸치니의 〈나비부인〉

황금을 품은 미지의 땅을 찾아서

1492년 크리스토퍼 콜럼버스Christopher Columbus의 신대륙 발견은 인류 역사에서 큰 전환점이 된 사건이다. 르네상스 시대로 접어든 이후에도 여전히 유럽 여러 나라들은 종교와 권력에 얽힌 갖가지 전쟁과 갈등 속에 있었다. 독 안에 든 쥐들처럼 좁은 대륙 안에서 크고 작은 다툼을 이어오던 유럽인에게 신대륙 발견이라는 사건은 세계관의 변화라는 점에서 큰 의의를 갖는다. 전부터 미지와 신비의 땅이자 자신들에게 부를 가져다준다고 믿어온 아시아의 실체가 밝혀지기 시작했을 때, 유럽 사람들이 얼마나 흥분했을까 하는 점은 충분히 미루어 짐작할 만하다. 콜럼버스는 비록 자신의 발견이 인류 역사에 얼마나 큰 영향을 끼쳤는지 모른 채 죽었지만, 신대륙 발견은 유럽 사회의 중세와 근세를 구분하는 그야말로 획기적인 사건이었다.

콜럼버스는 카스티야의 여왕 이사벨 1세와 그녀의 남편 아라곤

세바스티아노 델 피옴보, 〈크리스토퍼 콜럼버스의 초상〉, 1519

의 왕 페르난도 2세의 도움으로 신대륙 항해에 나섰지만, 원래는 이탈리아 제노바 출신이었다. 1451년 제노바 근교의 작은 마을에서 평범한 직조공의 아들로 태어난 콜럼버스는 어려서부터 항해와 모험에 관심을 보였고, 파비아 대학교에 진학 후 기하학 등을 공부하며 자신의 꿈을 키워나갔다. 일찍이 10대 때부터 선원으로 일하며 항해술을 배우고 지도 제작에도 큰 관심을 보였던 콜럼버스는 세계 지도 제작에 관심을 가져 특히 중국을 비롯해 당시만 해도 잘 알려지지 않았던 일본 신항로 개척에 대한 계획을 조심스럽게 진행했다. 아시아 신항로 개척은 유럽 무역 사업에 혁신을 가져다줄 엄청난 돈줄이었지만, 여러 가지 이유로 개척에 나서고자 하는 이가 별로 없었다.

지중해 무역 사업에 성공한 콜럼버스는 포르투갈의 왕 주앙 2세에게 신대륙 항해 후원을 요청했으나 일언지하에 거절당했다. 그는 잠시 실의에 빠졌지만, 실패에 굴하지 않고 이번에는 카스티야 왕국의 이사벨 1세와 아라곤의 왕 페르난도 2세에게 알현을 신청했다. 당시 에스파냐는 그들의 땅에서 이슬람 세력을 내쫓기 위한 일련의 군사적 원정, 즉 레콘키스타Reconquista에 총력을 기울이고 있었다. 두 번의 알현은 콜럼버스의 무리한 지분 요구와 이슬람의 마지막 보루인 그라나다에서 아랍인들을 내몰기 위한 군사 공격에 무산되었지만, 1492년 그라나다에서 이슬람 세력을 완전히 몰아내고 에스파냐가 유럽의 신흥 강자로 부상하면서 콜럼버스에게 신항로 개설을 위한 탐험에 전적인 지원을 하기로 약속했다.

1492년 8월 3일, 산타 마리아호를 선두로 한 콜럼버스의 선단은 두 달 이상 육지를 보지 못하고 계속 서쪽으로 항해를 거듭해 10월 12일에 한 섬에 도착했다. 콜럼버스가 '산 살바도르'라고 명명한 이 섬은 현재 바하마 제도의 과나하니 섬이다. 신의 도움으로 신항로를 통해 아시아에 왔다고 신께 감사를 표하고, 콜럼버스는 곧바로 이사벨 1세와의 약속이자 자신의 항해에 궁극적인 목적인 '금'을 찾는 데 집착했다. 하지만 1차 원정에서 별다른 수확이 없었음에도 콜럼버스는 에스파냐로 돌아와 이사벨 1세에게 자신이 발견한 새로운 땅에서 수많은 노예와 금을 얻을 수 있다고 보고하고, 1차 원정과는 비교가 안 될 엄청난 규모의 후원을 요구했다. 그 결과 17척의 선박과 1500여 명의 선원들을 거느리게 된 콜럼버스는

2차 원정부터 자신의 욕망을 거침없이 드러냈다. 금과 보물을 찾기 위해 원주민들을 동원하면서 한편으로 이들을 무자비하게 탄압한 것이다. 이는 자신이 발견한 땅이 중국이나 인도라고 맹목적으로 믿었던 콜럼버스가 이사벨 1세와의 약속을 지키기 위해 비롯된 조바심에서 나온 행동이라고 볼 수 있다. 그러나 콜럼버스는 죽을 때까지 자신의 목적을 이루지 못했고 심지어 신대륙에 대한 올바른 지식도 없었지만, 이 사건으로 인해 이후 유럽 사회는 중남미의 설탕 무역, 남미의 은광 채굴 등으로 막대한 부를 쌓을 수 있었다.

푸치니와 동 시대에 활동했던 이탈리아 작곡가 알베르토 프란케티는 콜럼버스 신대륙 발견 400년을 기념해 콜럼버스의 고향인 제노바로부터 오페라를 의뢰받았다. 이렇게 완성된 오페라 〈크리스토포로 콜롬보〉는 1892년 제노바의 카를로 펠리체 극장에서 초연되었다. 프란케티는 토리노 출신이지만 이탈리아뿐 아니라 독일의 드레스덴과 뮌헨에서도 작곡 수업을 했다. 이런 이유로 그의 작품에서는 바그너와 자코모 마이어베어Giacomo Meyerbeer의 그림자가 짙게 느껴진다. 2막 모놀로그에서는 '라인의 황금(바그너의 〈니벨룽의 반지〉 중 첫 번째 작품)' 주제를 들을 수 있으며, 신대륙을 발견한 이후 '테라! 테라!'라고 합창하는 장면은 바그너 오페라의 황홀경과 장엄함이 그대로 전해진다. 반면 이러한 독일적인 특징에도 불구하고 선율이나 성악 성부는 당시 이탈리아에서 유행했던 전형적인 베리스모 오페라의 외형을 갖추고 있다. 프란케티는 이 작품 외에도 전설적인 테너 엔리코 카루소가 초연한 오페라 〈제르마니아〉를 비롯해 많은 오페라를 썼지만, 큰 성공을 거두지는 못했다. 사실 〈크리스토포로 콜롬보〉는 완전히 잊힐 정도의 작품은 아닌데, 그렇게 된 배경이 있다.

1902년의 알베르토 프란케티

 이탈리아에서 무솔리니가 집권한 후 프란케티는 유태인이라는 이유로 전 작품이 상연 금지되고 말았다. 그의 동료이자 무솔리니와 친분이 있었던 피에트로 마스카니가 무솔리니에게 몇 차례 프란케티의 사면을 요구했지만, 모두 거절되고 말았다. 결국 이러한 이유로 점차 잊히게 되면서 지금은 그의 작품을 오페라 극장에서 접하기가 힘들어졌다.

풍요로운 땅은 유럽을 부자로 만들리라

 유럽에서 인도 항로 개척을 위한 노력은 이미 콜럼버스 이전부터 시작되었다. 중세를 지나 서서히 절대왕권시대가 시작되자, 유럽의 여러 국가들은 자국의 경제 발전에 관심을 갖게 되었다. 그 해결책은 무역이었는데, 특히 후추와 향신료를 다량 수입할 수 있는 인도와의 교역을 중요하게 생각했다. 그러나 유럽에서 인도로 가는 육로는 이슬람 국가들이 버티고 있었기에 보다 많은 상품들을 대량으로 들여오기 위해서는 당시 주로 이용하던 육로가 아닌 신항로 개척이 필수였다. 특히 1453년 오스만 제국이 콘스탄티노플을 점령하고 동로마 제국을 멸망시킨 사건은 유럽인들에게 큰 충격이었다. 이로 인해 동양과의 교역의 새로운 항로를 찾기 위한 노력에 더욱 박차를 가했다. 유럽의 서쪽 끝에 위치해 지중해 무역에서 소외됐던 포르투갈이나 스페인으로서는 기회를 만회할 절호의 찬스였다.

포르투갈 국왕 주앙 1세의 아들 엔히크 왕자는 이전부터 인도와의 무역에 관심을 갖고, 아프리카를 돌아서 인도로 가는 아프리카 항로 개척에 많은 후원을 했다. 물론 무역에만 관심을 가진 것은 아니었다. 기독교 선교에 대한 사명으로 아버지인 주앙 1세로부터 그리스도 기사단(성전 기사단) 총사령관 자리에 임명받고, 그 직책에 충실하고자 했다. 그러나 이는 당시 교황청이나 주변 국가들에게 공식적인 인정을 받기 위한 구실로 보이기도 한다.

엔히크 왕자가 보낸 탐험대는 마데이라 제도를 발견했고, 왕자는 그곳을 포르투갈의 식민지로 삼았다. 그는 당시 유럽인에게 악

장 조제프 벤자민 콩스탕, 〈메흐메트 2세의 콘스탄티노플 입성〉, 1876

마의 바다라고 알려진 북아프리카의 보자드르 곶에도 탐험대를 보내는 등 대항해 시대를 연 인물로 지금까지도 추앙받고 있다. 포르투갈은 엔히크 왕자 사후에도 아프리카 항로 개척에 많은 후원을 했다. 특히 주앙 2세는 즉위 후에 자신의 왕권을 굳건히 하는 한편 아프리카 항로 개척을 적극 후원했다. 한때 콜럼버스가 찾아와 아프리카 항로가 아닌 대서양을 건너는 서쪽 항로 개척을 후원해달라는 부탁을 했지만, 주앙 2세는 콜럼버스의 거리 계산에 오류가 많다는 주변의 의견을 수렴해 이를 거절했다. 주앙 2세는 엔히크 왕자만큼 아프리카 항로 개척에 열정을 쏟았다. 그의 명령을 받은 포르투갈의 탐험가로 디오구 캉Diogo Cão과 바르톨로메우 디아스Bartolomeu Dias가 있었는데, 각기 나미비아의 케이프크로스와 희망봉 근처까지 항해에 성공했다.

아프리카 항로를 개척한 최초의 인물이라는 영광은 바스쿠 다 가마Vasco da Gama에게 돌아갔다. 포르투갈 남서부의 시네스라는 작은 마을의 귀족 집안에서 태어난 다 가마는 어려서부터 수학과 항해술, 천문학 등을 공부하며 탐험에 대한 큰 꿈을 키워갔다. 바스쿠 다 가마가 역사 전면에 모습을 드러낸 것은 1492년으로, 주앙 2세의 명령으로 포르투갈 남부에서 벌어진 프랑스의 포르투갈 선박 약탈을 진압하면서 왕실의 신임을 전폭적으로 얻게 된다. 이후 포르투갈은 1491년 아폰소 왕자가 말에서 떨어지는 사고로 갑작스럽게 사망하면서 다음 왕세자 책봉에 대한 내부 분열로 신항로 개척 사업이 잠시 중지되었다. 그 틈을 타 스페인의 후원을 등에 업은 콜럼버스가 신대륙을 발견하자, 경쟁국이었던 포르투갈은 아프리카 신항로 개척에 대한 의지에 다시금 불이 붙었다. 주앙

2세의 뒤를 이은 마누엘 1세의 명을 받아 다 가마는 오랜 준비 끝에 1497년 7월, 벨렝 항구에서 4척의 함선을 이끌고 인도를 향해 출항했다. 처음에는 항해가 순조로워 11월에는 희망봉을 돌아 인도양으로 향했다. 당시 인도양은 대서양과는 달리 무슬림에 의한 아시아와 아프리카의 무역 사업이 활발했다. 다 가마는 모잠비크, 말린디 등을 거쳐 리스본을 떠난 지 10개월 만에 인도의 캘리컷(현재 명칭은 코지코드)에 도착했다. 다 가마는 도착 직후 캘리컷의 통치자였던 자모린Zamorin을 알현하고 양국의 무역을 제안했지만, 이슬람 상인들의 방해로 결렬되고 말았다. 비록 인도와의 직거래 협약은 실패했지만, 후추 등의 향신료를 가득 싣고 귀국해 투자자들에게 60배 이상의 배당금을 안겨 주었다. 바스쿠 다 가마가 아프리카 희망봉을 돌아 인도로 가는 신항로를 개척한 것은 유럽인에게 너무나 반가운 소식이었다. 이는 엔히크 왕자가 아프리카 항로 개척을 시도한지 불과 80년 만에 이룬 쾌거로 유럽과 인도, 동양권의 직거래 무역이 활성화되면서 유럽에 엄청난 부를 가져다주는 계기가 되었다.

바스쿠 다 가마의 1차 항해에 힘입어 마누엘 1세는 2차 항해를 준비시켰는데, 13척의 대함대로 구성하는 한편 왕실 고문관으로 마누엘 1세의 총애를 받던 페드루 알바레스 카브랄Pedro Álvares Cabral이 전체 함대의 사령관을 맡았다. 카브랄은 다 가마와 마찬가지로 항해에 유리한 바람과 해류를 이용하기 위해 아프리카 대륙을 멀

벨로소 살가도, 〈캘리컷의 자모린 앞에 선 바스쿠 다 가마〉, 1898

리 돌아가는 항로를 택했고, 그러다 우연히 남아메리카의 한 지역에 정박했는데 이곳이 바로 포르투갈의 가장 중요한 식민지가 된 브라질이었다.

바스쿠 다 가마의 신항로 개척과 콜럼버스, 카브랄의 아메리카 대륙 발견은 유럽 사회에 엄청난 부를 가져다주면서 근대화의 발판 역할을 했고, 이를 계기로 유럽 각국의 식민지 정책이 활성화되었다. 그러나 황금에 눈이 멀었던 유럽의 지도자들은 폭력적이고 무자비한 식민지 침탈을 통해 아시아와 아프리카, 남아메리카에 어두운 역사를 써내려갔다.

한편 프랑스의 그랑 오페라 형식으로 큰 성공을 거두었던 작곡가 자코모 마이어베어는 바스쿠 다 가마를 주인공으로 한 오페라를 작곡했다. 그의 마지막 작품이자 유작이 된 〈아프리카의 여인〉에는 바스쿠 다 가마가 탐험가로 등장하지만, 이는 가상의 스토리로 구성된 전형적인 그랑 오페라 형식의 작품이다. 내용은 다 가마와

아프리카 여왕 셀리카의 의상 디자인

포르투갈 제독의 딸 이네스, 아프리카의 여왕 셀리카의 삼각관계에 여러 등장인물들이 얽히고설키는 사랑 이야기로, 6시간이 넘는 대작으로 작곡했지만 3시간 축약본으로도 많이 공연되고 있다.

다 가마가 아프리카에 표류해 원주민들의 포로가 된 후 아프리카의 아름다운 풍경을 배경으로 노래하는 아리아 '오 낙원이여'는 감미롭고 몽환적인 멜로디로 테너들의 단골 레퍼토리로 유명하다. 아이러니하게도 아리아의 가사에는 대항해 시대 탐험가들의 부를 향한 욕망이 여실히 드러나 있다. "신세계여, 그대는 나의 것,

나의 조국에게 그대를 바치리라. 이 풍요로운 땅은 우리의 것, 유럽을 모두 부자로 만들리라."

동인도회사의 아시아 침탈

대항해 시대의 개막으로 포르투갈과 스페인이 아시아와의 무역 사업 전면에 나서면서 유럽의 경제·정치 판도에 큰 변화가 일어났다. 남아메리카와 아프리카, 아시아에 자신들의 식민지를 하나씩 넓혀가며 이들 식민지에서 후추를 비롯한 각종 향신료와 은 광산 개발, 각종 자원의 수탈을 통해 자신들의 욕망을 채워갔으며, 원주민들의 노동력을 보수도 제대로 지불하지 않고 무한대로 사용함으로써 빠른 시간 안에 엄청난 부를 쌓아갔다. 16세기 전반에 걸쳐 스페인과 포르투갈이 식민지를 독점하고 있었는데, 1600년을 기점으로 당시 새로운 해양 국가로 떠오른 영국과 네덜란드가 여기에 도전장을 내밀었다.

영국은 16세기 중반 막강한 해군으로 칼레 해전에서 스페인의 무적함대를 격파하면서 대서양의 패권을 쥐기 시작했고, 스페인의 지배를 받던 네덜란드는 16세기 후반 독립 전쟁을 통해 정치·군사 자주권을 갖게 되면서 탁월한 해양 기술을 바탕으로 아시아 무역 시장에 뛰어들었다. 특히 영국은 1600년 동인도회사를 설립해 아시아에 대한 무역과 식민지 정책을 펼쳐 나갔다. 이는 엘리자베스 1세가 아시아 무역 독점권을 선언하면서 설립한 것이었지만, 초기에는 이미 선점한 포르투갈이나 해양 기술 발달로 신항로 항해에 많은 노하우가 있었던 네덜란드에 크게 뒤처져 있었다. 영국은 초기에는 주로 아프리카 항로 개척에 힘을 기울였고, 무역 사업이 안정을 찾자 인도에서 포르투갈과 정면으로 충돌했다. 영국 동인도회사는 페르시아와의 연합과 포르투갈과 스페인의 분쟁을 기회삼아 인도와 인도양에 대한 패권을 획득했다.

한편 네덜란드의 동인도회사는 1602년 영국의 동인도회사 설립에 자극받아 설립되었다. 설립 방식은 국가가 주로 주도한 영국과는 다른 형태를 지녔는데, 네덜란드 정부와 상인의 투자금만으로는 무역을 위한 대규모 선단을 조직하기 힘들다는 것을 깨닫고 자국의 부유층과 국민들의 투자를 받기로 했다. 이때 투자금의 권리를 설정한 것이 세계 최초의 주식으로, 네덜란드 동인도회사는 투자자들에게 투자를 받아 이익을 배당한다는 아이디어로 세계 최초의 주식회사를 설립했다.

회사 초기에는 사업이 비교적 순조로웠다. 특히 이익금을 바로 배당하지 않고 재투자하는 방식으로 인도네시아, 말라카(말레이시아), 스리랑카, 나가사키(일본), 대만 등에 자국의 상관을 설립했다. 1607년에는 주식의 원활한 거래를 위한 주식 거래소를 암스테르담에 건립했으며, 이를 바탕으로 네덜란드는 은행, 유한 회사들을 통합해 엄청난 부를 쓸어 담기 시작했다. 1670년대 동인도회사는 150척의 상선, 5만 명의 직원과 40척의 군함, 1만 명 규모의 군대를 거느린 막강한 조직이 되었다. 이를 바탕으로 17세기 말을 전후해 전성기를 누렸는데, 당시 네덜란드 동인도회사의 주식은 액면가의 40퍼센트를 배당하는 큰 수익을 올리게 되었다.

17세기 중반에는 영국 동인도회사도 주식회사로 전환되었다. 이들은 현지 국가에 대한 외교 및 군사상의 권리까지 갖게 되면서 서서히 그 세력을 확장해갔다. 네덜란드 동인도회사가 동남아시아를 기반으로 향신료 수입에만 몰두한 데 비해 영국 동인도회사는 인도의 면직물 수입에도 관심을 갖기 시작했는데, 이는 이후 두 회사의 운명을 결정짓는 계기가 된다.

18세기에 접어들면서 향신료 수입의 위축으로 네덜란드 동인도회사는 점점 쇠락해 갔고, 영국 동인도회사는 면직물 수입을 바탕으로 본격적인 식민지 건설에 힘을 기울여 '해가 지지 않는 나라'라는 별칭을 갖게 되었다. 영국 동인도회사는 아시아 식민지를 바탕으로 온갖 수탈 정책을 펼쳤는데, 동인도회사의 주된 업무가 무역에서 식민지의 통치 및 지배로 바뀌면서 그 비용을 마련한다는 명목 하에 현지인들에게 제대로 된 임금은 지급하지 않으면서 과도한 세금을 징수하고, 아편 등의 마약을 재배·보급하기도 했다.

한편 일본은 동아시아 끝자락에 위치해 있지만 섬으로 구성된 해양 국가였기에 일찍부터 포르투갈 상인과의 교류가 있었다. 일

아드리안 반 드 벤느, 〈미델뷔르흐에서 고위 인사의 출발〉, 1615

본 막부는 이들과의 교류를 제한하기 위해 나가사키에 데지마라는 인공섬을 건설해 관리했다. 그러나 포르투갈이 선교사들도 대거 유입시켜 기독교를 전파하자, 일본 막부는 이들을 기리시탄이라 부르며 강력하게 탄압했다. 1637년 탄압받던 기독교인들이 반란을 일으킨 시마바라의 난을 계기로 막부는 데지마에서 포르투갈인을 완전히 추방했다. 이후 히라도에 있던 네덜란드 동인도회사 상관이 데지마로 옮기면서, 네덜란드 상인들의 일본 활동이 본격화되었다. 이는 네덜란드인들이 같은 유럽인이라도 선교보다는 무역에 관심이 있다는 막부의 판단에 따른 결정이었다. 실용주의적 사고방식을 가진 네덜란드인들은 일본의 쇄국정책에도 불구하고 일본의 대유럽 무역을 독점해 큰 이익을 남겼다. 당시 일본에서는 구리와 은이 많이 채굴되어 한때 네덜란드 무역업의 주된 수입원이 되기도 했다.

가와하라 케이가, 〈데지마로 들어오는 네덜란드 선 관찰〉, 1820년대

　데지마는 일본인들이 '난학蘭學'이라 부르는 서양 학문을 접할 수 있는 유일한 장소였지만, 막부는 이곳을 엄격하게 관리해 네덜란드 상인들이 일본어를 배우거나 일본인 통역사를 고용하는 것조차 금지시켰다. 통역은 네덜란드어를 공부한 일본 통역사에 의해서만 이루어졌고, 통역사들은 통역 업무 외에 네덜란드 상인을 감시하는 일까지 도맡아 했다.

　데지마는 19세기 중반 메이지 유신이 일어나기까지 200여 년 이상 네덜란드와 일본의 교역 중심지 역할을 했다. 이에 메이지 유신 바로 직전인 1853년, 미국의 페리 제독이 이끄는 미국 동인도 함대 소속의 함선 4척이 일본을 방문했을 때도 네덜란드 통역사들만 있어서 소통에 어려움이 있었다. 페리 제독은 일본 사람들이

'흑선黑船'이라고 불렸던 함선의 함포 사격으로 무력시위에 의한 미일화친조약을 이끌어 내어 일본이 전면적인 개항을 하게 했다. 이 역사적인 개항은 메이지 유신으로 이어지며 일본이 서구 문물과 문화를 아시아에서 가장 적극적으로 수용하는 결과를 가져와 일본 근대화에 큰 영향을 미쳤다. 푸치니의 3대 오페라 중 마지막 작품인 〈나비부인〉은 바로 이 시기를 배경으로 일본 게이샤의 비극적인 사랑 이야기를 다룬다.

오리엔탈리즘으로 본 왜곡된 동양의 모습

19세기는 유럽의 제국주의 이데올로기가 팽배하던 시기로 동양과 서양의 본격적인 문화 교류가 시작되었지만, 서양의 일방적인 침략과 지배에 의해 이루어진 것이었다. 동양의 이국적인 정서를 예술에 녹여낸 오리엔탈리즘 역시 서구인의 시각에서 바라본 왜곡된 동양의 모습이었다. 19세기 중반 제한적인 교역으로 베일에 가려있던 일본이 본격적인 개항을 하자, 일본을 소재로 한 소설이나 연극이 한창 유행했다. 다만 고증이나 사실에 입각한 내용이라기보다 이국적인 의상과 과장된 분장으로 일본이나 중국 사람을 희화한 작품이 많았다. 가장 대표적인 작품은 영국에서 오페레타(오페라와 비슷하나 더 대중성이 있고, 가벼운 것이 특징) 분위기의 코믹 오페라로 큰 성공을 거둔 윌리엄 슈벵크 길버트William Schwenck Gilbert 와 아서 설리번Arthur Sullivan의 〈미카도〉였다. 미카도는 일왕의 별칭으로, 1885년 런던 사보이 극장에서 초연되어 무려 672회의 공연을 했다. 하지만 작품의 배경만 일본의 가상 도시로, 진부한 삼각관계 스토리와 권력자에 대한 정치 풍자가 강한 작품이다. 등장인물 이름조차 난키푸, 염염, 코코 등 희화된 이름을 사용했을 뿐만 아니라 일본인을 우스꽝스러운 분장과 몸짓으로 비하한 내용도 있었다. 영국에서조차 이러한 내용을 직시하고 있어서 1907년 일본 황태자가 런던을 방문했을 때 극장 상연을 잠시 중단한 기록도 찾아볼 수 있다.

보다 현실적인 내용을 다룬 작품으로는 실제 일본을 방문하고 게이샤와 동거 생활까지 했던 프랑스 해군 출신의 작가 피에르 로티Pierre Loti의 1887년 작품 《국화부인》이 있다. 로티는 해군 장교로 세계 곳곳을 누비던 형 구스타프의 삶을 동경해 해군에 지원했다. 로티 역시 세계 각국의 이국적인 도시에 주둔하게 됐는데, 그곳의 여성과 사랑을 나누고 자신의 경험담을 바탕으로 다양한 소설을 집필했다. 그가 스물아홉 살 때 튀르키예 이스탄불에 주둔하면서 만난 현지 여성과의 사랑 이야기를 다룬 《아지야데》를 비롯해 레오 들리브Léo Delibes의 오페라 〈라크메〉의 소재가 된 타히티를 배경으로 한 1880년 작품 《로티의 결혼》, 세네갈 사막에서의 뜨거운 사랑을 그린 1891년 작품 《사막의 기병》 등 이국적인 소재의 소설로 당시 큰 인기를 얻었다. 무엇보다 이 작품들은 자신의 실제 경험을 바탕으로 한 현실감 있는 스토리였기에 사람들의 많은 공감을 얻었다. 한편 1885년 로티는 프랑스 해군 장교로 일본 나가사키에 주둔하게 되었는데, 이때의 경험을 바탕으로 소설《국화부인》을 집필했다. 로티가 만난 게이샤의 이름이 기쿠(일본어로 국화) 상이었는데, 이를 소설 제목에 그대로 사용한 것이었다. 사실 로티의 소설 중엔 동양 여성을 비하한 작품이 많은데, 이 작품에도 그러한 내용이 다소 포함되어 있다. 당시 유럽 남성들이 가졌던 서구 문명에 대한 잘못된 우월감은 로티의 작품에서도 그대로 반영되었다. 이러한 이유에서인지 기쿠 상은 주인공 피에르가 중국으로 발령받아 그와 헤어지게 되자 이별을 슬퍼하기는커녕 그에게 받은 은화를 혼자 세어보며 기뻐하는 등 그다지 순수한 모습으로는 그려지지 않았다. 로티의 작품은 이국적인 로맨틱한 사랑 이야기라기보다는 시니컬한 현실감에 초점을 맞추고 있는 느낌이다.

　프랑스의 작곡가이자 지휘자로 당대 활발한 활동을 했던 앙드레 메사제André Messager가 로티의 작품을 소재로 만든 동명의 오페라에서는 소설과 달리 두 사람의 사랑이 애틋하게 그려졌다. 오페라는 피에르가 고국으로 돌아가는 배에서 기쿠 상의 편지를 읽는 장면으로 마무리되는데, 편지에는 저 멀리 일본에서 그를 항상 생각하며 눈물을 흘리고 있는 사람이 있다는 것을 기억해 달라는 내용이 적혀 있었다. 메사제는 프랑스에서 바그너를 옹호한 작곡가

1885년 피에르 로티(오른쪽)가 '국화부인'과 찍은 기념사진

중 한 사람으로 바그너 작품의 뛰어난 해석가였고, 클로드 드뷔시 Claude Debussy의 〈펠리아스와 멜리장드〉, 귀스타브 샤르팡티에 Gustave Charpentier의 〈루이즈〉 등의 세계 초연 지휘를 맡아 성공적인 공연을 이끌기도 했다. 그러나 바그너를 추종했던 그였지만 작품에서는 바그너의 특징이 그다지 드러나 있지 않다. 그가 작곡한 오페라 역시 오페레타에 가까운 가벼운 모습을 하고 있다. 다만 색채가 풍부한 오케스트레이션과 오페라 코믹의 전통을 잘 계승하고 있어서 프랑스에서는 어느 정도 인기를 끌었다. 메사제의 〈국화부인〉은 푸치니의 〈나비부인〉 이전에는 자주 공연되었으나, 비슷한 소재의

푸치니 작품이 대성공을 거두면서 오페라 극장의 상연 목록에서 아쉽게도 사라지고 말았다.

라 스칼라 극장에서 재기를 노리다

1900년 로마에서 초연된 오페라 〈토스카〉의 대성공으로 40대 초반의 푸치니는 이탈리아뿐만 아니라 유럽 초고의 작곡가로 인정받게 되었다. 이렇듯 일에 있어서는 누구도 부럽지 않은 큰 성공을 거둔 그였지만, 가정에서는 그다지 행복하지 못했다. 엘비라의 전 남편이 이혼을 해주지 않아 정식 결혼을 하지 못한 채 14년이라는 세월을 어정쩡한 동거 상태로 지낼 수밖에 없었고, 푸치니의 여성 편력으로 인해 엘비라와의 관계는 늘 아슬아슬한 줄타기를 하는 듯했다. 푸치니가 사랑했던 수많은 여성은 그의 작품 속 여주인공 캐릭터에 그대로 녹아들기도 했고, 그가 생각하는 이상적인 여성상을 히로인을 통해 표현하기도 했다.

1900년 〈토스카〉 초연 이후 다음 오페라의 소재를 찾아 유럽의 여러 도시를 여행하던 푸치니는 런던에서 우연히 한 편의 연극을 관람하게 되는데, 바로 미국의 극작가이자 연출가였던 데이비드 벨라스코David Belasco의 연극 〈나비부인〉이었다. 이 작품은 2년 전 미국의 한 잡지에 실린 단편 소설을 원작으로 한 것으로, 작가는

1904년 〈나비부인〉 포스터

필라델피아에서 법률가로도 활동한 존 루터 롱John Luther Long이었다. 그가 피에르 로티의 《국화부인》을 읽었는지에 대해서는 정확히 알려져 있지 않지만, 주인공들의 유사성이나 이야기의 흐름이 비슷한 점을 볼 때 로티의 작품을 참고했을 가능성이 높다. 다만 존 루터 롱은 감리교 선교사인 남편을 따라 일본으로 건너간 누나의 이야기를 더해, 나비부인을 비련의 주인공으로 만들어 전체적인 스토리를 감성적으로 묘사했다. 이 작품이 미국에서 화제가 되자 브로드웨이에서 실험적인 연출로 화제가 되었던 데이비드 벨라스코가 판권을 사들여 연극으로 각색했다. 벨라스코는 보다 극적인 효과를 위해 마지막에 나비부인이 자결을 하고, 핑커튼이 이를 발견해 오열하는 장면을 삽입했다. 또한 3년의 기다림 끝에 핑커튼의 배가 나가사키에 입항한 것을 알고 밤새 그를 기다리는 장면을 무려 13분 동안 아무 대사도 없이 한밤 중, 새벽, 아침을 조명만으로 표현했다. 푸치니의 오페라에서도 이 장면이 2막 1장 마지막에 허밍 코러스와 맞물려 더욱 애절하게 구현되었다. 푸치니는 연극을 영어로 감상하는 바람에 대사를 거의 이해하지 못했지만, 이 작품이 자신의 다음 오페라라는 확신이 들어 공연이 끝나자마자 무대 뒤로 벨라스코를 찾아가 오페라 판권 계약을 제안했다. 밀라노로 돌아온 푸치니는 벨라스코의 답장을 기다리는 동안 들뜬 마음으로 〈나비부인〉 사전 작업에 들어갔다. 대본은 〈라 보엠〉과 〈토스카〉에서 함께 작업했던 루이지 일리카와 주세페 자코자가 다시 의기투합했으며, 푸치니는 로티의 《국화부인》을 비롯한 관련 자료들을 검토하기 시작했다. 푸치니는 다른 때와 달리 〈나비부인〉에 대한 무한한 열정과 애정을 드러냈다. 토레 델 라고에 있는 그의 저택은 일본 소품과 미국풍의 인테리어로 인해 마치 프리마켓을 연상시켰다. 또한 여러 가지 경로로 일본의 〈기미가요〉를 비롯해 민요 악보를 수집하기도 했다.

미국에서 판권에 대한 허가가 떨어지자마자 본격적인 작곡 작업이 진행됐다. 이번에도 푸치니의 대본에 대한 고집 때문에 일리카와 자코자는 골머리를 앓았지만, 이미 두 번이나 경험했기에 정해진 수순이라고 생각했다. 푸치니와 리코르디 출판사의 사장 줄리오 리코르디는 〈나비부인〉을 그의 두 번째 오페라 〈에드가〉의 대실패 이후 쳐다보지도 않았던 라 스칼라 극장에서 푸치니의 재기작으로 공연하고자 결정했다. 푸치니에게는 그만큼 이 작품에 대한 열정과 확신이 있었다.

이렇게 들뜬 마음으로 작업하던 푸치니에게 어느 날 청천벽력 같은 사건이 벌어졌다. 1903년 2월 25일, 푸치니와 엘비라 그리고 아들 안토니오가 루카에서 친척들을 만나고 돌아오는 밤길에 그들이 탄 자동차가 전복되는 사고가 발생한 것이다. 엘비라와 안토니오는 다행히 가벼운 타박상만 입었지만, 푸치니는 뒤집힌 자동차에 깔려 오른쪽 다리가 골절되는 중상을 입었다. 마에스트로의 중상 소식은 유럽 전역에 큰 뉴스가 되었고, 라 스칼라 극장에서의 초연은 무산될 위기에 빠지고 말았다. 푸치니는 실신 상태로 병원에 실려 가는 동안에도 〈나비부인〉 걱정을 할 정도로 이 작품에 애정이 있었기에, 병원에 입원해서도 작품의 완성을 위해 펜을 놓지 않았다. 결국 우여곡절 끝에 1904년 2월 17일로 초연 날짜가 다시 잡혔고, 나비부인 역에 로지나 스토르키오Rosina Storchio, 핑커튼 역에 조반니 제나텔로Giovanni Zenatello, 샤플레스 역에 주세페 데 루카Giuseppe De Luca 등 당대 최고의 화려한 라인업으로 캐스팅도 결정되었다. 푸치니와 줄리오 리코르디는 일찌감치 초연 성공에 대한 기대감으로 들떠 있었다.

드디어 역사적인 초연의 막이 올랐다. 그러나 관객들은 익숙하지 않은 일본의 무대 장치와 의상, 분장에 하나둘씩 야유를 보내기 시작했다. 나비부인을 노래한 스토르키오의 열연으로 기모노가 살짝 들리자 누군가가 외쳤다. "그녀의 배를 봐. 토스카니니의 애를 임신했어!" 통통한 체형의 로지나 스토르키오는 토스카니니와의 염문설로 호사가들의 입에 오르내리고 있었다. 이렇게 한두 명으로 시작된 야유는 긴 2막 중에 더욱 심해졌고, 결국 푸치니는 극장을 뛰쳐나오고 말았다. 몰상식한 관객들에게 화가 난 푸치니는 리코르디에게 다시는 라 스칼라 극장에서 자신의 작품 초연을 하지 않겠다고 맹세까지 했다. 실제로 푸치니 작품의 초연이 라 스칼라 극장에서 다시 공연된 것은 그가 사망한 이후 유작인 〈투란도트〉였다.

〈나비부인〉 공연 장면 ⓒ 누오바 오페라단

나비부인의 비상

처참하게 초연에 실패한 다음날 아침, 대본 작가 루이지 일리카는 당황스러운 표정으로 출판사 사무실로 리코르디를 찾아갔다.

리코르디: 일리카, 신문 기사 읽어봤어?

일리카: 아니오. 어떤 기사도 일부러 안 읽었어요. 우리의 〈나비부인〉이 요람에서 처참하게 죽어갔잖아요.

리코르디: 아니, 난 그렇게 생각 안 해. 우리의 경쟁 출판사인 손초뇨에서 매수한 방해꾼들이 소란을 좀 피웠지만, 평론가들의 생각은 좀 다른 걸. 여기 읽어봐. '나는 토리노에서 초연했던 〈라 보엠〉을 기억하고 있다. 초연 당시 관객들의 미지근한 반응에도 불구하고 얼마 지나지 않아 대중이 가장 사랑하는 오페라로 자리 잡았다. 〈라 보엠〉의 멜로디 라인과 〈마농 레스코〉의 오케스트레이션이 그대로 재현된 〈나비부인〉 역시 그러한 기회가 오리라 확신한다.' 나 역시 같은 생각이야.

푸치니 역시 마음에 큰 상처를 입었지만, 5월 24일 브레시아에서 결정된 재연을 위해 서둘러 수정 작업에 돌입했다. 초연 때 관객으로 참석했던 토스카니니가 많은 조언을 했는데, 너무 길었던 2막을 간주곡을 기점으로 장면을 나누고 핑커튼의 아리아를 새로 삽입하기로 했다. 1막의 결혼식 장면 역시 과감한 삭제를 통해 드라마 전개를 보다 간단하게 정리했다. 브레시아에서의 재연은 푸치니와 리코르디의 생각이 옳았음을 전적으로 증명해주었다. 재연 이후 〈나비부인〉은 순식간에 유럽 오페라 극장들을 점령해 〈토스카〉나 〈라 보엠〉에 버금가는 인기를 끌었다. 베리스모의 광기를 표현한 〈토스카〉에 비해 〈나비부인〉은 개인적이고 섬세한 감정을 푸치니다운 멜로디와 오케스트레이션으로 표현했으며, 특히 주인공 두 사람의 문화적 차이와 갈등을 음악으로 잘 묘사했다. 나비부인이 처음 등장할 때 음악 분위기가 앞의 장면과 확실히 차이가 나는데, 푸치니는 〈에치고의 사자 놀이〉에서 채용한 민요 선율을 사용해 이국적인 정서를 풍부하게 했다. 그 외에도 〈기미가요〉를 비롯해 온음 음계와 5음 음계를 사용한 모티브들이 곳곳에 산재해 있다. 여기에 비해 핑커튼의 선율은 단순하면서도 직선적이며, 두 연인의 사랑이 열정적으로 표현된 사랑의 이중창에서는 서로 다른 두 가지 요소가 잘 통합되었다. 〈나비부인〉은 푸치니의 다른 작품과 마찬가지로 강렬한 효과의 서주로 시작되는데, 이 푸가풍의 음악은 게이샤와 하인들이 분주하게 집 단장을 하고 있는 모습을 연상시킨다.

줄거리는 다음과 같다. 미국 해군 장교 핑커튼은 나가사키에 임시로 주둔하게 되면서 중매쟁이 고로의 소개로 초초상(초초는 일본어로 나비라는 뜻)과 계약 결혼을 하게 되지만, 미국에 돌아가면 미국 여인과 정식 결혼을 할 생각이다. 두 사람의 결혼식에는 핑커튼의 이런 가벼운 생각에 따끔하게 충고를 하는 미국 영사 샤플레스와 초초상의 친척들이 참석한다. 결혼식 전에 그녀는 핑커튼에게 진정한 사랑을 위해 기독교로 개종까지 했다는 사실을 알려준다. 한편 그녀의 친척 중에 스님인 본조는 개종 사실을 알고 결혼식 중에

나타나 초초상을 저주하고, 친척들을 모두 데리고 가버린다. 이에 친척에게 버림받은 나비부인을 핑커튼이 위로하고, 서로에게 영원한 사랑을 맹세하며 첫날밤을 보낸다.

핑커튼이 초초상을 나가사키에 둔 채 본국으로 돌아가고 3년 뒤, 그녀는 핑커튼과의 사이에서 낳은 아이를 키우며 그를 기다린다. 초초상은 그가 반드시 돌아올 것이라는 믿음으로 하루하루를 견디면서 고로가 소개한 새로운 구혼자 야마도리마저 단호히 거절한다. 샤플레스는 핑커튼이 미국에서 정식으로 결혼했다는 편지를 받고 이 사실을 초초상에게 알려주기 위해 집을 방문하지만, 그녀의 확고한 믿음에 차마 사실을 얘기하지 못하고 돌아간다. 한편 항구에서 들려오는 대포 소리로 핑커튼이 탄 아브라함 링컨 호가 도착한 사실을 안 초초상은 하녀 스즈키의 도움으로 집안을 꽃으로 장식하고, 그를 밤새 기다린다. 초초상이 아이를 재우기 위해 옆방으로 간 사이 핑커튼은 샤플레스, 그리고 자신의 부인 케이트와 함께 초초상의 집을 방문한다. 케이트와 샤플레스는 스즈키에게 초초상을 설득해 아이를 넘겨주면 잘 키우겠다는 이야기를 하고, 핑커튼은 초초상이 한결같은 마음으로 자신을 기다렸다는 사실을 알고 자신의 행동을 후회하며 뛰쳐나간다. 바깥에서 벌어지는 소동으로 초초상은 남편이 돌아왔음을 알고 서둘러 나오지만, 케이트를 발견하고 자신의 비참한 현실을 직시하게 된다. 명예롭게 죽겠다는 결심을 한 그녀는 케이트에게 30분 후에 오면 아이를

초초상의 대명사로 유명한 소프라노 미우라 타마키의 동상

내어 주겠다고 말하며 모두를 내보낸다. 아버지가 자결한 칼을 찾은 초초상에게 스즈키가 아이를 방으로 들여보내고, 초초상은 마지막으로 그를 포옹하고 다시 정원으로 내보낸다. 마침내 그녀는

홀로 방안에서 자결하고, 핑커튼이 멀리서 그녀의 이름을 부르며 달려 들어온다.

〈나비부인〉은 전형적인 프리마 돈나 오페라다. 주역 소프라노가 전체 드라마를 혼자 이끌고 가기 때문에 감정적 에너지 소모가 많은데 베르디의 〈라 트라비아타〉, 도니제티의 〈람메르무어의 루치아〉 등이 이러한 작품이다. 〈나비부인〉도 1막 시작 부분과 2막 2장 첫 부분을 제외하고는 무대에 계속 나와 있어야 되기 때문에 일단 분량 자체가 많다고 할 수 있다. 너무도 유명한 아리아 '어떤 개인 날'은 푸치니가 작곡한 아리아 중에서도 여주인공의 감정선이 디테일하게 표현되어 있다. 이 곡은 타고난 선율 작곡가였던 푸치니의 특징이 잘 드러나 있는데, 사랑하는 사람이 돌아올 것이라는 내면의 강한 자신감이 부드러우면서도 가늘게 이어지는 멜로디 안에 열정적으로 표현되었다. 음악이 바뀌면서 실제 핑커튼이 언덕을 올라오는 듯한 환상에 빠지는 부분은 듣는 사람마저 같은 잔상을 연상하게끔 한다. 주제가 다시 포르테로 노래되는 부분은 스스로의 의심을 이겨내고자 다시금 자신을 다독이지만, 푸치니는 그 믿음이 허황된 것이라는 암시를 하고 있다.

다른 두 아리아 '네 어미는 너를 안고'와 자결하기 전 마지막 아리아 '너, 너, 내 사랑, 작은 아가'는 자신의 모든 설움과 감정을 쏟아내는 아리아이기 때문에 역시 감정적인 소모가 많다. 또한 핑커튼, 샤플레스, 스즈키 등 다른 주역들과 계속되는 이중창을 노래해야 된다. 그래서 대본상으로는 1막에선 열다섯 살, 2막에선 열여덟 살의 앳된 소녀지만 푸치니 오페라의 다른 히로인과 마찬가지로 리릭 소프라노들이 노래하게끔 되어 있다. 이는 당시 오페라의 특징이 레제로 소프라노(가볍고 우아하게 노래하는 소프라노)들이 많이 활동했던 벨칸토 시대와는 달리 리릭 소프라노들을 선호하던 시대였기 때문이다.

푸치니의 작품 중에서 〈나비부인〉은 특별하다. 〈라 보엠〉의 아기자기한 맛이나 〈토스카〉처럼 무대에서 피가 낭자한 베리스모적인 격정은 없을지 모르지만, 사랑하는 사람에게 처절하게 버림받는 한 여성의 심리 묘사를 음악적으로 섬세하게 풀어낸 푸치니의 솜씨가 이 오페라의 생명력에 꺼지지 않는 불을 붙였다.

함께하면 좋은 추천 음반과 영상

푸치니 오페라 중에서도 가장 감성적인 이 작품은 영상물을 보는 것보다 음반을 들으며 푸치니 음악에 흠뻑 빠져보는 것이 좋지 않을까 싶다. 헤르베르트 폰 카라얀이 빈 필하모닉 오케스트라를 이끌고 녹음한 음반(Decca, CD 417 577-2, 1974)은 너무도 절절하게 타이틀 롤을 노래한 미렐라 프레니와 거침없는 표현력의 루치아노 파바로티Luciano Pavarotti, 그리고 미렐라 프레니를 잘 보조하며 드라마의 중심을 잡아주고 있는 크리스타 루드비히Christa Ludwig 등 조역에 이르기까지 완벽한 캐스팅이 돋보인다. 같은 캐스팅에 장 피에르 폰넬이 연출한 영상물(DG, DVD 00044007351314, 1974)에는 루치아노 파바로티 대신 외모가 훤칠한 플라시도 도밍고가 기용되었다.

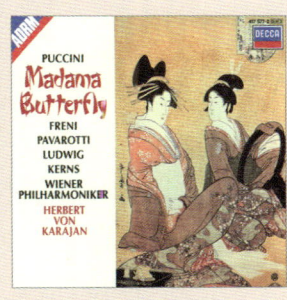

헤르베르트 폰 카라얀 지휘 음반

레나타 테발디 음반

미렐라 프레니 이전 가장 표준적인 연주로 손꼽혔던 레나타 테발디의 음반(Decca, CD 470 577-2, 1958)은 무엇보다 이탈리아 오페라 지휘의 위대한 마에스트로 툴리오 세라핀Tullio Serafin의 전통적인 해석을 들을 수 있다. 레나타 테발디를 전면에 내세워 푸치니 음악의 다양한 색채에 생명력을 한껏 불어 넣었다.

〈나비부인〉의 내적인 감정 표현을 보다 극적으로 표현해 낸 레나타 스코토의 음반(EMI, CD CMS 7 69654 2, 1966)은 핑커튼의 바람둥이다운 기질을 잘 표현해낸 카를로 베르곤치와, 로마 오페라 극장 오케스트라를 정성껏 이끌어 보다 촘촘한 음색을 만들어낸 존 바비롤리John Barbirolli의 뛰어난 지휘가 돋보인다.

안젤라 게오르규Angela Gheorghiu와 요나스 카우프만의 음반(EMI, CD 5 099926 418728, 2008)은 코벤트 가든을 중심으로 활발한 활동을 하고 있는 안토니오 파파노의 명성을 널리 알려준 녹음으로, 그의 열정적인 지휘 아래 산타 체칠리아 오케스트라의 변화무쌍한 음색이 화려하게 펼쳐진다.

영화 〈잉글리쉬 페이션트〉의 감독 안소니 밍겔라Anthony

Minghella가 연출한 메트로폴리탄 실황(Sony, DVD 8697-80662-9, 2008)은 어두운 오페라 내용에 비해 화려한 색감의 무대가 대비되어 흥미롭다. 패트리샤 라세트Patricia Racette의 나비부인과 영상물에서 핑커튼을 자주 노래한 마르첼로 조르다니Marcello Giordani의 가창도 비교적 만족스럽다.

메트로폴리탄 실황

QR코드를 스캔하면 미국 뉴욕 메트로폴리탄 오페라 극장에서 열린 장센(지휘), 메트로폴리탄 오퍼라 극장 오케스트라(연주) 영상을 볼 수 있다.

Chapter 10

치열했던 냉전 시대와
아담스의 〈닉슨 인 차이나〉

미국과 소련, 냉전의 시작

제2차 세계대전이 끝난 직후, 전쟁 중 동맹 관계를 맺고 있던 미국과 소련은 곧바로 대립 구도로 전환되었다. 전쟁 기간 동안 나치 독일이라는 공통의 적에 대항하기 위해 협력했던 두 나라는 전쟁이 끝난 뒤 각자의 이념과 체제 차이로 인해 심각한 갈등을 겪기 시작했다. 미국은 민주주의와 자본주의를 기반으로 한 세계 질서를 유지하려 했고, 소련은 공산주의 이념을 확산하며 자본주의 체제를 비판하고 대항했다. 이 과정에서 두 초강대국은 군사·정치·경제 경쟁을 통해 전 세계를 각자의 진영으로 편입시키려는 노력을 기울였다.

　미국은 먼저 서유럽 국가들을 중심으로 동맹을 강화하고, 소련의 공산주의 확산을 견제하기 위한 군사 협력 체제를 구축했다. 이러한 노력의 결실이 1949년 창설된 북대서양조약기구North Atlantic Treaty Organization, NATO다. NATO는 미국과 캐나다를 비롯해 서유럽 주요 국가들이 참여한 군사 동맹으로, 회원국 상호 간에 군사 공격을 방어하고 외부로부터의 침략에 공동으로 대응하겠다는 약속을 바탕으로 했다. 조약의 핵심조항인 제5조에 대해 동맹국들은 '회원국 일방에 대한 무력공격을 전체 회원국에 대한 공격으로 간주한다'는 것과, 각 동맹국은 공격에 대응해 '무력의 사용을 포함해 필요하다고 판단되는 조치를 취한다'는 것에 동의했다. 그러나 NATO는 단순한 군사 동맹체 이상의 역할을 했다. 이는 미국의 민주주의와 자본주의를 중심으로 한 이념 연대를 강화하는 장치였으며, 동시에 소련의 영향력을 유럽 대륙 내에서 차단하려는 전략의 핵심이었다. 미국은 NATO를 통해 유럽 내에서 소련의 군사 위협에 대응할 뿐 아니라, 서유럽 국가들에게 경제적·정치적 안정을 제공함으로써 공산주의 세력을 약화시키려 했다. 이로써 NATO는 단순한 방위 협정을 넘어 자유 진영의 이념적 상징으로 자리 잡았다.

반면 소련은 자신들의 체제를 확산하고 자본주의를 붕괴시키기 위해 동유럽 국가와의 연대를 강화했다. 스탈린의 지도 아래 소련은 전쟁 직후 쉽게 세력을 뻗칠 수 있는 동유럽 대부분의 국가에 공산주의 정권을 세우거나 이를 지원하며 자신의 영향력을 확대했다. 이들 국가들은 소련에게 정치적·군사적 보호를 받는 대신 경제와 정치가 종속 상태에 놓였다. 소련은 이러한 동맹을 통해 동유럽을 완충 지대로 삼아 서방의 침략 가능성에 대비하려 했다. 소련

바르샤바 조약기구 서명이 체결된 폴란드 바르샤바 대통령궁

은 1955년 바르샤바 조약기구를 결성하며 미국과 NATO에 대응했다. 바르샤바 조약기구는 동유럽 공산주의 국가를 중심으로 한 군사 동맹으로, NATO와 첨예하게 대립되는 조직이다. 이 기구는 군사 협력을 통해 공산주의 진영의 결속을 다지는 데 중요한 역할을 했으며, 소련이 동유럽을 효과적으로 통제할 수 있도록 하는 도구로 작용했다. 특히 동유럽에서 공산주의 체제에 반발하는 움직임이 나타날 때 소련은 바르샤바 조약기구를 통해 무력 개입을 정당화했다.

군사적 대립과 함께 두 초강대국은 경제면에서도 치열하게 경쟁하는 모습을 보였다. 미국은 전후 유럽의 경제 재건을 위해 마셜 플랜Marshall Plan을 시행했다. 1948년에 시작된 마셜 플랜은 4년 동안 130억 달러(현재 화폐 가치로 1300억 달러) 이상의 경제·기술 지원을 서유럽 국가들에 제공하며 이들의 전쟁 피해 복구와 경제 성장을 촉진했다. 미국은 이 계획을 통해 유럽 내에서 공산주의 세력이 확산되는 것을 막고, 자본주의 체제의 장점을 강조하려 했다. 마셜 플랜은 단순한 경제 지원을 넘어 서유럽 국가들과 미국 간의 경제적 유대를 강화하는 데도 중요한 역할을 했다. 경제 지원을 받은 국가들은 미국의 자유시장 경제 모델을 채택하거나 이에 기반한 정책을 도입했다. 이는 서유럽 국가들이 공산주의 체제를 선택하지 않고 자본주의 진영에 속하도록 유도하는 데 효과적이었다. 결과적으로 마셜 플랜은 서유럽의 경제 재건과 공산주의 확산 방지라는 두 가지 목표를 모두 달성하는 데 기여했다.

이에 맞서서 소련은 동유럽 공산주의 국가들의 경제 협력을 강화하기 위해 1949년 경제상호원조회의Council for Mutual Economic Assistance, 일명 코메콘COMECON을 설립했다. 코메콘은 소련과 동유럽 공산주의 국가 간의 경제 협력을 증진하고, 자본주의 진영의 경제적 압박에 대응하기 위한 목적을 가지고 있었다. 소련은 코메콘을 통해 동유럽 국가들의 경제 자립을 지원했으며, 동시에 이들 국가의 경제를 자신들의 필요에 맞게 개편했다. 이는 동유럽 국가들이 서방 세계로부터 경제적으로 독립하는 데 도움을 주었지만, 동시에 이들 국가의 경제 종속을 심화시키는 결과를 낳았다.

냉전 초기의 군사·경제 대립은 단순히 두 초강대국 간의 경쟁으로 그치지 않았다. 이 대립은 세계 각국의 정치·경제·사회에 지대한 영향을 미쳤으며, 냉전 구도의 기초를 형성했다. 미국과 소련은 자신들의 체제를 확산하기 위해 군사 동맹과 경제 지원을 활용했고, 이는 세계를 자본주의와 공산주의라는 두 진영으로 분열시키는 결과를 가져왔다.

특히 NATO와 바르샤바 조약기구의 대립은 냉전의 군사적 긴장을 심화시켰으며, 마셜 플랜과 코메콘은 이념 대립을 경제 영역으로 확대시켰다. 이러한 대립은 단순한 이념의 차이를 넘어 각 진영의 체제와 삶의 방식을 선택해야 하는 문제로 이어졌다. 냉전 초기의 경쟁은 이후 전개될 냉전의 양상을 결정짓는 중요한 요소였다.

냉전 체제하 중국의 등장

냉전 초기 세계는 미국과 소련이라는 두 초강대국 간의 이념 대립이 중심이었다. 그러나 중국이라는 중요한 변수가 등장하며 점차 복잡해졌다. 제2차 세계대전 이후 중국은 국공내전을 겪으며 혼란에 빠졌고, 내전은 마오쩌둥毛澤東이 이끄는 공산당과 장제스蔣介石의 국민당 간의 치열한 투쟁으로 이어졌다. 결국 1949년 공산당의 승리로 중화인민공화국이 수립되었다. 이 승리는 냉전 구도를 새로운 방향으로 이끄는 주요 계기가 되었다.

1966년 8월 18일의 마오쩌둥

중화인민공화국이 설립된 후 패배한 국민당은 대만으로 철수하며 대륙은 공산주의 체제가 되었다. 당시 미국은 큰 충격을 받았으며, 이를 '중국 대륙의 상실'로 규정하고 아시아에서 공산주의가 확산될 가능성에 대해 심각하게 우려했다. 미국은 대만의 국민당 정부를 중국의 유일한 합법 정부로 인정하고 중화인민공화국과의 외교 관계를 단절했다. 이는 미국과 중국 간의 적대적 관계 형성의 시작점이었다.

중화인민공화국 수립 후 미국과 중국의 대립은 1950~1953년 발생한 한국전쟁을 계기로 더욱 악화되었다. 한국전쟁은 냉전의 주요 대리전 중 하나로, 북한과 남한 간의 군사적 충돌에서 시작되었지만 곧 미국과 소련, 중국이 개입하면서 국제 전쟁으로 확대되었다. 미국은 유엔군을 이끌고 남한을 지원했으며, 중국은 북한을 적극적으로 지원하며 전쟁에 참여했다. 특히 1950년 말 중국 인민지원군이 대규모로 참전하면서 미국과 중국은 한반도에서 직접적인 군사 충돌을 벌였다. 중국의 참전은 미군의 북진을 저지하고 전선을 38선 부근으로 되돌리는 데 결정적인 역할을 했다. 이 과정에서 수십만 명의 중국군과 미군이 전투를 벌였고, 이는 두 나라 간의 적대감을 더욱 심화시켰다.

냉전 초기에 중국은 공산주의 진영의 일원으로 소련과 긴밀한 동맹 관계를 맺었다. 그리고 1950년, 중국과 소련은 중소우호동맹상호원조조약을 체결하며 양국 간의 협력을 공식화했다. 이 조약을 통해 소련은 중국에 대규모 경제·군사 지원을 제공했으며, 중국은 소련의 도움을 받아 산업화와 체제 안정을 꾀했다. 마오쩌둥의 중국은 소련을 공산주의 혁명의 모델로 삼으며 초기에는 협력적인 관계를 유지했다.

그러나 이러한 동맹 관계는 시간이 지남에 따라 균열을 보이기 시작했다. 스탈린 사망 후 소련의 새로운 지도자 니키타 흐루쇼프 Nikita Khrushchyov는 미국과의 평화 공존 정책을 주장하며 공산주의 진영 내에서 점진적이고 온건한 노선을 취했다. 마오쩌둥은 이러한 흐루쇼프의 정책을 강하게 비판하며 '공산주의의 배신'으로 간주했다. 그는 중국만의 독자적인 공산주의 노선을 강조하며 소련

마오쩌둥 동상 ⓒ Tyg728

과의 이념적 차별성을 드러냈다. 이 갈등은 특히 1960년대 초반에 심화되어 중국의 코메콘 탈퇴를 시작으로 양국 간의 외교 단절로 이어졌다. 마오쩌둥은 소련의 정책을 '수정주의'라고 비난하며 공산주의 진영 내에서의 지도권을 놓고 소련과 경쟁을 벌였다. 중국과 소련 간의 이념 갈등은 군사 긴장으로까지 발전했으며, 양국은 국경 지역에서 무력 충돌 가능성을 경고하는 상황에 이르렀다.

냉전 초기 공산주의 진영은 미국과 자유주의 진영에 대항하기 위해 통일된 모습을 보였지만, 중소 갈등은 공산주의 진영의 분열을 드러내는 계기가 되었다. 이는 미국에게 유리한 환경을 제공했고, 이후 냉전 구도에서 중국과 소련이 서로 견제하는 모습은 미국의 전략적 선택에 중요한 변수가 되었다. 특히 1960년대 중반 이후 중국은 소련과의 관계 악화를 계기로 독립적인 외교 정책을 모색하기 시작했다. 마오쩌둥은 새로운 국제적 파트너를 찾으려 했고, 이는 미국과의 관계 개선으로 이어지는 중요한 계기가 됐다.

중국과 미국의 밀월여행

비밀리에 진행된 1971년 헨리 키신저Henry Kissinger의 중국 방문은 냉전의 흐름 속에서 국제 관계의 판도를 바꾼 가장 중요한 외교 사건 중 하나다. 이 사건은 단순히 양국 간의 관계 개선을 넘어 냉전의 양극 구도를 다극화로 전환하는 기폭제 역할을 했다. 당시 미국과 중국은 공통의 위협으로 떠오른 소련을 견제할 필요성을 느끼고 있었으며, 이를 바탕으로 양국은 전략적 협력 가능성을 모색하기 시작했다.

미국의 입장에서 베트남 전쟁의 장기화와 소련의 군사적 확대는 심각한 부담으로 작용하고 있었다. 닉슨 행정부는 이러한 상황을 타개하기 위해 소련과 중국을 분리하고, 이를 통해 냉전 구도의 균형을 조정하려는 전략을 세웠다. 반면 중국은 중소 갈등으로 소련과의 관계가 극도로 악화된 상황에서 새로운 외교 파트너를 모색하고 있었다. 이러한 배경 속에 키신저의 중국 방문이 성사되었다.

1971년 8월, 키신저는 파키스탄을 경유해 베이징을 방문했다. 이는 당시 극도로 기밀이 유지된 외교 작전으로, 키신저의 방중 사실은 협상이 종료된 후에야 언론에 공개되었다. 키신저는 중국 총리 저우언라이周恩來와 만나 양국 간의 관계 개선 가능성을 논의했으며 주요 의제로는 소련의 군사적 위협, 양국 간의 경제 및 외교 협력, 대만 문제 등이 포함되었다. 회담에서 양측은 서로의 전략적 필요성과 공통의 이해를 확인했으며, 이는 곧 양국 정상 간의 만남으로 이어지게 되었다. 특히 중국은 미국과의 관계 개선을 통해 국제 사회에서의 고립을 탈피하고, 소련에 대한 전략적 균형을 도모하려는 의도를 분명히 했다. 한편 미국은 중국과의 협력을 통해 소련에 외교 압박을 강화하고, 아시아에서의 영향력을 재정립하려는 목표를 추구했다.

1972년 2월, 리처드 닉슨 대통령은 베이징을 방문하며 미국 대통령으로서는 최초로 중국 땅을 밟는 새로운 역사를 만들었다. 닉슨은 방중 기간 동안 마오쩌둥과 저우언라이를 만나 주요 외교 의제를 논의했으며, 양국 간의 새로운 협력 관계를 구축하기 위한 토대를 마련했다.

닉슨과 마오쩌둥의 만남은 특히 상징적인 의미를 지녔다. 두 지도자는 과거의 적대감을 넘어 새로운 관계를 구축하기 위한 필요성을 공유했으며, 냉전 속에서 양국이 직면한 공통의 도전 과제에 대해 논의했다. 닉슨은 이 자리에서 "우리는 같은 세계에 살고 있

중국을 방문한 닉슨 미국 대통령을 저우언라이 중국 총리가 마오타이주로 접대하는 모습
ⓒ Richard Nixon Presidential Library and Museum

지만, 너무 오랫동안 서로를 무시해왔다"고 언급하며 양국 간의 관계 개선 의지를 분명히 밝혔다. 이러한 논의는 이후 양국 간 협력의 기틀을 마련하는 데 중요한 역할을 했다.

닉슨의 방중은 상하이 코뮈니케(외교상의 공문서, 정부의 공식 성명서) 발표로 이어졌다. 이 문서는 미국과 중국 간의 관계 개선을 공식화하는 중요한 외교적 성과로 평가받는다. 상하이 코뮈니케에서 양국은 소련의 군사적 위협을 공동으로 인식하며 상호 협력을 강화하기로 합의했다. 또한 미국은 '하나의 중국' 원칙을 인정하며 대만 문제에 대해 중국의 입장을 존중한다는 점을 명시했다. 이는 미국이 대만 문제에서 유연한 태도를 보임으로써 중국과의 관계

리처드 닉슨, 저우언라이, 장칭(마오쩌둥 부인) 및 기타 인사들이 공연 관람을 위해 참석한 모습
ⓒ White House Photo Office

개선을 촉진하려는 의도로 해석된다. 이러한 양국 간의 협력은 냉전 구도를 다극화하며 국제 관계의 변화를 가져왔다. 우선 미국은 중국과의 관계 개선을 통해 소련에 외교적 압박을 가할 수 있었다. 이는 미국의 대소 전략에 중요한 변화를 가져왔으며, 이후 미국과 소련 간의 데탕트(긴장 완화) 정책에도 영향을 미쳤다. 그리고 중국은 국제 사회에서의 고립을 탈피하며 새로운 외교 입지를 다질 수 있었다. 이는 중국이 이후 UN에 공식적으로 가입하고, 대만 대신 중국 대륙이 중국을 대표하게 되는 계기가 되었다. 또한 닉슨의 방중은 미국 내외에서 큰 반향을 일으켰다. 미국 내에서는 냉전 전략의 전환으로 평가받았으며, 국제 사회에서는 냉전 구도의 변화를 보여주는 상징적인 사건으로 받아들여졌다. 이 사건은 미국과 중

국 모두에게 이익을 가져다주었으며, 양국 간의 관계 개선이 냉전 구도의 재편에 기여하는 사례로 기록되었다.

닉슨의 몰락과 워터게이트 사건

그러나 닉슨의 1972년 중국 방문을 단순히 외교 성과로만 보기에는 미국 국내 정치 상황과 밀접하게 얽혀 있는 측면도 있다. 바로 워터게이트 사건 때문이다. 이 사건은 1972년 6월, 워싱턴 D.C.의 워터게이트 빌딩에 있는 민주당 선거운동 지휘 본부에 도청 장비를 설치하려던 닉슨 캠프 관계자가 적발되며 시작되었다. 이 사건은 초기에는 단순한 정치 스캔들로 여겨졌으나, 이후 닉슨 행정부가 이를 은폐하려 했다는 사실이 밝혀지면서 심각한 파문을 일으켰다. 하지만 1972년 당시 워터게이트 사건은 언론과 대중의 주목을 크게 받지 않았고, 닉슨 대통령은 재선 캠페인을 성공적으로 진행하고 있었다.

닉슨 행정부는 워터게이트 사건 초기 단계에서 이를 축소 및 은폐하려는 전략을 구사했다. 그러나 사건의 파장이 커질 가능성을 염두에 두고, 이를 상쇄할 만한 대규모 정치적 성과가 필요하다고 판단했다. 이와 같은 맥락에서 국내 정치 위기를 잠재우고 대중의 관심을 돌리기 위한 수단으로 닉슨의 중국 방문을 더욱 포장해 선

워터게이트 빌딩

전했다.

  닉슨은 중국과의 관계 개선을 통해 미국 대외 정책에서 획기적인 성과를 이끌어내고자 했다. 그는 냉전 구도에서 중국이라는 새로운 외교 파트너를 확보함으로써 소련을 견제하고, 동시에 자신이 '위대한 외교가'라는 이미지를 강화하고자 했다. 닉슨 행정부는 중국과의 관계 개선을 세기의 외교로 포장해 국내외적으로 큰 주목을 받았다. 닉슨은 자신의 외교적 성공이 워터게이트 사건과 같은 부정적인 이슈를 잠재울 수 있다고 믿었다. 실제로 중국 방문 이후 언론의 관심은 냉전 구도의 변화와 미중 관계에 집중되었다. 이는 닉슨이 워터게이트 사건과 관련된 문제를 뒤로 숨기고, 자신의 리더십을 강조하는 데 효과적으로 활용한 사례로 볼 수 있다.

닉슨의 전략은 초기에는 성공적이었다. 워터게이트 사건의 초기 보도는 중국 방문이라는 화려한 외교 성과에 가려 크게 주목받지 못했다. 닉슨은 중국과의 관계 개선을 통해 '냉전을 종식시키는 지도자'라는 이미지를 구축하며 자신의 정치적 입지를 강화할 수 있었다. 이는 워터게이트 사건이 본격적으로 폭로되기 전까지 닉슨이 대중과 정치권에서 비교적 높은 지지를 유지할 수 있었던 주요 요인 중 하나였다. 실제로 1972년 11월 닉슨은 재선에 성공했다. 그러나 워터게이트 사건이 1973년부터 본격적으로 폭로되면서 닉슨의 정치적 입지는 급격히 약화되었다. 사건의 전말이 드러나자 중국 방문과 같은 대규모 외교 이벤트가 냉전 구도의 변화만을 목표로 한 것이 아니라, 닉슨의 정치적 생존 전략의 일환이었다는 분석이 등장했다.

닉슨의 중국 방문은 워터게이트 사건이 발생하기 전에 계획되고 실행된 독립적인 외교 사건이다. 그러나 워터게이트 사건이 본격적으로 파장을 일으킨 이후 닉슨은 외교적 성공을 활용해 자신의 리더십을 방어하고 여론의 관심을 돌리려 했다. 따라서 두 사건은 시간적으로는 분리되어 있지만, 정치적 맥락에서는 서로 얽혀 있는 측면이 있다.

미니멀리즘 음악의 탄생

미니멀리즘 음악은 1960년대 중반 미국에서 탄생했다. 이는 당대 음악계에서 복잡하고 실험적인 현대음악 양식에 대한 반발과 새로운 예술적 요구로부터 시작되었다. 조성이 붕괴된 20세기 초부터 음악은 표현주의, 12음 기법, 전자음악, 우연음악(작곡이나 연주에 인위적인 구성을 배제하고 우연성을 가한 음악) 등 다방면으로 확장되었지만, 이러한 경향은 청중에게 난해하게 받아들여졌다. 미니멀리즘은 이러한 흐름에 도전하며 음악적 단순성을 탐구하기 시작했다. '미니멀리즘'이라는 용어는 원래 미술에서 사용되던 것으로, 본질만을 남기고 군더더기를 제거하는 미학적 접근을 의미한다. 이 철학이 음악에도 적용되어 미니멀리즘 음악이라는 새로운 장르가 탄생하게 되었다.

미니멀리즘 음악은 기존의 음악 양식과 달리 복잡한 형식과 대위법을 배제하고 단순한 구조를 강조했다. 이는 현대 음악이 지나치게 실험적이고 난해하다는 비판 속에서 청중과 더 쉽게 소통할 수 있는 음악을 만들기 위한 움직임으로 시작되었다. 작곡가들은 반복과 단순성을 통해 몰입과 명상적인 분위기를 창출했으며, 음악 자체가 시간 속에서 유기적으로 변형되는 과정을 경험하게 했다.

미니멀리즘 음악의 탄생에는 사회·문화 요인도 크게 작용했다.

1960년대는 베트남 전쟁과 같은 정치 혼란, 시민권 운동, 히피 문화와 같은 사회적 변화를 경험한 시기였다. 이러한 시대 배경 속에서 미니멀리즘은 복잡한 사회 현실에 대한 대안적 표현으로 자리 잡았다. 미니멀리즘 음악은 단순하고 반복적인 패턴을 통해 인간의 내면과 감각에 집중하도록 유도하며, 기존 음악 양식과는 다른 차원의 경험을 제공했다. 미니멀리즘 음악의 핵심 철학은 '적은 것이 많은 것이다Less is more'라는 문장으로 요약될 수 있다. 이 철학은 음악의 본질을 탐구하려는 시도로 이어졌으며, 기존의 과장된 표현이나 복잡한 구조를 배제하고 본질적인 요소로만 구성된 작품을 지향했다.

미니멀리즘 음악은 같은 시대에 진행되었던 시각 예술과 문학의 미니멀리즘 운동과 깊은 연관성을 가지고 있다. 시각 예술에서는 마르셀 뒤샹Marcel Duchamp과 도널드 저드Donald Judd 같은 예술가들이 미니멀리즘의 선구자로 활동했다. 마르셀 뒤샹은 일상적인 사물을 예술의 경지로 끌어올리며 군더더기를 제거한 표현 방식을 보여주었다. 그의 대표작 〈샘〉은 단순한 소변기를 예술 작품으로 제시하며, 관람객으로 하여금 그 본질을 재고하도록 유도했다. 도널드 저드는 단순한 기하학적 형태와 반복을 강조하며 작품의 형태와 재료를 드러내는 데 집중했다. 이러한 미니멀리즘 예술은 음악에서 단순성과 반복을 활용하는 미니멀리즘 음악의 이론적 기반을 제공했다.

미니멀리즘 음악은 다음과 같은 특징을 가지고 있다. 첫째, 반복이다. 단순한 리듬과 화음, 선율을 반복적으로 사용하며 청중에게 일종의 명상적 상태를 유도한다. 둘째, 점진적 변화다. 반복되는 요소가 시간의 흐름에 따라 미묘하게 변화하며 청중이 그 변화를 느낄 수 있도록 한다. 셋째, 단순성이다. 음악적 요소를 가능한 한 최소화해 본질적인 아름다움을 강조한다. 넷째, 고정된 조성이다. 대체로 특정 조성에 머물며 이를 통해 안정감을 제공한다. 다섯째, 긴 지속이다. 일반적으로 길게 지속되며 청중에게 시간의 흐름을 새로운 방식으로 경험하게 한다.

미니멀리즘 음악의 초기 발전은 몇몇 선구적 작곡가들에 의해 이루어졌다. 이들은 각기 다른 방식으로 미니멀리즘 아이디어를 실험하며 장르의 기초를 형성했다. 테리 라일리Terry Riley는 초기 선구자라고 할 수 있는데, 그의 1964년 작품 〈인 씨In C〉는 미니멀리즘 음악의 탄생을 알리는 중요한 작품으로 53개의 짧은 구절을 반복적으로 연주하는 방식으로 구성되었다. 스티브 라이히Steve Reich는 미니멀리즘 음악을 체계화한 작곡가로, 반복적 패턴과 위상 변화를 실험했다. 그의 1965년 작품 〈잇츠 고너 레인It's Gonna Rain〉은 두 개의 테이프 녹음을 약간의 시간차를 두고 재생하며 위상 변화를 탐구한 초기 작품이다. 필립 글래스Philip Glass는 미니멀리즘 음악을 대중화한 작곡가 중 한 명으로, 반복적 선율을 기반으로 한 복잡한 음악 구조를 개발했다.

2017년 테리 라일리의 일본 도쿄 공연 모습 ⓒ Takahiro Kyono

    오페라 〈닉슨 인 차이나〉를 작곡한 존 아담스John Adams 역시 미니멀리즘의 주요 작곡가로, 스티브 라이히와 필립 글래스가 확립한 미니멀리즘의 음악적 언어를 보다 확장시키고 발전시켰다. 아담스의 음악은 미니멀리즘의 반복성과 단순성에서 출발했으나 기존 미니멀리즘 작곡가들에 비해 풍부한 화성, 서정적인 선율, 극적인 전개가 특징적이다. 그는 미니멀리즘 기법을 현대 오페라, 교향곡, 관현악곡 등 다양한 장르에 적용하며 독창적인 스타일을 구축했다. 특히 아담스의 음악은 단순한 반복 패턴에만 의존하지 않고, 점진적인 변화와 감정적인 서사를 결합해 드라마틱한 효과를 만들어냈다. 그의 음악은 미니멀리즘의 단순함을 유지하면서도 대중성과 예술성을 동시에 추구했다.

근대사를 주제로 오페라를 만들다

〈닉슨 인 차이나〉의 아이디어는 연출가 피터 셀라스Peter Sellars가 존 아담스에게 제안했다. 셀라스는 불과 스물여섯 살에 워싱턴 D. C. 케네디 센터에 아메리칸 내셔널 씨어터 감독으로 임명되어 큰 화제가 되기도 했다. 셀라스는 당시 모차르트의 다 폰테 오페라(로렌초 다 폰테Lorenzo Da Ponte가 대본을 쓴 〈피가로의 결혼〉, 〈돈 조반니〉, 〈코지 판 투테〉)를 시리즈로 연출하기 위해 오페라를 심도 있게 연구하고 있었다. 그는 새로운 소재의 오페라 창작에 관심을 갖고 여러 가지 소재를 찾고 있던 중에 이 이야기가 눈에 들어왔다. 닉슨 대통령의 1972년 중국 방문은 냉전 시대의 긴장 완화와 새로운 외교 국면을 여는 계기가 되었고, 이는 예술적 재해석을 통해 더욱 큰 상징성을 가질 수 있다고 보았다. 그러나 존 아담스는 처음에는 다소 회의적이었다. 오페라는 전통적으로 신화적이고 서사적인 주제를 다루는 장르였기 때문에, 상대적으로 최근의 역사적 사건이 그 대상이 될 수 있을지 의문이었기 때문이다. 그러나 셀라스는 단순히 역사적 사건을 묘사하는 것이 아니라 이를 통해 인간의 내면, 권력의 속성, 역사적 기억 등을 탐구할 수 있는 기회임을 강조하며 아담스를 설득했다. 그의 열정은 아담스의 마음을 움직였고, 결국 두 사람은 협력하기로 했다. 이 과정에서 대본을 작성할 인물이 필요해 셀라스는 극작가이자 시인인 자신의 동료 앨리스 굿맨Alice Goodman에게 대본 작업을 맡기기로 했다.

굿맨의 합류는 이 프로젝트의 전환점이었다. 그녀는 당시 오페라 대본 작업 경험이 없었지만, 시

2008년의 존 아담스 ⓒ Deborah O'Grady

적 언어와 상징적 표현 능력이 뛰어났다. 굿맨은 처음 셀라스와 논의할 당시 닉슨과 마오쩌둥이라는 역사 속 인물이 단순히 외교적 역할에 국한되지 않고, 개인적이고 철학적인 갈등과 모순을 가진 존재로 재현될 수 있다는 아이디어에 강한 흥미를 느꼈다. 굿맨이 대본 작업을 시작하면서 가장 먼저 떠오른 질문은 '우리가 왜 이 사건을 다루어야 하는가?'였다. 그녀는 닉슨의 중국 방문이 냉전 시대의 정치 국면을 바꾸었다는 사실 외에도 인물 간의 심리적 긴장과 역사적 상징성을 담고 있다는 점에 주목했다. 그녀는 단순히 사건의 묘사보다는 등장인물들의 내면과 대화에 초점을 맞추어 작업을 시작했다.

대본 작업 초기에 굿맨과 아담스는 등장인물들이 단순히 과거의

기록 속 인물이 아니라 살아 숨 쉬는 인간으로 느껴지도록 하기 위해 많은 대화를 나누었다. 예를 들어 닉슨의 첫 장면, 비행기에서 내려오는 그의 모습과 순간의 내면적 감정을 어떻게 표현할지에 대해 긴 시간 논의가 이어졌다. 굿맨은 이 장면에서 닉슨이 단순히 역사 속 영웅이 아니라 불안과 자부심이 뒤섞인 복잡한 감정을 가진 인물로 표현되기를 원했다. 또한 작업 도중 굿맨은 닉슨과 마오쩌둥의 대화 장면에서 마오쩌둥의 철학적 언어를 어떻게 대본으로 풀어낼지에 대해 어려움을 겪었다. 마오쩌둥의 실제 발언은 시적이고 난해한 경우가 많았기 때문이다. 셀라스는 굿맨에게 마오쩌둥의 말을 문자 그대로 옮기기보다 그의 사고방식과 철학을 대본에 녹여볼 것을 조언했다. 굿맨은 이 조언을 받아들여 마오쩌둥의 대사를 상징적이고 철학적인 내용으로 구성하면서도, 그가 가진 유머와 모순을 동시에 표현하려고 노력했다.

앨리스 굿맨의 대본은 단순히 작가의 독창성을 넘어 존 아담스의 작곡 방향에도 큰 영향을 미쳤다. 그녀가 작성한 대사는 시적 리듬과 음악적 흐름을 내포하고 있었고, 아담스는 이를 바탕으로 미니멀리즘 음악의 반복성과 점진적 발전을 극적으로 구현할 수 있었다. 특히 굿맨의 대사는 등장인물들의 내면세계를 깊이 있게 탐구하는 동시에 그들의 외교적 역할과 역사적 위치를 조명할 수 있는 구조를 가지고 있었다.

굿맨의 대본은 닉슨의 아내 팻 닉슨Pat Nixon이나 중국 총리 저우

1972년의 저우언라이와 팻 닉슨 ⓒ Richard Nixon Library Oral History Collection

언라이 같은 인물에게도 특별한 초점을 맞추었다. 예를 들어 팻 닉슨의 장면에서는 그녀의 인간적인 면모를 강조하며, 정치적 의제 주변에 있던 여성의 개인적인 경험을 탐구하려 했다. 이와 같이 굿맨의 접근은 오페라가 단순히 사건의 재현에 그치지 않고 인물들의 복합적이고 다층적인 면을 드러낼 수 있도록 만들었다.

피터 셀라스의 기획 아래 앨리스 굿맨과 존 아담스는 긴밀히 협력하며 〈닉슨 인 차이나〉를 완성했다. 굿맨의 대본은 작품의 서사적 틀을 제공했으며, 아담스는 이를 기반으로 미니멀리즘 음악의 반복성과 서정성을 결합한 음악을 작곡했다. 셀라스는 이를 무대에서 시각적으로 극화하며 작품의 상징성을 더욱 부각시켰다. 1987년 작품 초연 후 굿맨은 대본의 상징성과 시적 깊이로 많은 찬사를 받았다. 그녀의 작업은 단순히 문학적인 기교를 넘어서 현대 오페라 대본이 가지는 가능성과 역할을 확장한 사례로 평가받고 있다.

진정한 미니멀리즘 오페라의 탄생

존 아담스는 앨리스 굿맨의 뛰어난 대본에 못지않은 음악을 작곡하기 위해 많은 심혈을 기울였다. 아담스는 미니멀리즘의 중요한 특징인 반복과 점진적인 변화를 이 작품에서 적극적으로 활용했다. 오프닝 장면에서는 오케스트라가 에너지 넘치는 리듬을 연주하며, 반복적인 화성 진행을 통해 닉슨의 중국 방문이라는 역사적 사건이 갖는 중요성과 긴장감을 잘 전달했다. 하지만 그의 반복은 단조롭지 않았다. 리듬 변형과 음색의 섬세한 변화로 음악에 다채로움을 더하면서 반복 속에서도 새로운 느낌을 주었다. 또한 기존의 미니멀리즘 작곡가들과는 달리 복잡하고 서정적인 화성을 사용해 음악적 깊이를 더했다. 특히 닉슨의 아리아인 '뉴스에는 일종의 미스터리가 있다'에서 서정적인 선율과 풍부한 화성 진행을 통해 닉슨의 내면을 심도 있게 드러냈다. 그리고 팻 닉슨의 아리아 '이것은 예언적이다'에서는 단순한 선율과 화성만으로 캐릭터의 복잡한 내면을 드러내며 감정적 깊이를 전달했다. 이는 미니멀리즘이 갖는 단순한 구조를 넘어 인간적인 감정과 서사를 효과적으로 표현한 부분이었다.

〈닉슨 인 차이나〉는 단순한 음악적 실험을 넘어서 극적인 긴장감을 창출하는 작품이 되었다. 아담스는 반복 패턴과 극적 전환을 결합해 인물 간의 갈등과 내면 변화를 음악으로 표현했다. 예를 들어 닉슨과 마오쩌둥의 대화 장면에서는 반복과 점진적 변화로 두 인물 간의 이념 충돌을 강렬하게 묘사했다.

한편 이 작품에서는 오케스트라와 합창단이 아주 중요한 역할을 한다. 오케스트라는 단순한 배경음악이 아니라 서사를 이끄는 주체로 작용하며, 반복적인 패턴 속에서도 끊임없이 변화를 만들어내면서 음악적 깊이를 더했다. 또한 합창단은 반복 속에서 서로 다른 선율을 쌓아올리며 다층성을 창출했다.

〈닉슨 인 차이나〉는 1987년 10월 22일, 미국 휴스턴의 그랜드 오페라 극장에서 초연되었다. 초연은 당시에 예술적·정치적 논란을 일으켰다. 많은 이들은 이 작품이 미니멀리즘 음악을 오페라 형식에 잘 통합했다는 점에서 찬사를 보냈다. 반복과 점진적인 변화로 잘 알려진 미니멀리즘을 활용하면서도, 화성의 다양성과 드라마틱한 구성으로 오페라의 극적인 요소를 잘 살린 것으로 평가받았다. 특히 아담스의 오케스트라 사용은 매우 혁신적이라는 점에서 호평을 받았다. 그러나 일부 평론가들은 작품의 정치적 소재와 음악적 실험성이 미친 영향에 대해 회의적인 반응을 보였다. 미니

독일 도르트문트 극장에서 공연된 〈닉슨 인 차이나〉 포스터 ⓒ Karlunun

멀리즘 음악의 단순함이 오페라의 복잡한 내러티브와 잘 어울릴지에 대한 의문도 제기되었으며, 당시 일부 관객은 이 작품을 다소 어려워했다고 전해진다. 특히 닉슨과 마오쩌둥의 대화 장면처럼 정치적인 대립을 다룬 부분에서는 그 시대의 정서 반영이 너무 단순하거나 직설적이라는 비판을 받기도 했다.

결론적으로 〈닉슨 인 차이나〉는 미니멀리즘이 현대 오페라와 같은 복잡한 형식에도 효과적으로 사용될 수 있음을 증명했다. 이 작품의 성공으로 아담스는 역사적 사실을 다룬 일련의 오페라들을 작곡해 성공했다. 팔레스타인 해방 전선의 갈등을 다룬 〈클링호퍼의 죽음〉, 원자 폭탄을 개발한 오펜하이머 박사와 맨해튼 프로젝트에 관련된 이야기를 중심으로 한 〈닥터 아토믹〉을 발표해 많은 호응을 받았다. 아담스는 반복성과 단순성을 유지하면서도 화성과 텍스처, 드라마틱 구성을 통해 풍부하고 복잡한 음악 세계를 창조했다. 그의 작품은 미니멀리즘이 단순한 실험적 장르를 넘어 대중적이고 예술적 가치를 지닌 장르로 자리 잡는 데 중요한 역할을 했다. 시간이 지나면서 〈닉슨 인 차이나〉는 미국뿐 아니라 유럽을 비롯한 다양한 국가의 오페라 극장에서 공연되었으며, 지금은 20세기 이후 현대 오페라의 가장 중요한 작품으로 자리 잡았다.

함께하면 좋은 추천 음반과 영상

1987년 휴스턴 오페라 극장에서 초연된 직후 녹음된 음반(Nonesuch, CD 979 177-2, 1987)은 에도 데 바르트Edo de Waart가 지휘를 맡았고, 닉슨 역할을 맡은

에도 데 바르트 지휘 음반

제임스 마달레나James Maddalena를 비롯해 미국 출신 성악가들이 대거 캐스팅되었다. 최초의 녹음이라는 역사적인 의미 외에도 에도 데 바르트의 긴 호흡에 의한 지휘는 미니멀리즘 음악 안에서 드라마틱한 서사를 충분히 느끼게 해준다.

마린 알솝Marin Alsop의 음반(Naxos, 8 669022 24, 2008)은 보다 세부적인 디테일이 살아 있는 지휘로 입체감이 살아 있는 음악을 들려준다. 타이틀 롤을 맡은 로버트 오스Robert Orth를 비롯한 성악가들의 진용도 만족스럽다.

영상물로는 2011년 메트 실황(Nonesuch, DVD 26356018, 2011)이 있는데, 작곡가 존 아담스가 직접 지휘를 맡고 초연

에 참여했던 피터 셀라스가 다시 연출을 맡았다. 초연에 비해 2, 3막을 수정하고 댄스 시퀀스를 늘려 보는 재미를 더했다. 제임스 마달레나 역시 초연 이후 이 역할을 자주 노래해 더욱 무르익은 해석을 들려준다.

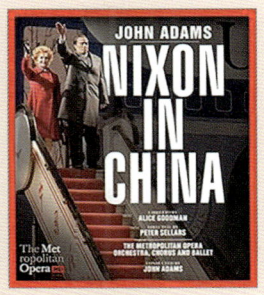

2011년 메트 실황 영상물

마오쩌둥의 부인 역할은 출연 부분이 많지는 않지만 콜로라투라 소프라노(화려한 음색의 소프라노)가 노래해야 하는 아리아인 '나는 마오의 부인'이 항상 화제인데, 이 영상물에서는 캐슬린 김Kathleen Kim이 빼어난 기교로 완벽하게 소화해냈다.

 2012년 메조Mezzo TV를 위해 샤틀레 극장에서 녹화된 영상물에는 팻 닉슨 역에 준 앤더슨June Anderson, 마오쩌둥 역에 김재형, 마오쩌둥의 부인 역에 조수미 등 한국을 대표하는 성악가들이 캐스팅되어 많은 화제가 되었다.

QR코드를 스캔하면 프랑스 파리 샤틀레 극장에서 열린 알렉산더 브리거(지휘), 샤틀레 극장 오케스트라(연주) 영상을 볼 수 있다.

참고문헌

가일스 밀턴, 손원재 옮김, 《향료 전쟁》, 생각의나무, 2002
김선옥·양진모 엮음, 《오페라를 만나러 가자》 1·2, 풀빛, 1997
노명식, 《프랑스 혁명에서 파리 코뮌까지, 1789~1871》, 책과함께, 2011
니콜라스 V. 랴자놉스키·마크 D. 스타인버그, 조호연 옮김, 《러시아의 역사》(상), 까치, 2011
닉 킴벌리, 김병화 옮김, 《오페라와의 만남》, 포노, 2013
레오나르도 브루니, 임병철 옮김, 《피렌체 찬가》, 책세상, 2002
로저 크롤리, 우태영 옮김, 《부의 도시 베네치아》, 다른세상, 2012
롤랑 마누엘, 이세진 옮김, 《음악의 기쁨 4: 오페라》, 북노마드, 2014
마크 갈레오티, 이상원 옮김, 《짧고 굵게 읽는 러시아 역사》, 미래의창, 2021
마크 스틸, 박유안 옮김, 《혁명 만세》, 바람구두, 2008
박찬영, 《그리스 로마 신화가 말을 하다》, 리베르, 2016
변혜련, 《몬테베르디》, 한국학술정보, 2010
성제환, 《당신이 보지 못한 피렌체》, 문학동네, 2017
송동훈, 《대항해 시대의 탄생》, 시공사, 2019
시오노 나나미, 김석희 옮김, 《르네상스의 여인들》, 한길사, 2002
시오노 나나미, 김석희 옮김, 《신의 대리인》, 한길사, 2002

시오노 나나미, 오정환 옮김,《나의 친구 마키아벨리》, 한길사, 2024

시오노 나나미, 오정환 옮김,《체사레 보르자 혹은 우아한 냉혹》, 한길사, 2001

시오노 나나미, 정도영 옮김,《바다의 도시 이야기》(상)(하), 한길사, 2002

시오노 나나미, 최은석 옮김,《레판토 해전》, 한길사, 2002

시오노 나나미, 최은석 옮김,《로도스 섬 공방전》, 한길사, 2002

알렉산드르 푸슈킨, 최선 옮김《푸슈킨 선집》, 민음사, 2011

알렉스 로스, 김병화 옮김,《나머지는 소음이다》, 21세기 북스, 2010

앨리스테어 혼, 한은경 옮김,《나폴레옹의 시대》, 을유문화사, 2014

앨리슨 위어, 박미영 옮김,《헨리 8세의 후예들》, 루비박스, 2008

앨프리드 W. 크로스비, 김기윤 옮김,《콜럼버스가 바꾼 세계》, 지식의숲, 2006

올랜도 파이지스, 조준래 옮김,《혁명의 러시아 1891-1991》, 어크로스, 2017

올랜도 파이지스, 홍우정 옮김,《러시아, 그 역사와 진실》, 커넥팅, 2023

우미성,《노란 꽃: 서양이 바라본 동양 여자》, 쌤앤파커스, 2014

유윤종,《푸치니》, 아르테, 2018

줄리언 헤일록, 이석호 옮김,《푸치니, 그 삶과 음악》, 도노, 2017

G. J. 마이어, 채은진 옮김,《튜더스》, 말글빛냄, 2011

지즈카 다다미, 남지연 옮김,《프랑스 혁명》, AK, 2017

찰스 만, 최희숙 옮김,《1493: 콜럼버스가 문을 연 호모제노센 세상》, 황소자리, 2020

크리스토퍼 콜럼버스, 정승희 옮김,《콜럼버스 항해일지》, 나남, 2022

토머스 포리스트 켈리, 김병화 옮김,《음악의 첫날밤》 황금가지, 2005

티에리 랑츠, 이현숙 옮김,《나폴레옹: 나의 야망은 컸다》, 시공사, 2001

페르낭 브로델, 임승휘·박윤덕 옮김,《지중해: 펠리페 2세 시대의 지중해 세계 3부-사건, 정치, 인간》, 까치, 2019

페터 안드레 알트, 김홍진·최두환 옮김,《실러 2-2: 생애·작품·시대》, 아카넷, 2015

편집위원회,《베르디: 세계 음악가 전집》, 태림출판사, 1978
폴 스트래던, 이종인 옮김,《피렌체 사람들 이야기》, 책과함께, 2023
폴커 라인하르트, 최호영·김하락 옮김,《마키아벨리: 권력의 기술자, 시대의 조롱꾼》, 북캠퍼스, 2022
프리드리히 폰 실러, 안인희 옮김,《돈 카를로스》, 문학동네, 2014
필립 글래스, 이석호 옮김,《음악 없는 말》, 프란츠, 2017
한양대학교아태지역연구센터,《우리에게 다가온 러시아 오페라》, 뿌쉬낀하우스, 2023
헨리 키신저, 권기대 옮김,《헨리 키신저의 중국 이야기》, 민음사, 2012
힐러리 멘텔, 김선형 옮김,《튜더스, 앤불린의 몰락》, 북플라자, 2015

Adami, Giuseppe. *Giacomo Puccini*, Il Saggiatore, 2014
Arruga, Lorenzo. *Il Teatro d'opera Italiano*, Feltrinelli, 2009
Ashbrook, William. *Donizetti*, Cassel, 1965
Bradford, Sarah. *Lucrezia Borgia*, Penguin Books, 2005
Civetta, Cesare. *The Real Toscanini*, Amadeus Press, 2012
Johnson, Timothy. *John Adams's Nixon in China*, Routledge, 2016
Kimbell, David. *Italian Opera*, Cambridge University Press, 1991
Muti, Riccardo. *Verdi, L'Italiano*, Rizzoli, 2012
Osborne, Charles. *Letters of Giuseppe Verdi*, Holt, Rinehart And Winston, 1971
Philip, Robert. *A Little History of Music*, Yale, 2023
Ricci, Luigi. *Puccini interprete di se stesso*, Ricordi, 2003
Ringer, Mark. *Opera's Master-The musical dramas of Claudio Monteverdi*, Amadeus Press, 2006
Rose, Michael. *The birth of an opera*, W. W. Norton&Company, 2013

Tintori, Giampiero. *Invito all'ascolto di Verdi*, Ugo Mursia Editore, 2024

Weiss, Piero. *Opera: A History in documents*, Oxford University Press, 2002

Wilson, Conrad. *Giacomo Puccini*, Phaidon, 1997

히스토페라
마에스트로가 들려주는 오페라 속 세계사

1판 1쇄 2025년 6월 25일

지은이 | 양진모

펴낸이 | 류종필
편집 | 노민정, 이정우, 권준, 이은진
경영지원 | 홍정민
표지·본문 디자인 | 석운디자인

펴낸곳 | (주)도서출판 책과함께
      주소 (04022) 서울시 마포구 동교로 70 소와소빌딩 2층
      전화 (02) 335-1982
      팩스 (02) 335-1316
      전자우편 prpub@daum.net
      블로그 blog.naver.com/prpub
      등록 2003년 4월 3일 제2003-000392호

ISBN 979-11-94263-45-6 03900